"十三五"国家重点出版物出版规划项目

转型时代的中国财经战略论丛

加强行政事业资产管理总体思路研究

李森 著

中国财经出版传媒集团

经济科学出版社
Economic Science Press

图书在版编目（CIP）数据

加强行政事业资产管理总体思路研究/李森著．—北京：经济科学出版社，2019.1

（转型时代的中国财经战略论丛）

ISBN 978-7-5218-0130-9

Ⅰ．①加…　Ⅱ．①李…　Ⅲ．①行政事业单位-国有资产-资产管理-中国　Ⅳ．①D630.1

中国版本图书馆CIP数据核字（2019）第011888号

责任编辑：刘战兵
责任校对：刘　昕
责任印制：李　鹏

加强行政事业资产管理总体思路研究

李　森　著

经济科学出版社出版、发行　新华书店经销

社址：北京市海淀区阜成路甲28号　邮编：100142

总编部电话：010-88191217　发行部电话：010-88191522

网址：www.esp.com.cn

电子邮件：esp@esp.com.cn

天猫网店：经济科学出版社旗舰店

网址：http://jjkxcbs.tmall.com

北京季蜂印刷有限公司印装

710×1000　16开　16印张　250000字

2019年1月第1版　2019年1月第1次印刷

ISBN 978-7-5218-0130-9　定价：56.00元

总　序

山东财经大学《转型时代的中国财经战略论丛》（以下简称《论丛》）系列学术专著是"'十三五'国家重点出版物出版规划项目"，是山东财经大学与经济科学出版社合作推出的系列学术专著。

山东财经大学是一所办学历史悠久、办学规模较大、办学特色鲜明，以经济学科和管理学科为主，兼有文学、法学、理学、工学、教育学、艺术学八大学科门类，在国内外具有较高声誉和知名度的财经类大学。学校于2011年7月4日由原山东经济学院和原山东财政学院合并组建而成，2012年6月9日正式揭牌。2012年8月23日，财政部、教育部、山东省人民政府在济南签署了共同建设山东财经大学的协议。2013年7月，经国务院学位委员会批准，学校获得博士学位授予权。2013年12月，学校入选山东省"省部共建人才培养特色名校立项建设单位"。

党的十九大以来，学校科研整体水平得到较大跃升，教师从事科学研究的能动性显著增强，科研体制机制改革更加深入。近三年来，全校共获批国家级项目103项，教育部及其他省部级课题311项。学校参与了国家级协同创新平台中国财政发展2011协同创新中心、中国会计发展2011协同创新中心，承担建设各类省部级以上平台29个。学校高度重视服务地方经济社会发展，立足山东、面向全国，主动对接"一带一路"、新旧动能转换、乡村振兴等国家及区域重大发展战略，建立和完善科研科技创新体系，通过政产学研用的创新合作，以政府、企业和区域经济发展需求为导向，采取多种形式，充分发挥专业学科和人才优势为政府和地方经济社会建设服务，每年签订横向委托项目100余项。学校的发展为教师从事科学研究提供了广阔的平台，创造了良好的学术生态。

习近平总书记在全国教育大会上的重要讲话，从党和国家事业发展全局的战略高度，对新时代教育工作进行了全面、系统、深入的阐述和部署，为我们的科研工作提供了根本遵循和行动指南。习近平总书记在庆祝改革开放40周年大会上的重要讲话，发出了新时代改革开放再出发的宣言书和动员令，更是对高校的发展提出了新的目标要求。在此背景下，《论丛》集中反映了我校学术前沿水平、体现相关领域高水准的创新成果，《论丛》的出版能够更好地服务我校一流学科建设，展现我校“特色名校工程”建设成效和进展。同时，《论丛》的出版也有助于鼓励我校广大教师潜心治学，扎实研究，充分发挥优秀成果和优秀人才的示范引领作用，推进学科体系、学术观点、科研方法创新，推动我校科学研究事业进一步繁荣发展。

伴随着中国经济改革和发展的进程，我们期待着山东财经大学有更多更好的学术成果问世。

山东财经大学校长

2018 年 12 月 28 日

前　言

财政是国家治理的基础和重要支柱。建设社会主义现代化强国需要积极构建、完善现代财政制度。在现代财政制度下，行政事业资产管理工作的地位日趋重要。纵观西方现代财政制度发展演化的历史不难发现，在其早期发展阶段，斯密“看不见的手”作用原理备受推崇，政府扮演“守夜人”角色，财政支出中消费性支出占比高，政府资产的规模相对较小、结构简单，存在形式也不复杂，因而政府资产管理在当时并不居于财政管理的重要地位。但在其中期发展阶段，凯恩斯“看得见的手”取代了斯密“看不见的手”居于主导地位，政府干预经济的力度明显加大，财政支出中投资性支出占比提高，政府资产规模日趋庞大、结构日趋复杂、形式日趋多样，政府资产管理在财政管理体系中的地位日趋重要。20 世纪 70 年代西方国家出现“滞胀”后，现代财政制度的发展进入成熟期。虽然在这一阶段，凯恩斯的理论和主张受到怀疑甚至否定，但投资性支出相对消费性支出在扩张需求方面的比较优势仍受到青睐，政府庞大的资产存量、复杂的结构及存在形式使政府资产管理工作的地位不仅没有被削弱，反而日趋强化，精细化管理的色彩日益浓厚。

党的十八届三中全会通过的《中共中央关于深化改革若干重大问题的决定》和党的十九大报告明确指出：我国财政改革的目标就是要构建、完善现代财政制度。考虑到现代财政制度在世界范围内的历史发展进程，我国要构建、完善的现代财政制度肯定不是早期和中期的现代财政制度，而只能是成熟期的现代财政制度。因此，强化政府资产管理，特别是强化作为政府资产体系重要组成部分的行政事业资产管理，就成为深化经济体制改革、完善现代财政制度必须要完成的重要任务。

但长期以来，政府资产管理一直是我国财政管理工作的薄弱环节，“重财务轻资产”的倾向一直存在。在政府资产管理中，又相对重视生产经营性资产而忽视非生产经营性的行政事业资产。这有深刻的历史背景。因为在传统体制下，政府既要配置资源生产提供公共产品，满足公共需要，还要配置资源生产提供私人产品，满足私人需要。这意味着政府必须投资建立大量的国有企业，进而形成大规模的生产经营性资产。在政府资产存量中，生产经营性资产占比很高，按照抓主要矛盾的管理思路，政府把资产管理的重点放在生产经营性资产方面有其必然性、合理性。但随着经济体制改革的深入和国有企业“抓大放小”改革战略的实施，政府逐步从市场有效作用领域退出。在政府资产总量中，非生产经营性的行政事业资产占比提高，地位日趋重要。行政事业资产管理日益成为政府资产管理工作的重点。因此，强化行政事业资产管理既是我国改革深化的必然结果，也是进一步深化改革的必然要求。

行政事业资产管理工作的强化是一项影响因素多、涉及面广的复杂系统工程。做好行政事业资产管理工作涉及的工作内容可谓纷繁复杂、千头万绪，总给人以“老虎吃天、无从下口”的感觉。因此，研究行政事业资产管理的文献多是选择行政事业资产管理工作的某个环节、某个侧面就某一具体问题展开分析，这样便于在有限的篇幅内把问题讲得更为清楚、透彻，从而便于保证研究能有一定的深度，避免因研究范围过于宽泛而只能蜻蜓点水、浅尝辄止。从这个意义上讲，研究行政事业资产管理问题“小题大做”固然有一定道理，但是，这不意味着点上的、某个侧面或某个环节的研究可以替代面上的、整体性的、全局性的研究。常言道：不谋全局者，不足以谋一域。强化行政事业资产管理研究工作首先需要做好整体性、全局性的研究，明确总体思路。总体思路不明确或者出现明显偏差所导致的结果可能是全盘皆输，而某个侧面或某个环节的具体问题没有研究清楚，虽然也会对行政事业资产管理工作造成负面影响，但通常不会造成全局性工作的被动。因此，研究行政事业资产管理问题，合适的做法应该是“大处着眼、小处入手”，在理清总体思路的基础上，针对具体问题进行精雕细琢的研究，把宏观分析和微观分析结合起来。正是基于这种考虑，本书旨在研究行政事业资产管理的总体思路，几章主要内容都是围绕总体思路的研究展开的。虽然总体思路的展开必然要涉及行政事业资产管理的一些具体问题，但因为本书的主旨是研究总体思路，所以即便涉及相对具体的行政事业资产管理问题，也只是提出解决问题的思路，以此作为对总体思路的细化和补充，而没有针对具体问题进行深入细致的具体分析，提出操作性强的对策建议。这作为本书的局限和不足，只能通过后续的研究予以弥补。

摘　要

政府生产提供公共产品、满足公共需要，是通过为数众多的行政事业单位相互协调、相互配合来共同完成的，而这些行政事业单位要提供公共产品、满足公共需要就必须掌握一定数量的行政事业资产，这些资产是行政事业单位生产提供公共产品、满足公共需要不可或缺的手段。在现代财政制度视阈下，行政事业资产管理是财政管理的重要基础和有机组成部分，也是财政职能实现的重要保证。

从规范意义上分析，强化行政事业资产管理的总体思路应包括三大项：一是明确“谁来管”，实现行政事业资产管理体制优化；二是明确“管什么”，准确界定并细化行政事业资产管理客体；三是明确“如何管”，实现行政事业资产管理手段和方式健全。该思路“三位一体”，共同构成统一的整体。在该思路所包括的三大项中，其中第一项“谁来管”包括两大环节：一是管理主体的界定；二是管理权限的划分。第二项“管什么”也包括两个基本环节：一是资产管理范围的界定；二是资产管理对象的细化，具体包括五个方面，即资产融资管理、投资管理、配置管理、运营管理和处置管理。第三项“如何管”包括六个环节：强调资产管理假设、确定资产管理目标、把握资产管理重点、选择资产管理模式、强化资产管理手段、完善资产管理制度。上述10个环节为强化行政事业资产管理“三位一体”总体思路的具体体现。这就是本书所提出的“三项十端”的强化行政事业资产管理工作的总体思路。

从实证意义上分析，我国行政事业资产管理总体思路存在的问题，也可以从三个大的方面来概括：一是在“谁来管”方面，行政事业资产管理主体的确定仍待优化；行政事业资产管理权限的划分也没有协调好集权与分权的关系。二是在“管什么”方面，行政事业资产范围界定仍然存在问题；存量资产的调剂工作基本没有开展起来，增量资产管理明显不到位；只管资产而没有对与资产管理紧密相关的融资和债务管理给予足够重视；在行政事业资产的投资、运营和处置环节都存在亟待解决的现实问题。三是在“如何管”方面，还需要强化和健全资产管理机制。

加强行政事业资产管理的总体思路选择包括三大方面：一是要明确“谁来管”，优化管理体制；二是要明确“管什么”，界定并细化行政事业资产管理客体；三是明确“如何管”，健全管理机制。为此可采取以下具体对策：

在明确“谁来管”方面：一方面，从纵向要协调不同级次管理主体的权责关系，为此一是要通过按照隶属关系进行严格的分级管理以协调不同级次行政事业资产管理机构的权责关系；二是要协调好一级政府内部行政事业资产管理机构—主管部门—行政事业单位的权责关系。另一方面，从横向上要明确行政事业资产管理机构的主导地位，协调各有关主体的权责关系，包括要理顺行政事业资产管理机构与国资委（国资局）的关系，理顺财政部门与其他政府职能部门的关系，理顺财政部门内部各有关机构的关系等。

在明确“管什么”方面：要实现行政事业资产管理客体界定准确且细化。为此，要做好行政事业资产融资管理，转变对行政事业资产融资机制地位的认识；改变行政事业资产融资只能以税收形式来实现的传统观念；对行政事业单位以债务形式融资来解决投资的资金来源必须加以严格管理和控制。要做好行政事业资产的投资管理，严格界定行政事业单位投资领域；转变行政事业使用的资产只能以政府作为投资主体的传统观点；可以借助PPP模式来减轻行政事业资产投资压力；政府财政安排投资性支出应和政府采购制度、国库集中支付制度结合起来，通过公开招标的方式，提高投资过程的透明度，做到公开、公平、公正，提高投资效率。要做好行政事业资产配置管理，科学合理界定资产配置标准；把设立存量资产调剂基金作为优化行政事业单位存量资产配置的重要手段；改变公物仓的设置方式，充分发挥其提高行政事业资产使用效率的作用；改革行政事业资产预算管理制度，由行政事业资产管理机构负责编制行政事业资产预算，理顺行政事业资产管理机构与预算管理机构之间的关系，做到分工明确、各司其职、各负其责。要做好行政事业资产的运营管理，严控行政资产运营，直至取消行政资产运营范畴；事业单位资产运营应区别对待。要做好行政事业资产处置管理，实现行政事业资产及时处置；加大资产处置监管力度，既要避免越权胡乱处置资产，又要避免出现该处置的资产不处置现象；把资产处置和资产调剂及公物仓制度的构建、完善结合起来。

在明确“如何管”方面：要强调经济人和信息不充分两个基本假设前提的重要性；要明确行政事业资产管理的目标；要抓住行政事业资产管理的重点；要健全行政事业资产管理模式；要强化资产管理手段；要健全资产管理制度。

目　录

第1章　导　言

1.1　选题的背景和意义

1.1.1　选题的背景

行政事业资产管理工作是一项影响因素多、涉及面广的复杂系统工程。做好行政事业资产管理工作涉及的工作内容可谓千头万绪，总给人以“老虎吃天、无从下口”的感觉。因此，研究行政事业资产管理的文献多是选择行政事业资产管理工作的某个环节、某个侧面就某一具体问题展开分析，这样便于在有限的篇幅内把问题讲得相对清楚、透彻一些，从而有利于保证研究能有一定的深度，避免因为研究范围过于宽泛而只能蜻蜓点水、浅尝辄止。从这个意义上讲，研究行政事业资产管理问题“小题大做”固然有一定道理，但是，这不意味着点上的、某个侧面或某个环节的研究可以替代面上的、整体性的、全局性的研究。常言道：不谋全局者，不足以谋一域。强化行政事业资产管理研究工作客观上还需要做好整体性、全局性的研究，明确总体思路。总体思路不明确或者出现明显偏差所导致的结果可能是全盘皆输，而某个侧面或某个环节的具体问题没有研究清楚，虽然也会对行政事业资产管理工作造成负面影响，但通常不会导致全局性工作的被动。因此，研究行政事业资产管理问题，合适的做法应该是“大处着眼、小处入手”，首先需要理清总体思路，然后在此基础上针对具体问题进行精雕细琢的研究，把宏观分析和微观分析结合起来。

1.1.2 选题的意义

1. 理论意义

本书拟依据公共经济学、管理学的基本原理，本着效率和公平两大原则，在界定行政事业资产概念、性质及其所具有的特定功能的基础上，系统阐明行政事业资产管理所应遵循的基本规律，全面总结强化行政事业资产管理的已有研究成果，从规范意义上系统论证强化行政事业资产管理所应遵循的总体思路及所涉及的各个环节。其所具有的理论意义具体体现在以下方面：

第一，弥补已有研究成果在行政事业资产管理总体思路研究方面存在的局限和不足。长期以来，理论界和从事行政事业资产管理实际工作的人员针对行政事业资产管理实践中存在的问题已进行了较为系统深入的研究，但就笔者所见，已有研究成果可能囿于篇幅，主要是对行政事业资产管理的某个方面或某个环节，比如就行政事业资产的配置、运营、处置、资产管理与预算管理的结合等相对较为具体的问题进行分析，这对于解决行政事业资产管理中遇到的亟待解决的现实问题意义重大，但是针对行政事业资产管理的总体思路所进行的系统深入研究尚不多见。本书拟在这一方面进行探讨，以期能弥补已有研究成果的局限和不足，这是本书研究理论意义的集中体现。

第二，确立强化行政事业资产管理总体思路的基本理论框架。强化行政事业资产管理是一项复杂的系统工程，涵盖行政事业资产管理的方方面面，但就强化行政事业资产管理的总体思路来说其必然是简明扼要的，不可能也不应为行政事业资产管理的具体细节问题所困扰。本书在吸取、借鉴已有成果的基础上，提出了“三项十端”的总体思路。所谓“三项”是指强化行政事业资产管理的总体思路包括三项基本内容，即需要明确行政事业资产管理到底应由“谁来管”“管什么”“如何管”三大基本要素。这三个方面的问题解决了，强化行政事业资产管理虽然还不能说是探囊取物、易如反掌，但毕竟明确了总体工作思路以及所对应的工作任务和努力方向，强化行政事业资产管理就可以脚踏实地开展工作，实现强化行政事业资产管理的目标至少是指日可待的事情。而要解决三大问题，还需要把总体思路细化，即需要把总体思路按照其固有逻辑具体展开。其中，明确行政事业资产管理“谁来管”需抓住两个基本点：一是合理确定管理主体；二是合理划分不同主体之间的管理权限。明确行政事业资产管理“管什么”也需抓住两大基本点：首先需要明确界定行政事业资产的范围。其次需要结合行政事业资产的全生命周期抓住五个基本方面：一是行政事业资产的融资；二是行政事业资产的投资；三是行政事业资产的配置；四是行政事业资产的运营；五是行政事业资产的处置。这五个方面是行政事业资产管理客体不可或缺的组成部分，缺少任何一个方面，行政事业资产管理“管什么”的问题都不可能解决好。明确行政事业资产管理“如何管”，则需要抓住以下几个基本点：一是明确行政事业资产管理的基本假设前提。这便于管理主体把握行政事业资产管理所面临的基本约束条件，可有效避免所出台的各项制度、规定因脱离基本约束条件而出现“上有政策、下有对策”的局面。二是明确行政事业资产管理的目标，阐明行政事业资产管理所应努力的方向以及所对应的工作任务。三是把握行政事业资产管理的重点，找准行政事业资产管理的着力点和突破口。四是合理确定行政事业资产管理模式，构建资产联动管理机制。毕竟，行政事业资产管理是一项复杂的系统工程，行政事业资产管理主体开展工作需要有关部门和机构的协调配合，实现资产联动管理。这具体体现在两个方面：一个方面是行政事业资产管理机构和财政部门内部有关机构的协调配合；另一个方面是行政事业资产管理机构与其他政府职能部门和机构的协调配合。五是选择合适的行政事业管理手段。管理手段无所谓落后和先进，只要能够实现行政事业资产管理的目标、顺利完成行政事业资产管理的任务，能很好地保证行政事业单位顺利实现其职能，有利于提高公共产品和服务供给的效率并体现公平原则，无论何种手段都是合适的手段。六是健全行政事业资产管理制度，明确行政事业资产管理的行为依据。

第三，从理论上分析目前行政事业资产管理所存在的诸多问题的形成机理。行政事业资产管理是实践性很强的工作。长期以来，从中央到地方各级行政事业资产管理机构围绕公共财政和现代财政制度的构建，为强化财政作为国家治理的基础和重要支柱的地位，为保证政府职能顺利实现，已制定、出台了各项制度、规章，综合运用多种管理手段以强化行政事业资产管理。但毋庸讳言，直到目前，我国的行政事业资产管理工作仍然是整个财政管理工作的薄弱环节，有诸多问题还亟待解决，有的问题长期悬而未决，甚至成为制约强化行政事业资产管理的瓶颈。显然，出现这种局面，绝对不是因为各级政府财政部门及其行政事业资产管理机构不想解决这些问题，事实上他们已经竭尽全力、尽其所能采取了各种手段和措施，也不是理论界和实际工作部门的人员没有认识到解决这些问题的迫切性、重要性。在很多情况下，已有文献对目前行政事业资产管理所存在的问题的揭示还是比较充分的，甚至对问题产生的负面影响所进行的分析也比较到位，为解决问题也提出了一系列的对策和建议。对不少问题的解决方案和对策，理论界和实际工作部门基本已达成共识，但为什么问题一直得不到有效解决甚至日趋严重？本书认为，这与已有研究成果对问题症结的分析还有待深入有一定关系。不对问题的成因进行深入分析，或者即便分析了问题的成因，但若找到的成因本身就是亟待解决的现实问题，即不能揭示问题的症结所在，则即便能够提出解决问题的对策建议，在实践中也难以取得理想效果。基于这种基本认识，本书拟在已有研究成果的基础上，对强化行政事业资产管理总体思路所涉及的有关问题的症结给出逻辑自洽的理论解释，从而为能从根本上解决问题奠定理论基础。这也是本书所具有的理论意义的一个重要体现。

2. 实践意义

行政事业资产管理是一个理论问题，更是一个实践问题。从这个角度讲，本书强化行政事业资产管理总体思路的理论意义最终要通过实践意义体现出来，即理论研究归根结底要为解决实践中存在的问题而服务。本书的实践意义具体体现在以下方面：

第一，围绕强化行政事业资产管理的总体思路，从“谁来管”“管什么”“如何管”三个方面系统归纳了当前行政事业资产管理存在的问题。实事求是地讲，理论界和实际工作部门对当前行政事业资产管理问题的研究还是较为充分的，但可能囿于篇幅以及研究者时间、精力的局限，已有成果对当前行政事业资产管理问题的分析较为分散，往往是关注行政事业资产管理某一环节、某一方面的问题，这固然有助于集中精力研究某一具体问题从而可取得相对较为深入的成果，但这些问题如果不能和强化行政事业资产管理的总体思路联系起来，它们之间的相互关系就得不到充分揭示，其在总体思路中所处位置也就难以体现，所提出的解决问题的对策建议也就难以说是系统、完整的。可能孤立来看，这些为解决问题而提出的对策建议的确能做到逻辑自洽，但若置于总体思路中却可能会因受其他因素的制约“牵一发而动全身”而难以付诸实施。正是基于这种考虑，本书尝试把理论界和实际工作部门已有成果所进行的种种问题研究与强化行政事业资产管理的总体思路研究结合起来，从而使局部的、侧面的、某个环节上的问题在总体思路中得以确定其所处位置，使问题分析能够做到全面、系统，而不是支离破碎，只见树木不见森林。

第二，深入分析问题的形成机理及解决问题所面临的现实制约因素。黑格尔有句名言：“存在即合理。”其表达的意思是现实存在的事物都有其存在的必然性，都是特定因素综合作用的必然结果。我们很多时候看不到事物存在的必然性，并不意味着这种必然性不存在，而多是因为对其赖以存在的各种制约因素及形成机理认识不到位。基于这种认识和理解，本书在已有成果的基础上，通过归结行政事业资产管理的基本假设前提并进行逻辑推演，对当前行政事业资产管理存在问题的症结进行了深入分析，这有助于为从根本上解决问题奠定基础。

第三，提出切实可行的解决问题的对策建议。从理论上讲，提出强化行政事业资产管理的总体思路并不复杂。因为既然是总体思路，那么显然应基于全面的、系统的、完整的、整体的、联系的观点，提出强化行政事业资产管理的基本路径，而不能拘泥于琐碎的具体问题。但总体思路必然包括若干环节或组成部分，而每一环节或组成部分又是一个统一的整体，为了保证总体思路能有效贯彻实施，则必须对总体思路所包括的各个环节和组成部分所存在的问题进行分析，揭示问题的表现、形成机理和症结所在并尽可能给出解决的思路对策。只有把这些相对琐碎和具体的工作做好了，才能夯实总体思路的各个环节和组成部分，总体思路才能落到实处，而不是沦为空谈或不切实际的主观臆想。当然，与单独专门研究行政事业资产管理的某个环节或某一侧面的问题所不同的是，本书对行政事业资产管理存在问题的研究，始终是围绕强化行政事业资产管理的总体思路而展开的，所提出的对策建议也更侧重于阐明解决问题的思路。因此，相对已有成果所提出的解决问题的对策建议而言，本书所提出的对策建议会更为系统和全面。这也是本书的研究所具有的实践意义的又一重要体现。

1.2 文献综述

就目前已有研究成果看，关于行政事业资产管理总体思路的研究文献还较为少见，但众多的理论研究者及从事行政事业资产具体管理工作的人员结合目前行政事业资产管理工作中遇到的实际问题，就行政事业资产管理的某些具体侧面或环节已展开了较为深入的分析，研究成果集中发表在《行政事业资产与财务》杂志上，主要是指出目前行政事业资产管理所存在的问题并给出解决办法，相对行政事业资产管理总体思路问题的研究而言，这些研究成果显然还需要进一步归纳、总结。目前的研究成果集中体现在以下方面。

1.2.1 行政事业资产管理机制方面的研究

行政事业资产管理机制包括融资、投资、配置、运营及处置等多个方面，不少文献主要是针对机制的某个方面进行较为集中的研究。李平、张立德（2006）认为，建立、健全行政事业单位资产管理制度体系，应建立资产评估管理制度，制定和完善资产配置、处置、调剂程序规则，减少国有资产流失及浪费；高兆梅、李少伟（2008）认为行政事业经营性资产管理应当集中财权，将经营性资产的实物和产权收归财政部门统一管理；对行政事业单位超标、闲置资产进行整体调剂平衡；经营性资产出租、处置等事项应引入市场竞争机制；收缴资产经营及处置收益至财政非税收入专户并实现收支脱钩。刘兴云、李森（2011）论证了行政事业资产配置的优化问题。张鹏、张磊（2012）从整体上对行政事业资产管理机制的构建进行了探讨。柴占贤（2015）指出构建公物仓是市级行政事业资产管理改革的重要实现形式。韩琛（2015）

分析了行政事业资产收益管理存在的问题并提出了解决对策。张青（2016）从整体意义上对行政事业资产管理机制的创新问题进行了较为深入的研究。丁国春、王灵（2016）强调了建立联动机制对加强行政事业资产管理工作的重要性。

1.2.2 行政事业资产绩效评价方面的研究

李森（2012）论证了行政事业资产绩效评价的特殊性和层次性。孙国霞（2014）对行政事业资产绩效评价体系从理论上进行了分析并阐明了模式选择。刘兴云、李森（2014）论证了行政事业资产绩效评价所面临的制约因素，并对如何进行行政事业资产绩效评价提出了基本思路。刘兴云、马静（2015）在服务型视角下研究了行政事业资产绩效评价问题，在阐明行政事业资产绩效评价内涵的基础上，以山东为例分析了行政事业资产绩效评价存在的问题并提出了解决对策。

1.2.3 行政事业资产管理体制方面的研究

陈林（2005）认为，行政事业单位国有资产管理体制的缺位必须引起有关部门的高度重视，财政部门应当肩负起应有的责任。张鹏、藏传荣、孔凡彪（2015）在论证行政事业资产管理体制改革的现实意义的基础上，提出了行政事业资产管理体制改革的具体思路。李森（2017）把行政事业资产管理体制的构建与完善作为行政事业资产管理总体思路研究的一个重要方面进行了分析。

1.2.4 行政事业资产管理手段方面的研究

王晓玲（2006）认为，预算管理和公共资产管理作为政府财政管理的“两驾马车”，是提高公共支出管理效率的关键所在，因此加强公共支出管理改革，必须从预算管理改革和公共资产管理改革入手，单方面进行预算管理的改革或单方面进行公共资产管理改革并不能有效提高公共支出效率。丁学东（2006）认为，资产管理与预算管理紧密结合，并为部门预算管理服务，是行政事业资产管理改革的一个方向。李平（2008）认为，要提高资产的使用效果，应当强化资产管理与预算管理之间的联系。彭照杉、林贻武、朱佑慧（2008）在分析现有行政事业资产管理存在问题的基础上，提出了建立资产管理与预算管理相结合的资产监管新模式的政策建议。张青（2008）认为，部门预算管理由单纯价值形态管理拓展到价值形态与实物形态相结合的管理是预算管理活动内涵的深化，也是未来改革的方向。行政事业资产存量是过去年度预算执行的结果，是价值形态的资产与实物形态资产的统一体，要提高公共资源的使用效率，必须使部门预算管理与公共资产占有相结合，将预算改革的内容延伸到存量公共资产的全程管理之中。李敬（2014）研究了行政事业资产的精细化管理问题并提出了完善的对策。孙卫国（2015）强调了要提升行政事业资产监管水平，加快法制建设是重要手段。新疆维吾尔自治区财政厅资产处（2016）从实践层面对行政事业资产管理的信息化建设问题进行了研究，指出了存在的问题并提出了完善对策。安徽省财政厅行政事业资产处（2016）强调了资产清查对加强行政事业资产管理的重要性。

1.3 研究的基本内容和框架

1.3.1 本书研究的基本内容

本书主要探讨新时期强化行政事业资产管理的总体思路，并把这一思路概括为在明确行政事业资产概念、属性、功能和资产管理工作定位的基础上，解决行政事业资产“谁来管”“管什么”以及“如何管”三大问题，而要解决这三大问题中的任何一个问题又都是复杂的系统工程，因此也需要有整体性的思路。从这个意义上讲，本书所探讨的新时期强化行政事业资产管理的总体思路事实上包含两个层次：首先是从全局性、整体性视角而言的总体思路；其次是在全局和整体性思路的基础上，就其要解决的基本问题再逐一展开。这可概括为“三项十端”的总体思路。基于上述认识，本书的基本内容包括以下几个方面：

第1章为导言。这一章主要在介绍本书的选题背景、研究意义并进行文献综述的基础上，阐明本书的基本内容和逻辑框架、基本研究方法以及本书可能实现的创新及不足之处。

第2章阐明了行政事业资产管理的意义和地位。本章主要是通过明确行政事业资产的性质、功能并结合现代财政制度的发展及财政职能的实现，从理论和实践两个层面阐明强化行政事业资产管理的必要性，为研究强化行政事业资产管理的总体思路打下坚实基础。

第3章为强化行政事业资产管理总体思路的规范分析。本章主要是依据公共部门经济学和公共管理学的基本原理，按照效率和公平原则的基本要求，从应然的意义上对行政事业资产管理的总体思路从“谁来管”“管什么”以及“如何管”三个大的方面展开分析，从而为实证研究提供参照标准。

第4章为强化行政事业资产管理总体思路的实证分析。本章主要是立足我国行政事业资产管理的实践，借助实地调研、案例分析并搜集、整理有关信息资料，对我国行政事业资产管理的总体思路所涉及的各个环节进行实证研究，重在揭示问题，分析问题的表现、影响及形成机理和症结，回答行政事业资产管理在“谁来管”“管什么”以及“如何管”三个方面到底存在哪些亟待解决的现实问题，并揭示出现这些问题的症结所在。

第5章为完善强化行政事业资产管理总体思路的对策建议。本章主要是针对第4章所提出的亟待解决的现实问题，首先阐明了新时期强化行政事业资产管理的总体思路选择，做到三个明确：明确“谁来管”，健全行政事业资产管理体制；明确“管什么”，界定并细化行政事业资产管理客体；明确“如何管”，健全行政事业资产管理方式。其次，从上述三个方面提出解决问题的具体思路对策。

1.3.2 本书的分析框架

本书的分析框架如图1-1所示。

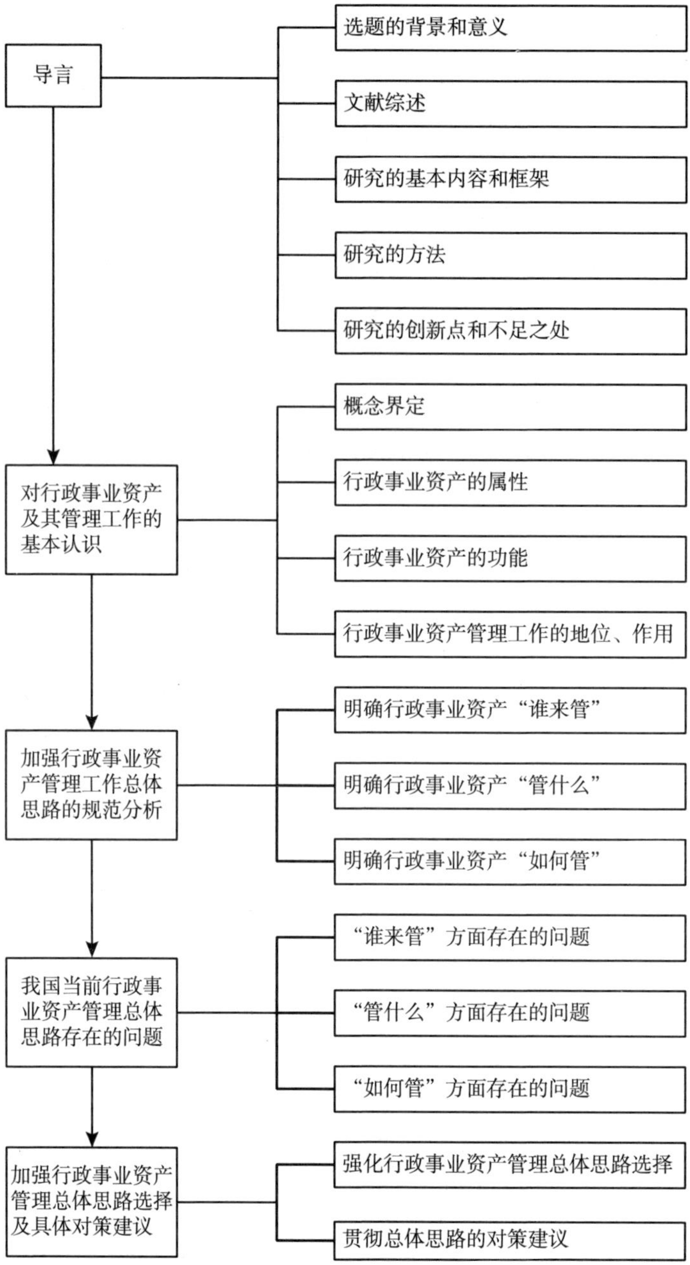
导言
选题的背景和意义
文献综述
研究的基本内容和框架
研究的方法
研究的创新点和不足之处
对行政事业资产及其管理工作的基本认识
概念界定
行政事业资产的属性
行政事业资产的功能
行政事业资产管理工作的地位、作用
加强行政事业资产管理工作总体思路的规范分析
明确行政事业资产“谁来管”
明确行政事业资产“管什么”
明确行政事业资产“如何管”
我国当前行政事业资产管理总体思路存在的问题
“谁来管”方面存在的问题
“管什么”方面存在的问题
“如何管”方面存在的问题
加强行政事业资产管理总体思路选择及具体对策建议
强化行政事业资产管理总体思路选择
贯彻总体思路的对策建议

图1-1　本书研究框架

1.4 研究的方法

1.4.1 案例分析法

共性寓于个性之中，通过典型案例分析可以抽象出共性的规律。因此，本书尽可能搜集整理了一些典型案例，这些案例既包括揭示问题的反面案例，也包括能提供经验和启示的正面案例。无论是反面案例还是正面案例，本书在研究过程中都尽可能抽象掉其所具有的个性特征，而尽可能把案例所反映的共性规律揭示出来，避免可能存在的以偏概全、以点代面的错误倾向。

1.4.2 文献研究法

虽然专门研究行政事业资产管理总体思路的文献较为少见，但是较为宽泛地研究行政事业资产管理的文献却十分丰富。本书尽可能充分地利用学校图书馆的文献资料，通过学术期刊网下载了行政事业资产管理的代表性文献，参阅了大量行政事业资产管理的专著及相关书籍，围绕行政事业资产管理的总体思路，系统归纳、总结了已有文献所取得的研究成果，从而使本书的研究能建立在已有学术成果的基础上，以期能有一个较高的起点。

1.4.3 实地调研法

行政事业资产管理具有很强的实践性，纯粹的理论研究只能对行政事业资产管理进行规范分析，其可以通过概念、判断、逻辑推演构建一个理论框架，阐明行政事业资产管理的总体思路“应该是什么”“应该怎么样”。但是要搞清楚现实的行政事业资产管理总体思路到底“是什么”“怎么样”以及“为什么是这样”，就必须进行扎实的实证研究。长期以来，不少研究者对实证研究存在一种误解，认为只有构建数学模型进行计量分析才是实证研究，把没有构建模型、没有进行计量研究的成果一律视为非实证的研究，从而把实证研究和数理分析、定量分析等同，由此导致的消极影响是不少研究者把实证研究的工作重点放在找数据上，只要找到了数据，借助计量软件就很容易得到研究的结论和成果，而不去关注数据的来源及真实程度。这样的实证研究到底能在多大程度上解决现实问题值得怀疑。本书的看法是，实证的研究与规范的研究相对应，定性的研究和定量的研究相对应，实证的研究并不等同于定量的研究，定性的研究也可以是实证研究。就定性研究和定量研究的关系看，定性研究应是定量研究的基础。在质的问题没有解决之前就过于关注量的问题无助于问题的解决，是舍本求末的做法。基于此，本书注重实地调研方法的运用，通过实地调查搜集整理第一手资料，以期能围绕行政事业资产管理的总体思路揭示实践中存在的问题、成因和症结，从而能为有针对性地提出解决问题的对策思路奠定基础。

1.4.4 逻辑推理法

所有的经济活动及其管理都应遵循效率和公平两大原则。因此遵循效率和公平原则的要求，通过对行政事业资产等相关概念的界定，在明确行政事业资产属性及其功能的基础上，借助经济人假设和信息不充分、不对称假设进行判断、推理，可以针对行政事业资产管理的总体思路形成一个“谁来管”“管什么”“如何管”的规范性的分析框架，进而可为实证的研究提供理论参照。本书在行政事业资产管理总体思路的规范分析中所使用的主要就是逻辑推理的方法。

1.5 研究的创新点和不足之处

1.5.1 研究的创新点

本书尽可能吸取、借鉴了行政事业资产管理的已有成果，在此基础上可能实现的创新包括：

首先，明确提出“三项十端”的强化行政事业资产管理的总体思路。本书认为，强化行政事业资产管理的总体思路包括三大基本内容：一是明确“谁来管”，要实现行政事业资产管理体制优化；二是明确“管什么”，要准确界定并细化行政事业资产管理客体；三是明确“如何管”，要健全行政事业资产管理方式。该思路“三位一体”，共同构成统一的整体。在该思路所包括的三大项中，第一项“谁来管”包括两个基本点：一是管理主体的界定；二是管理权限的划分。第二项“管什么”也包括两个基本点：一是资产管理范围的界定；二是资产管理对象的细化，具体涵盖五个方面，即融资管理、投资管理、配置管理、运营管理和处置管理。第三项“如何管”包括六个基本点：明确资产管理的基本假设；资产管理的目标；资产管理的重点；资产管理的模式；资产管理的手段以及资产管理的制度。上述十个基本点为强化行政事业资产管理的“三位一体”总体思路的具体体现。

其次，提出了总体思路贯彻实施过程中所出现的诸多现实问题的解决对策。这具体体现在以下几点：

第一，本书强调了明确行政事业资产管理基本假设前提的重要性，这便于揭示诸多行政事业资产管理现实问题的症结。在笔者所见行政事业资产管理的有关文献中，几乎没有发现已有研究成果强调基本假设前提的重要性。事实上，从现实中抽象出来的基本假设前提可以使管理主体更为深刻地认识和理解自己的管理活动所面临的基本约束条件。作为管理主体，只有在充分考虑到这些现实约束条件的前提下制定制度、政策，采取手段、措施，才可能实现预期管理目标。本书认为，无论是中央政府还是地方政府的行政事业资产管理机构所出台的各项制度、规定、政策、措施，都是深思熟虑、集思广益的成果，其科学性、合理性、规范性程度都很高，但为什么在行政事业资产管理实践中并没有取得各级行政事业资产管理机构所期望的理想效果？究其原因，当然应该是多方面因素综合作用的结果，但本书认为，其中最重要的因素可能是因为对行政事业资产管理的基本假设前提重视程度不够，进而没有能对行政事业资产管理所面临的基本约束条件有足够清楚的认识和理解。这主要体现为两点：一是占有、使用行政事业资产的部门、单位以及有关人员是不是利己的经济人？二是行政事业资产管理机构、部门、单位以及具体使用行政事业资产的有关人员之间是否存在信息的不对称？对这两个问题的不同回答实际就对应着不同的假设前提。如果假定部门、单位及有关人员是利他的政治人，并且行政事业资产管理机构、部门、单位和占有使用资产的有关人员之间并不存在信息不对称，都可以掌握充分的信息，那么现实中很多行政事业资产管理问题就不会存在。虽然在研究中并没发现已有文献在强调政治人和信息充分、对称假设，但是从其所提出的对策建议以及对结果的良好预期中不难看出，其事实上隐含了政治人假设以及信息充分、对称假设。因为在这两个假设前提下，其对策建议的确切实可行并能取得理想效果。但如果强调经济人假设和信息不充分、不对称假设，那么其对策建议事实上就不大可行，至少难以取得理想效果。因为有关主体作为事实上的利己的经济人会利用自己的信息优势采取对自身有利的机会主义行为，从而出现“上有政策、下有对策”的局面。因此，本书强调经济人假设和信息不充分、不对称假设的重要性，并从两大基本假设出发来对实践中存在的有关问题的成因进行解释，同时依据这两大基本假设来进行机制设计，有助于保证所提出的对策建议切实可行。笔者在实地调研中和实际工作部门具体从事行政事业资产管理工作的同志交流，他们也基本认同这一看法。

第二，本书提出了设立存量资产调剂基金以尽可能促成资产调剂从而提高存量资产配置效益的建议。在实地调研中，行政事业资产管理机构的同志强调，各部门、各单位的有关人员也承认，现实中大量行政事业资产的确处于闲置状态，但是毋庸讳言，行政事业资产在不同部门、单位之间的调剂往往带有一定的偶然性和巧合性，实践中并不存在经常性、规范性的行政事业资产调剂。究其原因，这与资产调剂通常采取无偿划拨方式有关。如果部门、单位及具体占有、使用资产的有关人员是利他的政治人，并且资产信息在行政事业资产管理机构、部门、单位及具体占有、使用资产的有关人员之间是对称的，那么资产调剂即便采取无偿划拨的形式也不会妨碍调剂工作的正常进行，该调剂的资产就不难做到调剂到位。但在经济人假设和信息不充分、不对称假设前提下，存在闲置资产的部门、单位为了实现自身利益最大化就不愿在承担一定调剂成本（办理较为繁杂的资产划拨手续）的条件下把自己占有的资产无偿划拨出去，而存在资产需求的部门、单位也不愿意通过资产调剂接受这种二手的闲置资产（其更希望通过资产配置获取一手的新资产），而他们所具有的信息优势可以在很大程度上保证其企图顺利实现。因此，本书基于经济人假设和信息不充分、不对称假设，提出了设立存量资产调剂基金的主张。该主张不仅有助于实现资产调出方和资产调入方利益的增进，还可以节约财政投资性支出、提高财政资金使用效益，取得一举三得的效果。具体做法是从因资产调剂取代新增资产配置所节约的财政资金中拿出一定的百分比，比如说60%作为资产调剂奖励基金，然后把这60%资金的一半用于对资产调出的部门、单位进行奖励，另一半用于对资产调入方的奖励，该资金都用作公用经费。这就可以有效提高双方的积极性。作为资产调出方，虽然资产是无偿划拨的，但因为有资产调出的奖励，该奖励资金远大于办理资产划拨手续所需承担的成本，所以其有积极性如实呈报闲置资产信息和调出闲置资产；作为资产调入方，因为用调入资产替代了新增资产也可得到资产调剂奖励，该奖励的力度大于其使用二手资产较之使用一手资产所遭受的利益损失，所以其也有积极性调入二手资产。对财政部门来说，相对于新增资产配置，这仍然可节约40%的财政资金。这种一举三得的做法有助于使具有偶然性、巧合性的部门、单位之间的资产调剂成为经常性、规范性的具有现实可操作性的资产管理活动。

第三，本书提出了由行政事业资产管理机构编制资产预算、预算机构编制经常预算，使二者各司其职、各负其责，进而彻底解决资产管理与预算管理脱节问题的对策建议。长期以来，行政事业资产管理与预算管理的脱节一直是行政事业资产管理工作面临的棘手难题。因为审批资产预算必须要掌握部门、单位存量资产的信息，否则无法判断其资产预算指标的确定是否合理。而按照我国现行体制的规定，行政事业单位资产预算由预算机构负责组织编制、审核，但预算机构并不掌握行政事业单位存量资产的信息。行政事业资产管理机构虽然掌握部门、单位较为充分的存量资产信息，但其并不负责审批部门、单位的资产预算，由此导致行政事业资产管理与预算管理的脱节，进而导致行政事业增量资产难以优化配置，部门、单位在资产配置方面苦乐不均。虽然各级政府财政部门及其资产管理机构为实现资产管理与预算管理的结合进行了种种改革探索，比如要求部门、单位的资产需求指标必须先交行政事业资产管理机构审核盖章，然后才能报预算机构申请支出指标，其基本思路就是通过尽可能发挥行政事业资产管理机构在掌握存量资产信息方面的比较优势，来弥补预算机构审核部门、单位资产预算却不掌握部门、单位存量资产信息的比较劣势，试图以此协调资产管理机构和预算管理机构的关系，解决资产管理与预算管理的脱节问题。但是实际推行效果并不理想。对此，本书提出了根本性的解决办法，即把我国新《预算法》规定的复式预算①进一步细化，将其中的公共预算分为经常预算（主要反映公用经费和人员经费等消费性支出）和资产预算（主要反映行政事业单位投资性支出）两部分。经常预算由预算机构负责审查汇总，资产预算由行政事业资产管理机构负责审查汇总，使二者各司其职、各负其责，从而使资产管理与预算管理脱节的问题得以彻底解决。

第四，本书提出了把行政事业资产管理与债务管理结合起来的建议。资产与债务对应，资产减债务为净资产。不清楚行政事业单位资产所对应的债务负担，就无法判断资产在多大程度上体现为净资产，无法判断资产的安全程度；反过来，不清楚债务负担所对应的资产数量，就无法判断债务的风险程度，即把资产管理与债务管理割裂开来，事实上既难以做好资产管理，也难以做好债务管理。长期以来，行政事业单位基本不存在债务问题，其资产形成主要依赖财政拨款，所以行政事业资产管理通常不涉及债务管理。但是近年来，有的事业单位比如有些高校，为新校区建设举借了大量债务，承受了沉重的偿债负担，其举借的债务基本转化为行政事业资产。这意味着这些事业单位的资产管理事实上已经和债务管理联系在一起了，做好债务管理已经是做好资产管理的一项重要工作内容。但长期以来，行政事业资产管理和债务管理分属不同机构，相互割裂。因此，本书提出的行政事业资产管理与债务管理紧密结合的对策建议，就把行政事业资产管理中的融资管理纳入了行政事业资产管理的范围，从而拓宽了行政事业资产管理的领域，对做好行政事业资产管理工作具有一定的实践意义。

第五，本书提出了实现行政事业资产供给方式多元化的对策建议。长期以来，行政事业单位资产的形成主要依靠财政拨款。虽然随着政府采购、国库集中支付制度的完善，资产供给效率明显改善，但仍然达不到理想效果。本书认为，结合政府购买公共服务制度的完善，通过租赁的方式为行政事业单位供给资产，可以充分利用私有产权和市场机制有

① 我国 2015 年开始施行的《预算法》规定，我国的复式预算包括一般公共预算、国有资本经营预算、社会保险基金预算和政府基金预算四大组成部分。

利于提高效率的比较优势，降低行政事业单位的资产投入成本，同时也可减轻财政部门在传统资产供给方式下需一次性拨付大笔资金的压力。另外，传统的以税收作为供给行政事业资产的资金来源，虽然与行政事业资产服务于公共产品供给的属性相符，但考虑到税收负担分配格局和资产服务于公共产品供给所形成的利益分配格局在时间上、空间上的脱节，纯粹以税收收入作为行政事业资产形成的资金来源，并不能充分体现利益获取与成本分担对称的公平原则。基于这种认识，本书提出了对能够在长时期发挥作用的行政事业资产，政府财政部门可尝试通过债务形式筹资，并使债务清偿的时间跨度与资产使用年限保持对应关系的建议。诸如此类的行政事业资产供给方式的调整对行政事业资产管理充分体现公平原则具有重要的实践意义。

1.5.2 研究的不足之处

（1）囿于数据的可得性，也受题目自身性质的制约，本书基本进行的是定性研究，而没有从事较为精确的定量分析。虽然在我国目前发展阶段，行政事业资产管理客观上应更倾向于解决质的方面的问题，但把握保持质的规定性所需要的量的界限也是不能忽视的重要方面，本书在定量研究方面的不足将在后续的研究中尽可能加以弥补。

（2）本课题提出了“三项十端”的强化行政事业资产管理的总体思路，但是对该总体思路所涉及的各个环节还没能充分展开分析，而其中任何一个环节存在的问题若得不到有效解决都可能成为总体思路的薄弱环节，进而影响到总体思路的贯彻实施。

（3）尽管围绕选题，本书课题组进行了实地调研，但受时间、精力、财力的制约，选择的调研地点的数量还不够充分，调研在时间安排上也较为仓促，难以保证能对当地行政事业资产管理中存在的问题及制约因素有准确到位的理解。因此，本书在具体论证过程中可能会存在以偏概全的局限。

第 2 章　对行政事业资产及其管理工作的基本认识

2.1　概 念 界 定

从理论上讲，概念是事物的共同属性在头脑中的反映。界定概念就是要对概念下一个定义。通常而言，这并不是一项容易做的工作。因为这需要把研究对象的共性概括、归纳、总结出来，需要很强的抽象思维能力。[①] 对本书来说，既然要研究行政事业资产管理的总体思路问题，那么行政事业资产就是一个核心基础概念。从逻辑上讲，行政事业资产是政府资产的重要组成部分，而政府资产又从属于资产。因此，要界定行政事业资产的概念就需要界定政府资产的概念，而要界定政府资产的概念，就首先需要明确界定到底什么是资产。基于这一思路，本书就从分析、界定资产的概念入手。

2.1.1　资产的概念

关于资产的定义，目前会计学界比较有代表性的观点大致有

---

① 概念是构成理论体系的基石，只有概念界定清楚，才能进行判断、推理，才能形成逻辑体系和理论框架。通常，人们头脑中会有很多概念，但如果要用准确的文字表述出来则不一定能够做到。比如，对多数人来说，要判断一种动物是不是猫或狗是没有多大难度的，这说明其头脑中确实存在猫和狗的概念，但若问他什么是猫、什么是狗，其往往难以准确地说出来。这说明对概念下定义有一定难度。对从事理论研究的人来说，万事开头难，难就难在基本概念的界定。若基本概念界定不清楚，则意味着理论大厦的基石有问题，根基不牢。从这个意义上讲，本书用较大篇幅来完成对基本概念的界定，甚至不厌其烦地予以论证，也并非完全没有必要。

三种[①]：一是成本观。成本观认为，资产是指未耗费的成本或应结转至未来期间的成本。按照这种观点，成本被区分为两部分：一部分是已耗用的成本，这通常被称为费用；另一部分则是未耗用的或者说是现在已经投入但并没实际耗用或需要未来耗用的成本，这被称为资产。将资产视为未耗用的成本，从会计确认和计量的角度来看，是把资产的形成看成成本耗费，凡在当期支付但并没有转化为费用的支出都是资产，而已经转化为费用的支出则不应视为资产。这便于把经常性支出和资本性支出的划分与资产的确定联系起来，有一定的现实意义。但是该观点忽视了资产客观上所具有的能为企业带来经济利益的能力，很容易导致成本和资产概念的混淆。二是经济资源观。经济资源观认为，简而言之，资产就是经济资源，并且其能够以货币作为计量单位。这是目前占主导地位的资产定义。美国会计准则委员会认为：资产就是按照公认会计原则确认和计量的企业经济资源，也包括某些虽不是资源但按照公认会计原则确认和计量的递延借项。国际公共部门会计准则（IPSAS）界定的资产概念就是指由于过去的事项而由主体控制的、预计将导致未来经济利益或服务潜能流入主体的资源。国际会计准则（IAS）将资产界定为由于过去事项而由企业控制的、预期会导致未来经济利益流入企业的资源。很明显，它们对资产概念的界定基本是相同的。我国企业会计准则也支持这一观点。虽然我国企业会计准则对资产的定义分为两个阶段，但两个阶段都认为资产是经济资源。比如原企业会计准则将资产定义为“企业拥有或控制的能以货币计量的经济资源，包括各种财产、债权和其他权利”。新企业会计准则将资产定义为“企业过去的交易或事项形成的、由企业拥有或控制的、预期会给企业带来经济利益的资源”。三是经济利益观。该观点认为：资产是预期的未来经济利益，这种经济利益基于企业现在或过去的交易的结果而获得。经济利益观明确了资产确认的两个条件：其一，与该资源有关的经济利益会流入企业；其二，该资源的成本或者价值能够可靠地计量，进而可为经济利益的计量奠定基础。

考察上述三种观点，不难发现各有得失：成本观的合理性体现在其强调资产的形成通常要付出成本和代价。正如现实的政府资产确实有相

① 胡浩：《政府资产负债管理风险——对“欧洲五国”主权债务危机的影响研究》，财政部财政科学研究所博士研究生论文，2012 年。

当数量和比例是通过政府财政安排投资性支出所形成的。另外，成本观认为“耗费的成本是费用，未耗费的成本是资产”，实际暗含了资产从使用的角度讲可以在较长的时间跨度内存在，这种认识带有真理性成分，但这种观点本身也有一定局限：因为现实中确实也有一些经济主体所掌控的资产并不是通过付出成本和代价获取的，比如别人馈赠的资产、政府掌控的自然资源等；另外，即便资产的形成需要付出成本和代价，但资产本身并不能等同于成本。经济利益观的合理性体现在：其强调了资产的有用性，没有任何使用价值的东西不能称为资产。报废的资产之所以是资产，归根结底还是因为其有一定用处，因而有残值，否则就不能称为资产。其不合理性体现在：资产虽然可以带来经济利益（其侧重强调企业资产），但资产本身并不是经济利益。占主导地位的经济资源观之所以能占主导地位，主要还是因为它实际上兼收并蓄了成本观和经济利益观的合理成分：首先，它把资产形成的原因抽象为由“过去的交易或事项形成”，相对于成本观提出的资产的形成要付出成本和代价而言，涵盖的范围更广泛一些，实际是把各种原因形成的资产都包括进来，同时可以把成本观的合理成分保留下来，即资产的形成总是需要一定的条件。经济资源观把资产形成的原因归结为“过去的交易或事项”可以表明资产作为一种成本投入至少直到目前是未耗费的，其不是费用而是资产。其次，经济资源观还承认乃至强调资产的有用性，认为其能够“带来经济利益”。从这个意义讲，它又吸取借鉴了经济利益观的合理成分。当然，经济资源观界定的主要还是企业资产，如果要概括一般意义上的资产概念，还需要在此基础上进一步抽象。

本书认为，吸取借鉴已有观点的合理成分并加以合理抽象（已有的定义多是界定企业资产），一般意义上的资产可以定义为：“由于过去的事项形成、能够带来利益的资源。”这一定义强调了三点，或者称之为资产定义的三要素：第一，资产是资源。这一界定保留了经济资源观界定资产的落脚点，否定了成本观和经济利益观的落脚点。当然，这里的资源可以是有形资源，也可以是无形资源；可以是有人类劳动凝结其中的资源，也可以是纯自然形成的资源。第二，资产能够带来利益，强调资产的有用性。这里的利益从其包含的内容看可以是指经济利益，也可以是指社会利益；从利益主体看，可以是私人利益，也可以是社会公共利益。经济资源观的定义强调“预期”利益，实际这个“预期”的限定是可以去掉的，因为资产不仅可以带来预期利益，也可以带来现实利益。第三，资产由过去的事项所形成，强调资产在时间上具有存在的可持续性。经济资源观的定义强调资产“由过去的交易或事项形成”，实际上过去的交易可以包括在过去的事项当中，换言之，过去的交易只是过去事项的一种具体表现形式罢了，为使定义更加精练，可以把交易去掉。

2.1.2　政府资产的概念

从逻辑上讲，明确界定了资产的概念就为界定政府资产概念奠定了基础。我们只需要再明确政府的概念并界定清楚在什么条件下政府与资产发生联系，资产就体现为政府资产即可。因此，本书对政府资产概念的界定还需要在完成资产概念界定工作的基础上，再界定政府的概念。

关于政府的概念界定历来存在不同的口径。狭义的政府或者说小口径的政府仅仅是指一个国家的行政管理机构，即国家权力机关的执行机关，其区别于立法机构、司法机构，也区别于事业单位，更区别于从事生产经营活动的国有企业。

广义的政府是指国家的立法机关、行政机关和司法机关等公共机关的总和，其代表、掌握着社会公共权力。政府可以被看成是一种制定和实施公共决策、实现有序统治的机构。它泛指各类国家公共权力机关，包括一切依法享有制定法律、执行和贯彻法律，以及解释和应用法律的公共权力机构，即通常所谓的立法机构、行政机构和司法机构。从这个意义上说，政府就是国家权威的表现形式。

总之，政府按照涵盖范围的大小可以有不同的口径：小口径的政府即是行政管理机关。中口径的政府是指一个国家的行政、立法、司法机构，即国家管理机构，不包括事业单位，也不包括国有企业，但可以包括党派和社会团体；大口径的政府实际是指一个国家的公共经济部门，通常包括一个国家的行政、立法、司法机构及党派、社会团体、事业单位和政府所拥有的国有企业。要界定政府公共经济部门所涵盖的范围，就需要划分公共经济部门和私人经济部门的界限，这通常有两个标准：一是所有权标准，即一个机构、单位或组织是否属于公共经济部门，要看其产权性质。如果是公有产权，则划入公共经济部门；如果是私有产权，则划入私人经济部门。二是看其提供的产品和服务的性质，即判断一个机构、单位和组织是否属于公共经济部门，要看其提供的产品和服务所要满足的需要的性质。若满足公共需要，则划入公共经济部门；若满足私人需要，则划入私人经济部门。本书认为，划分公共部门与私人部门的界限，应强调产权性质标准，将公有产权的机构、单位和组织划为公共经济部门，而不能采用产品性质标准，因为若按照这一标准，生产提供私人产品、满足私人需要的一些国有企业就要划入私人经济部门，从而不属于广义的政府范畴，其资产当然也就不是政府资产，但现实中，国有企业资产管理是政府资产管理的一项重要内容。因此，本书认为，研究政府资产管理问题时所涉及的政府概念应是指广义的政府，即所谓的政府公共经济部门。其与私人经济部门之间的界限划分，应采用产权性质标准。

通过上述分析，我们已完成了资产和政府概念的界定，那么接下来的工作就是要分析、考察一下，到底政府与资产之间发生什么联系，资产就成为政府资产，而政府就成为有资产的政府。为了能对政府资产下一个较为严谨的定义，我们有必要先综述理论界已有的观点。

理论界众多的研究者已出于不同的研究目的和分析视角给出了政府资产的定义。黄赟（2007）根据政府的职能及其业务活动性质将政府的资产定义为“由政府管理和控制的、具有服务潜能的资源”。殷士浩、刘小兵（2004）认为，政府资产是指政府拥有所有权的那部分资产，地方政府资产就是地方政府拥有所有权的资产。吕世光（2007）认为，所谓政府资产是指各级政府及行政单位占用的行政性国有资产，它是政府履行公共服务和社会事务管理职能的重要物资保证，是社会公共财政的重要组成部分。薛小建（2008）认为，政府资产也称为行政事业性国有资产，主要是指供行政事业性组织内部使用的公物，如办公房产、办公用品、电脑设备、警察装备、消防车辆等，相当于公物法上的行政财产或行政使用公物，是政府履行社会管理与公共服务职能的物质基础。张效功（2009）认为，政府资产是指政府为实施公共管理、提供公共服务而拥有和控制的、能够用货币计量的各种资源的总和，具有配置领域的非生产性、消耗补偿的非直接性、价值的不可估量性。按照资产使用功能的不同，政府资产可以分为行政性资产和公益性资产。胡浩（2012）认为，政府资产是由过去的交易或事项形成的由政府主体拥有或控制的能带来未来服务潜能或经济利益的经济资源。王晓玲（2013）认为，从广义上来看，政府资产是指政府为实施公共管理、提供公共服务而拥有和控制的、能够用货币计量的各种资源的总和，按照使用功能的不同，政府资产可以分为行政性资产和公益性资产。

通过分析目前已有的政府资产定义，不难发现，不同的研究者在分析政府与资产发生何种联系资产就成为政府资产或政府就成为有资产的政府时，其侧重点还是有明显差别的。上述定义有的表述略显烦琐，从而在一定程度上遮掩了其所强调的侧重点。如果把上述几种定义稍微简化一下，就可以很容易看出不同研究者所强调的侧重点：黄赟（2007）认为政府资产是由政府管理和控制的资产，其强调“管理和控制”；殷士浩、刘小兵（2004）认为政府资产是指政府拥有所有权的那部分资产，其强调“所有权”；吕世光（2007）认为政府资产是指各级政府及行政单位占用的行政性国有资产，其强调“占用”；薛小建（2008）认为政府资产也称为行政事业性国有资产，主要是指供行政事业性组织内部使用的公物，其强调“使用”；张效功（2009）认为，政府资产是指政府为实施公共管理、提供公共服务而拥有和控制的、能够用货币计量的各种资源的总和，其强调“拥有和控制”。胡浩（2012）认为，政府资产是由过去的交易或事项形成的由政府主体拥有或控制的能带来未来服务潜能或经济利益的经济资源，其同样强调“拥有和控制”。王晓玲（2013）认为，从广义上来看，政府资产是指政府为实施公共管理、提供公共服务而拥有和控制的、能够用货币计量的各种资源的总和，强调的还是“拥有和控制”。由此看来，多数观点赞成政府资产是指政府拥有和控制的资产，但是“拥有和控制”不能算是严格的法学、经济学或管理学术语。本书认为，定义者用“拥有”表达的意思是“所有”，即政府掌握“所有权”，而“控制”表达的意思则与“占有、支配”的含义接近。从经济学的角度分析，占有、支配权是由所有权派生出来的。因此，本书认为，强调政府资产是政府拥有和控制的资产的观点，近似于强调政府资产是所有权归属政府的资产，除此之外，“拥有和控制”含有“代行所有权”的意思，即严格推究起来，有些资产政府可能并不是严格意义上的所有者，但在实践中，政府如果是唯一代行所有权的主体，那么这种资产界定为政府资产就不会有任何权属争端和歧义。因此，本书的观点是：政府资产，简而言之，就是政府掌握所有权或代行所有权职能的资产。

之所以说用“管理和控制”或用“占用”“使用”来限定政府与资产的关系进而界定政府资产的概念存在难以克服的缺陷，道理显而易见：第一，如果把政府看成管理公共事务的机构或组织，那么整个私人经济部门都是政府管理和控制的对象，其自然要管理私人经济部门的企业和家庭，要制定各种制度和规则来规范、约束、管理、控制企业和家庭的行为。既然企业和家庭是政府“管理和控制”的对象，那么企业和家庭所拥有的资产自然也就成为政府“管理和控制”的对象，但企业和家庭拥有的资产很明显属于私人资产。因此，用“管理和控制”来限定政府与资产的关系进而界定政府资产的定义是不可行的，无法明确区分政府资产和非政府资产的界限。第二，政府“占有”的资产可以是政府资产，但完全也可以是非政府资产。现实中，政府“占有”非政府资产的例子是很多的，当然这种“占有”有的是经过掌握所有权的资产主体授权或认可的，也有非政府资产虽然事实上为政府所“占有”，但掌握所有权的资产主体并不认可的情况存在，私人与政府之间就资产归属进行诉讼的例子在现实中很常见。在通过法律手段最终确定产权归属前，政府虽然事实上掌握资产的“占有权”，但如果把这种产权归属存在争议的资产界定为政府资产显然是不合适的。极端的例子是，在国家与国家之间存在领土争端的时候，一个国家的政府所“占有”的资产可能不仅不是其政府资产，而且也不是其本国的非政府资产，而可能直接就是别的国家的资产，比如我国的南海有些岛礁虽然被别的国家所“占有”，但这些岛礁作为自然资源仍然是我国的国家资产或者说政府资产。第三，用“使用”来限定资产使之成为政府资产也是行不通的。因为与“占有”一样，政府“使用”的资产可以是政府资产，也可以是非政府资产。现实中，政府通过租借、征用的方式使用非政府资产的例子很多，仅仅凭借政府掌握“使用权”就确定某项资产是政府资产显然不合适。总之，本书认为，只有将政府掌握所有权或代行所有权职能的资产界定为政府资产，才能在政府资产与非政府资产之间划出清晰的界限。

根据上述分析，本书将政府资产定义为：基于过去事项形成、由政府掌握所有权或代行所有权并能带来利益的资源。这一定义是高度简化的，其建立在政府和资产定义的基础之上，通过强调政府掌握所有权或代行所有权来限定政府与资产的关系进而完成对政府资产概念的界定。

政府资产概念包括四大构成要素：

一是主体。政府资产的主体当然是政府，但政府有广义和狭义之分，即政府涵盖的范围有大有小。最小口径的政府仅指作为国家权力机关执行机关的政府，此为口径一；再大一点口径的政府是指国家的行政、立法、司法机构（可包括党派、社会团体），此为口径二；在口径二的基础上再放大，可涵盖科研、教育、体育、文化、卫生等事业单位，此为口径三；在口径三的基础上再放大，可包括国有企业，此为口径四。随着政府口径的扩大，政府资产的外延范围也在相应扩大。

二是客体。政府资产归根结底是政府掌握所有权或代行所有权的资产，其本质是一种特定的产权关系。因此，与政府资产主体相对应的客体就是资产，它是由过去事项形成并能带来利益的资源。

三是依据。一项资产之所以是政府资产，归根结底是因为所有权归属于政府，或者是政府代行所有权职能。政府仅仅掌握占有权、支配权、使用权、收益权或者是这四项中的任意一项、两项或三项，都不足以表明该项资产是政府资产，其完全可能是非政府资产。从这个意义上讲，资产的所有权归属于政府（掌握或代行）体现了政府资产的本质规定，是政府资产区别于非政府资产的基本标志。

四是目的。政府资产的目的具有两个层次：首先，作为资产，其必定能带来利益，利益从根本上讲总是与人们需要的满足相联系，有助于满足私人需要就体现为私人利益；有助于满足公共需要就体现为公共利益。满足眼前需要体现的是眼前利益；满足未来需要体现的则是预期长远利益。其次，作为政府资产，其带来的是公共利益，而不是私人利益，这也是政府资产与非政府资产相区别的一个重要标志。

2.1.3　行政事业资产的概念

本书认为，从逻辑上讲，既然已经界定清楚何谓资产、何谓政府，并在此基础上界定清楚了何谓政府资产，再对政府资产进行分类，在政府资产中把行政事业资产与非行政事业资产区分开，就完成了对行政事业资产概念的界定。本书认为，所谓行政事业资产应界定为行政事业单位为提供公共产品和混合产品，满足公共需要而占有、使用的政府资产，即把行政事业资产视为政府资产的一个组成部分。①

2.2 行政事业资产的属性

行政事业资产是政府资产体系的重要组成部分，本书将政府资产所具有的属性与非政府资产加以对照，概括出行政事业资产的十大属性。②

2.2.1 主体的政府性

作为政府资产的重要组成部分，其与非政府资产最明显的区别就在于主体不同。政府资产以政府为主体，尽管这一主体有广义和狭义之分，有不同的口径，但是不管什么口径，这一主体都可以被笼统地称为政府。而非政府资产通常被认为有两大主体：一是企业；二是家庭。企业为了保持生产经营活动的顺利进行必须掌握一定数量的资产，家庭为了满足家庭成员的生活需要、实现家庭成员效用满足程度最大化也必须掌握一定数量的资产。这两类资产的主体都不是政府，而是私人经济部门的企业和家庭。

2.2.2 目标的公共性

行政事业资产规模庞大、种类繁多，存在形式多样，不同的行政事业单位掌握不同种类的行政事业资产，自然要实现不同的具体目标，但

① 谭静（2013）采用列举法把行政事业资产界定为主要包括党政机关、事业单位、军队、社团和非政府组织、政府驻外机构等占有和使用的国有资产。这样的界定好处是便于把握行政事业资产的基本构成，但一个“等”字表明采用列举法下定义事实上难以把研究对象的共性清楚地揭示出来。

② 需要指出的是，这里用的是“属性”而不是“特征”。因为行政事业资产是政府资产最为重要的组成部分，其肯定具有政府资产的属性。要界定这种属性，只需要把政府资产与非政府资产加以对照即可，但若要界定行政事业资产的特征，则参照物的选择显然就不应是非政府资产，而应是政府资产中的非行政事业资产。

是作为政府资产的重要组成部分，从其要实现的千差万别的具体目标中，仍然可以抽象出共性目标：服务于公共产品的生产提供和公共需要的满足，追求公共利益。[①] 而非政府的资产，比如企业资产服务于企业追求利润最大化，家庭资产则服务于实现家庭成员效用满足程度最大化，这两种目标的实现都是在追求私人利益，和公共利益目标格格不入。

2.2.3　领域的特殊性

从规范的意义上讲，行政事业资产应处于市场失效或部分失效的领域，不能处于市场有效作用的领域，市场有效作用的领域是非政府资产所处的领域。由于市场有效和市场失效之间难以划出泾渭分明的界限，所以行政事业资产和非政府资产所处的领域存在交叉地带，这一交叉地带就是所谓的市场部分失效或称市场部分有效的领域。如果结合产品性质的划分，可以认为在市场有效作用的领域，主要是解决私人产品的生产提供和私人需要满足的资源配置问题，非政府资产就是作为解决这一问题的手段和方式而存在的；在市场失效的领域，主要是解决公共产品的生产提供和公共需要满足的资源配置问题，行政资产就是作为解决这一问题的手段和方式而存在的。在市场部分失效（或称部分有效）的领域，主要是解决混合产品（准公共产品）的生产提供问题，满足的需要兼有私人需要和公共需要双重属性，解决这一问题的手段可以是政府资产中的事业资产，也可以是非政府资产，二者所处的领域难以划出泾渭分明的界限。一般来说，如果该混合产品满足公共需要的属性更明显一些，即市场失灵的成分更多一些，则政府事业资产发挥作用的余地就相对较大；反之，如果该混合产品满足私人需要的属性更明显一些，即市场有效的成分更多一些，则非政府资产发挥作用的余地就相对

---

① 公共产品与私人产品的划分并不存在泾渭分明的界限，大部分产品实际兼具公共产品和私人产品双重属性，是混合产品。一般来说，行政资产服务于公共产品的生产提供和公共需要的满足、实现公共利益的性质体现得更为充分，而事业资产更多的是服务于混合产品的提供，其在实现和增进公共利益的同时，往往或多或少带有满足私人需要、实现私人利益的性质，但其毕竟与通常服务于私人产品生产提供、实现私人利益的非政府资产有着明显区别。因此，总体上说行政事业资产服务于公共产品的生产提供、满足公共需要、实现公共利益，包括了其服务于混合产品的生产提供、满足混合需要以及实现混合利益这种情况。

较大。

2.2.4 调节的计划性

从总体上讲，行政事业资产所处的领域是市场失效或部分失效的领域，其服务于公共产品的提供和公共需要的满足，而公共产品通常难以定价，因此行政事业资产的配置通常难以通过市场价格信号引导，而主要通过政府计划予以配置。比如，行政事业增量资产形成的重要渠道就是通过政府预算安排投资性支出，而预算本身就是政府具有法律效力的基本收支计划。一般来说，政府财政的预算管理和资产管理机构要与政府的宏观经济管理部门如发改委等相互协调、相互配合，合理确定政府增量资产多少要用来提供公共产品，多少要用来提供混合产品，用来提供公共产品的增量资产如何在行政、立法、司法机构、党派、社会团体之间合理配置，用来提供混合产品的增量资产如何在科学、教育、文化、卫生、体育等不同性质的事业单位之间合理分配，显然这都需要接受政府计划的调节。由于没有市场价格信号的引导，存量资产在行政事业单位内部的配置调整也是通过计划的制定、安排来实现的。除此之外，行政事业资产的处置也要纳入计划管理的范围，严格按照规定的程序由资产使用单位、部门向政府财政行政事业资产管理机构提交资产处置报告，待审批通过后按规定予以处置。因此，总体而言，行政事业资产管理的整个运作过程是受政府计划调节和控制的，这是由行政事业资产自身所处领域的特殊性所决定的。与此形成鲜明对比的是，非政府资产的运作过程主要是受市场调节。从非政府资产形成的资金来源角度分析，私人投资所需的资金通常由私人筹措，这个过程主要受市场利率信号的调节。利率提高，私人融资成本提高，用于投资的资金会减少；利率降低，私人融资成本降低，用于投资的资金通常随之而增加。从非政府资产增量配置的角度分析，市场价格信号更是发挥着决定作用，通常，哪个资源配置方向价高利大，增量资产就会配置到哪个方向上去；而存量资产也会在市场价格信号的引导下，由资产主体在不同的产业、不同的行业、不同的地区之间进行调整。同样的道理，非政府资产的运营和处置也是受市场机制的调节。这是由非政府资产自身的性质所决定的，因为其毕竟服务于私人产品的生产提供和私人需要的满足，而私人产品天然具有可分割性、竞争性和排他性，其可以拥有价格，进而自然要受市场价格机制以及与价格机制有内在联系的供求机制和竞争机制的调节，而非政府资产既然作为服务于私人产品生产提供的手段而存在，自然也要接受市场机制的自发调节。

2.2.5　评价的社会性

行政事业资产既然服务于公共产品（含混合产品）的生产提供和公共需要的满足，因此无论是在资产形成的筹资、投资环节，还是增量资产和存量资产的配置环节，乃至资产的运营和处置环节，都要从整个社会的角度来评价其利弊得失，考察其收益的时候不仅要考察内部收益，还要考察外部收益；既要考察直接收益，还要考察间接收益；既要考察有形收益，还要考察无形收益；既要考察实际收益，还要考察机会收益。同样，考察其成本的时候也需要从整个社会的角度着眼。而非政府资产的评价由于其主体不是政府而是私人部门的企业和家庭，因此不可能也不必要从整个社会的角度来评价其利弊得失，外溢的效益和外溢的成本都不会纳入考虑范围，只需要考察内部的收益和内部的成本，并以二者的对比关系作为评价取舍标准。

2.2.6　地位的辅助性

在社会总的资产体系中，政府资产和非政府资产各有存在的必要性、合理性，二者各有自身的比较优势：行政事业资产作为政府资产的重要组成部分在生产提供公共产品、满足公共需要方面具有比较优势；而非政府资产在生产提供私人产品、满足私人需要方面具有比较优势。因此，二者不能相互替代，而应该相互协调、相互配合，共同服务于社会总的资源配置任务的完成，进而既能很好地满足公共需要，又能很好地满足私人需要，提高社会总体福利水平。由于在市场经济条件下，市场要在资源配置中发挥决定性作用。因此，非政府资产在社会资产体系中所处的地位是主导性的，行政事业资产发挥的是拾遗补缺的作用，充当弥补、纠正市场失灵的工具和手段。在市场机制自发调节下非政府资产难以发挥作用的领域、环节和时间，行政事业资产就要发挥拾遗补缺的作用，因此行政事业资产所处地位总体上具有辅助性特征。

2.2.7 成因的多元性

相对于非政府资产，行政事业资产的形成原因具有多元性特征，其可以通过政府财政安排投资性支出形成，这是行政事业增量资产的主要形成渠道；除此之外，行政事业资产的形成还有多个渠道，比如私人的捐赠，以及政府凭借政治权力罚没私人资产可使之转化为行政事业资产，事业单位自身通过各种渠道筹措资金也可以形成系列资产，等等。而非政府资产的成因相对单一，一般是通过私人投资而形成。因此，非政府资产存量和增量规模的大小主要取决于私人存量投资和增量投资的规模，通过其他渠道所形成的非政府资产在总量中所占比例很小。

2.2.8 管理的复杂性

行政事业资产管理的复杂性集中体现为其要实现集中统一管理，这是由政府自身的性质所决定的。现实中的政府虽然是由不同级次的政府所构成，但其毕竟是统一的整体，与之相对应，行政事业资产的管理虽然通常强调分级管理，但上级政府要担负从整体上管理下级政府行政事业资产的领导责任。比如，财政部资产管理司担负着管理全国行政事业资产的责任，而每一个省级政府、市级政府、县级政府和乡镇政府的行政事业资产管理机构都担负着管理辖区内所有行政事业资产的责任，这无疑会加大资产管理的复杂程度。这一方面是因为每一级政府财政行政事业资产管理机构所管理的资产规模通常都较为庞大，另一方面也是因为规模如此庞大的资产又分布于政府的不同部门、不同单位，而不同部门、不同单位所掌控的资产又服务于不同性质的公共产品和服务的供给，从而具有鲜明的个性特征，因而其管理也必然遵循着个性特征明显的特殊规律，这无疑会提高行政事业资产管理的复杂程度。而非政府资产的管理通常不存在所谓的集中统一管理。虽然从整体上看，非政府资产的规模也非常庞大，但这些非政府资产毕竟由数目众多的企业和家庭所分散掌控，其主要的调节机制是市场机制而非政府计划，因此非政府资产总体上并不存在所谓的集中统一管理，这就相对降低了非政府资产管理的复杂程度。

2.2.9　使用的无偿性

行政事业资产服务于公共产品的生产提供和公共需要的满足，而严格意义上的公共产品具有不可分割性、非竞争性和非排他性。不可分割性意味着其笼统地作为一个整体向社会提供，难以定价；非竞争性意味着一个人消费并不影响其他人消费，既不影响消费的数量，又不影响消费的质量，因此作为消费者会选择“免费搭车”而不会出价购买；非排他性意味着难以将不符合条件的消费主体排除在消费范围之外，这意味着其即便可以定价，定价也没有实际意义。总之，对公共产品来说，由于没有价格，提供者难以通过市场渠道获取收入来抵补成本，这意味着担负着向社会提供公共产品、满足公共需要职责的政府所掌控的作为提供公共产品、满足公共需要手段的行政事业资产，只能由行政事业单位无偿使用。增量行政事业资产通常通过财政拨款进行投资而形成，资金由政府各部门、单位无偿使用，无须归还。存量行政事业资产也可由行政事业资产管理机构在部门、单位之间无偿调拨。[①] 而非政府资产的使用则具有有偿性特征。这种有偿性体现在两个方面：一方面，有些非政府资产本身作为私人产品由非资产主体有偿使用，这是由私人产品自身的性质所决定的，其具有的可分割性、竞争性、排他性决定了其不仅可以定价，而且定价有实际意义，可以很容易地将不符合条件的主体排除在使用范围之外；另一方面，作为私人产品生产提供手段的非政府资产可以通过产品销售收入抵补成本进而取得盈利。从这个意义上讲，服务于混合产品提供的事业资产，其无偿性就不如服务于公共产品提供的行政资产体现得那么明显，只是具有部分的无偿性。这一方面体现为混合产品的收费虽然通常低于成本，但毕竟可以通过收费来补偿部分成本；另一方面体现为服务于混合产品提供的机构、单位和组织要掌控一定数量的事业资产，通常不是通过财政无偿拨款来解决全部资金来源，在特定条件下可能还需要通过财政贷款或其他渠道筹措部分资金。

---

① 需要指出，此处强调行政事业资产使用的无偿性是在政府公共经济部门内部而言，行政事业单位占有、使用政府资产无须付出代价。超出政府公共经济部门，比如行政事业单位将资产出租、出借给私人部门，私人部门占有、使用政府资产肯定要体现为有偿性。

2.2.10 补偿的间接性

资产通常都有一定的使用年限，达到一定年限，资产会报废，这就涉及资产实物消耗和价值补偿的衔接循环问题，否则资产不可能持续存在。行政事业资产作为满足公共需要不可或缺的重要手段，其应该而且必须长期、持续存在下去。这意味着随着其实物的消耗，必须要解决价值补偿问题，以便在资产报废后能有足够的资金来完成资产重置。相对于非政府资产，行政事业资产这种实物的消耗和价值的补偿具有明显的间接性特征。这根源于公共产品难以定价以及混合产品定价机制所具有的特殊性质。由于公共产品无法定价，其为公众免费享用，所以服务于公共产品生产提供的行政资产的实物消耗无法直接取得价值补偿，其补偿机制通常是由政府向公众提供公共产品和服务，公众向政府缴纳税收，然后通过财政部门对税收收入进行再分配来完成。服务于混合产品提供的事业资产的实物消耗可以取得部分价值补偿。因为事业单位提供的服务一般可以定价收费，但其收费标准通常都低于成本，因此其收费取得的收入只能补偿资产消耗的部分成本，差额还需要通过财政拨款来解决。显然，行政事业资产实物的消耗和价值的补偿在总体上需要通过税务部门（负责征集税收）和财政部门（负责安排支出）履职尽责才能实现，因而具有间接性特征。而非政府资产服务于私人产品的生产提供，由于私人产品可以定价出售，所以随着资产实物的消耗，可以分次、分批从产品销售收入中提取折旧来实现资产价值的补偿，进而形成折旧基金，到资产报废时，可以使用折旧基金重置资产，显然这种价值补偿具有直接性，不需要借助第三方就可以实现。

2.3 行政事业资产的功能

2.3.1 服务于公共产品的生产提供

行政事业资产分为行政单位资产和事业单位资产两大类。这两大类资产都包含纷繁复杂的内容。其中行政单位资产所涉及的行政单位并不仅仅是指行政管理机关，其内涵是广义的，包括行政、立法、司法、党派、社会团体等面向广大社会成员提供公共产品和服务的机关、单位；而事业单位也是由教育、科学、体育、文化、卫生等具体性质不同的单位所构成的整体。这些行政单位和事业单位共同构成了广义的政府部门，这两类单位在性质上的差别，决定了其所掌控的资产也具有不同的功能，其中服务于公共产品的生产提供是行政资产的基本功能。[①]

众所周知，公共产品与公共需要有内在联系。公共产品是满足作为群体的社会成员物质、文化、精神生活需要的产品。人类要生存发展，就必须满足公共需要。这根源于人自身所具有的社会性。[②] 人类自诞生以来，就具有社会性，孤立的个人从来就不存在。一个人总是与其他人有着千丝万缕的联系。因此，作为社会性的人，就必须满足公共需要，而要满足公共需要，就必须消费公共产品，这就必然涉及公共产品的资源配置和生产提供问题，以及与生产提供公共产品相联系的制度安排和手段选择。而行政资产从本质上讲就是一种生产提供公共产品的手段。服务于公共产品的生产提供和公共需要的满足是行政资产的基本功能。要对这种功能有准确的理解和把握，就不能不分析公共产品的性质。

通常，严格意义上的公共产品具有不可分割性、非竞争性和非排他性。不可分割性表明公共产品没有计量单位，通常笼统地作为整体向社会提供，这意味着公共产品难以定价（定价通常要涉及计量单位）；非

---

① 本书把行政资产与事业资产的功能进行了区分，把行政资产的功能界定为服务于公共产品的生产提供，把事业资产的功能界定为服务于混合产品的生产提供。因而此处的公共产品仅指纯公共产品，不包括混合产品。通常认为公共产品包括混合产品。若从这个意义上使用公共产品概念，则行政事业资产的功能就可以笼统概括为服务于公共产品的生产提供，满足公共需要。

② 马克思特别强调人的社会性，他说，“人的本质并不是单个人所固有的抽象物。在其现实性上，其是一切社会关系的总和（《马克思恩格斯选集》第1卷，人民出版社1972年版，第18页）”，“人即使不象亚里斯多得德所说的那样，天生是政治的产物，无论如何也天生是社会动物（《资本论》第1卷，人民出版社1975年版，第363页）”，但马克思也不否定人的个体性特征，他说，“任何人类历史的第一个前提无疑是有生命的个人的存在。因此，第一个需要确定的具体事实是……他们与自然界的关系（《马克思恩格斯选集》第1卷，人民出版社1972年版，第24页）”。人具有二重性：既有自然属性，又有社会属性，个体性是其自然属性，社会性是其社会属性。“强调个人与社会、社会整体规律与个体行为规律的对立统一，是贯穿马克思唯物史观的辩证方法和思想精髓（孙承叔、王东：《对〈资本论〉历史观的反思》，学林出版社1988年版，第322页）”。

排他性表明难以将不符合条件的人排除在消费范围之外，这意味着即便公共产品可以定价，定价也是没有实际意义的；非竞争性表明一个人消费不影响其他人消费，既不影响消费的数量，也不影响消费的质量。所以，作为理性的经济人，没有人会愿意出价购买公共产品，而是会选择“免费搭车”，由此导致公共产品的生产提供和公共需要的满足借助市场机制是难以解决的，而公共需要的满足又不可或缺，这就需要通过形成完全不同于市场制度的制度安排来实现。

在公共产品供给制度已经非常成熟和完备的今天，我们可以非常容易地指出最为典型的公共产品供给制度就是政府财政制度。这是产品供给制度长期发展演化的结果。如果要阐明为什么公共产品的生产提供会涉及政府财政制度，进而涉及行政资产，还需要进行一番理论分析。

为简单起见，可以先从受益只涉及两个社会成员的公共产品的生产提供入手。假定两人是邻居，需要修一条路供两人共用。假定修路带来的效用和满足大于修路成本，即对两人来说修路在经济上都是合算的。但问题是：既然路是满足两人公共需要的，成本就需要由两人分担。这就涉及公共产品生产、提供过程中的合作及成本分担问题。应该说，在这个最简单的两人模型中，交易成本是最低的，两人合作的难度最小，达成成本分担协议的可能性最大。但尽管如此，由于“免费搭车”和“囚徒困境”的存在，合作仍然是有难度的。在初始环节，两人出现不合作局面是大概率事件，即两人都寄希望于对方单独出资修路而自己免费搭车，结果就会出现囚徒困境弈局。但按照演化博弈的观点，两人通过长期反复博弈，最终会认识到合作比不合作更有利于实现二人利益最大化。于是，两人合作得以实现。由此会带来两种效应：一是规模效应，即合作收益会吸引更多的人加入，要求分担一部分成本进而分享合作收益，毕竟若有更多的人来分担成本，在一个人使用该公共产品并不影响其他人使用的前提下，这对所有的人都会带来利益的增进。二是示范效应。二人合作的成功会对其他人带来启发，进而导致更多类似的合作组织建立。

在合作组织的规模扩张到一定程度时，就具备发挥分工和比较优势原理作用的条件，有一部分人可以从一般的私人产品生产、提供的事务中解脱出来，专门从事公共产品的生产提供和公共事务的管理。这个合作组织就转变成了最早的政府。[①]

通过上述分析不难看出，政府作为国家的现实存在形式，是管理社会公共事务的机关，其是适应降低公共产品供给过程中的交易成本的要求而被创设出来的制度安排，或者说政府在本质上就是降低公共产品供给交易成本的一种手段和方式。虽然在不同国家、同一国家不同历史发展阶段，政府的功能定位存在差异，但是毕竟共性寓于个性之中，我们从不同国家、同一国家不同历史发展阶段的具有明显个性差异的政府功能定位中，仍然可以抽象出一般意义上的政府功能定位：提供公共产品、满足公共需要、实现公共利益。在市场经济条件下，政府功能集中体现为弥补和纠正市场失效，生产、提供公共产品。

政府作为降低公共产品供给交易成本的一种手段和方式的本质规定决定其必然要不断选择、优化能够降低公共产品供给交易成本的手段和方式。首先，政府作为管理社会公共事务的机关，凌驾于民众之上，通过政府决策代替民众之间的平等协商，由此可以大大降低公共产品生产提供的决策成本。但是公共产品生产提供成本的弥补，如果要政府通过确定每个社会成员在公共产品消费中得到的效用和满足来分担，这仍然需要付出极其高昂的成本，即要求政府按照受益原则来分担公共产品的生产成本受交易成本的制约，事实上不具有经济上的可能性。于是，切断公共产品消费上利益获取与成本分担的内在联系，单纯根据支付能力来分担公共产品生产成本的筹资手段——税收得以出现。税收的出现表明作为国家和政府治理基础和重要支柱的财政范畴得以形成。

为了生产、提供公共产品，政府财政一方面要筹集收入以分担公共产品生产的成本，其主要收入形式是税收，另一方面要安排支出。支出按照性质不同可以分为两类：一类是所谓的消费性支出，该类支出当年消费掉，不会形成资产；另一类是投资性支出，该类支出会形成资产。对公共产品的生产提供而言，政府掌握一定数量的资产是不可或缺的，这是政府职能顺利实现的必要保证。政府为生产提供公共产品而掌握的资产，主要的体现形式就是通常所讲的行政资产。显然，行政在这里是广义的，不仅指行政管理机构，还包括立法、司法、党派、社会团体等所有服务于公共产品生产提供的机构。因此，综上所述，服务于公

① 通过合作组织向政府的转变来解释政府的起源以及政府级次化的形成机理，参见李森：《中国基层财政困境问题研究：症结与出路》，上海三联书店 2009 年版，第 34 ~ 36 页。

共产品的生产提供是行政资产的基本功能。

2.3.2 服务于混合产品的生产提供

在产品类型划分中，严格意义上的公共产品和严格意义上的私人产品都是很少的，大部分产品实际是兼具公共产品和私人产品双重性质的混合产品。混合产品中有一些在消费上不可以排他，这意味着通过市场渠道通常难以提供；有一些则可以排他，这部分混合产品若通过市场渠道提供从理论上讲是完全可能的，比如教育、医疗服务通过市场渠道提供，私人可以通过定价收费来抵补投资成本，进而取得盈利，但这类产品和服务多具有一定的外部性，比如教育服务除教育对象本人得到好处，可以提高自身素质和劳动技能，从而便于找到报酬较为理想的工作外，教育本身也有利于一个国家人口素质的提高和社会的进步，因此教育特别是基础教育，通常被视为政府为实现起点公平而必须向社会成员提供的基本公共服务。基本医疗服务也具有类似性质。所以，即便是一些可以排他的混合产品，政府也往往要在生产提供过程中发挥特定作用，具体是通过设立各类事业单位来分门别类地提供各类混合产品，形成规模较为庞大的教育、科学、体育、文化、卫生等事业单位体系。

这些事业单位要完成向社会提供特定混合产品的任务，就必须掌握一定数量的资产作为不可或缺的重要手段。因此，服务于混合产品的生产、提供就是事业资产的基本功能。从这个意义上讲，如果资产是服务于私人产品的生产提供，那么严格说来，该资产就不是事业资产，该单位也不是严格意义上的事业单位，即便产权是公有的，其也应为公有企业单位而不是事业单位；如果资产服务于公共产品的生产提供，那么严格说来，该资产也不是事业资产，而是行政资产，该单位也不是严格意义上的事业单位，实际是采用了事业单位组织形式的行政单位。

总之，若笼统地把人们的需要分为私人需要和公共需要、与之相对应产品也划分为私人产品和公共产品两大类，那么行政事业资产的功能就可以从整体上概括为服务于公共产品的生产提供。如果细分，把人们的生活需要分为私人需要、混合需要、公共需要三类，与之相对应，产品也分为私人产品、混合产品和公共产品三类，那么行政事业资产的功能就分为具有并列关系的两种功能：一是服务于公共产品生产、提供的行政资产的功能；二是服务于混合产品生产、提供的事业资产的功能。

2.4 行政事业资产管理工作的地位、作用

2.4.1 现代财政制度视阈下财政管理的重要基础和有机组成部分

党的十八届三中全会通过的《中共中央关于全面深化改革若干重大问题的决定》明确指出，财政是国家治理的基础和重要支柱，我国财政改革的目标就是要构建现代财政制度。关于何谓现代财政制度，理论界存在不同观点。本书认为，现代市场条件下的公共财政制度即为现代财政制度，其与自然经济条件下的传统财政制度有着本质区别。[①] 传统的自给自足的自然经济通过家庭配置资源、满足私人需要，分工只是局限在家庭范围内，与这种经济组织形式相对应的财政制度可称为传统财政制度。传统财政制度的基本特征是通过家庭配置资源，生产提供私人产品，满足私人需要，通过传统财政制度配置资源，生产提供公共产品，满足公共需要，私人需要与公共需要的满足基本分离；而市场经济条件下则通过市场配置资源满足私人需要，在全社会范围内进行高度发达的社会化分工，与这种现代经济组织形式对应的财政制度就是现代财政制度。伴随着市场经济的发展，现代财政制度在西方国家已走过了几百年的发展历程，至少可分为早期、中期和成熟期三个大的历史发展阶段。在不同的历史发展阶段，现代财政制度呈现不同的特征。与之相联系，行政事业资产管理工作的地位和作用也处于动态的变化调整过程中，总体看呈日益增强的趋势。

在现代财政制度发展的早期阶段，市场机制作为“看不见的手”调节经济运行还没有表现出明显的缺陷和不足。财政收支规模较小且财

① 关于现代财政制度的内涵界定参见李森：《现代财政制度视阈下财政理论的比较与综合》，经济科学出版社2017年版，第26~27页。

政收支关系的处理强调“量入为出”，财政支出中投资性支出所占比例很小，大部分支出是消费性支出，政府资产存量较少，因而，在这一发展阶段，资产管理并不构成财政管理的主要内容。换言之，作为存量的政府资产管理从属于政府收支流量管理。

1929～1933年大危机后，现代财政制度的发展进入中期阶段。此时市场机制自发调节经济运行开始呈现出明显弊端，需求不足开始成为经济运行的常态。受凯恩斯政府干预理论的影响，西方国家加大了财政支出规模以拉动需求、推动经济增长。在其扩张支出的过程中，消费性由于刚性过于明显，容易增长而不容易压缩，作为调节需求的手段存在明显弊端，所以投资性支出所占比重加大，由此导致政府资产存量越来越多，于是政府资产管理的地位也就日趋重要，作为存量的资产管理日益与作为流量的收支管理并驾齐驱，成为政府财政管理工作的重要组成部分。

在20世纪80年代西方国家出现“滞胀”以后，随着新自由主义经济学派的兴起，现代财政制度的发展进入成熟阶段。西方国家开始注重协调市场与政府的关系，纠正了盲目扩大财政支出规模的做法，但投资性支出仍在财政支出中占相当比重，加之存量资产规模庞大，政府资产管理的地位不仅没有削弱，反而更为重要，并强调精细化管理。如何通过资产的优化配置来节约财政资金成为现代财政制度成熟期发展阶段财政管理工作的重要内容。

2.4.2 新形势下财政管理工作亟待加强的重要部分和关键突破口

1. 我国市场取向改革的逐步深入使行政事业资产管理工作的重要性日益凸显

始于1978年的我国渐进式的市场取向改革，迄今已持续40年。在这40年中，我国的改革开放事业取得了巨大成就，集中体现为社会主义市场经济体制的基本框架已经确立，市场已经在资源配置中发挥基础性、决定性作用。与之相适应，社会的产权结构也发生了深刻变化。随着国有企业改革的逐步深入，越来越多的国有企业从市场有效作用领域退出，由此导致政府的资产结构也有了明显的调整和改变：生产经营性资产所占比重下降，非生产经营性资产所占比重上升。在传统体制下，由于政府否定了市场在资源配置中的基础性作用，所以政府几乎成为唯一的资源配置主体。政府既要配置资源生产提供公共产品，满足公共需要，实现政府的社会管理者职能，还要配置资源生产提供私人产品，满足私人需要，实现政府的经营性资产所有者职能。于是，政府必须分门别类投资建立大量的国有企业，然后再按照行业成立各个职能部门进行“条条”管理，由此导致在传统体制下，生产经营性资产在政府资产总量中占有较大比重，而非生产经营性的行政事业资产所占比重相对要小。因此，传统体制下的财政管理工作一直比较重视收支流量管理，对作为存量的政府资产管理则相对较为重视生产经营性资产管理，对非生产经营性资产管理没有给予足够重视。出现这样的格局也有其必然性、合理性，因为从抓主要矛盾的思路出发，把生产经营性资产作为政府资产管理工作的重点是理所当然的，事实上政府也是按照行业成立众多的政府职能部门进行了专业化管理。非生产经营性资产管理显然不占重要地位。这是长期以来行政事业资产管理没有被推到应有位置，其工作重要性长期被忽视的重要历史原因。但是，随着我国改革进程的逐步深入，国有资本财政日益为公共财政所同化，“二元财政”逐步转向“一元财政”。[①] 非生产经营性的行政事业资产在政府资产总量中所占比重不断提高。[②] 如何加强行政事业资产管理已经成为强化政府资产管理工作需要解决的主要矛盾。因此，在我国改革逐步深入的大背景下进行考察，不难发现行政事业资产管理工作的地位和重要性比以往任何时期都体现得更为明显和突出。

① 关于“二元财政”的论述参见叶振鹏、张馨：《双元结构财政——中国财政模式研究》，经济科学出版社 1999 年第 2 版。关于“二元财政”转向“一元财政”的必要性及实现途径参见李森：《从二元财政到一元财政》，载于《经济经纬》2003 年第 6 期。

② 2004 年 7 月，国务院发布关于投资体制改革的决定，提出“政府投资主要用于关系国家安全和市场不能有效配置资源的经济和社会领域，包括加强公益性和公共基础设施建设，保护和改善生态环境，促进欠发达地区的经济和社会发展，推进科技进步和高新技术产业化”。2016 年《中共中央国务院关于深化投融资体制改革的意见》进一步强调：政府投资资金只投向市场不能有效配置资源的社会公益服务、公共基础设施、农业农村、生态环境保护和修复、重大科技进步、社会管理、国家安全等公共领域的项目，以非经营性项目为主，原则上不支持经营性项目。国家政策的重大调整使国有资产结构发生了明显变化，生产经营性国有资产占比下降，非生产经营性的国有资产主要是行政事业资产占比提高。据推测，到 2025 年行政事业性国有资产有望超过经营性国有资产的规模（谭静，2013）。

2. 经济运行新常态的出现使加强行政事业资产管理工作的重要性体现得更为迫切

从2012年开始，我国的经济增长率明显下滑，由2011年的10.7%降为2012年和2013年的7.7%、2014年的7.4%、2015年的6.9%、2016年的6.7%和2017年的6.9%。[①] 虽然国内外学者对我国未来经济增长的态势有不同的判断，但基本都认为我国过去几十年的超高速经济增长已无法维持下去，未来我国经济的发展将处于“新常态”。“新常态”是当前和今后一个时期我国经济发展的大逻辑。“新常态”一词已成为中国决策层宏观调控乃至治国理政的重要理念。[②] 经济“新常态”中的“新”是指不同以往，“常态”则是指长期存在而难以有明显改变的态势。经济新常态的基本特征通常被概括为：一是经济增速从高速增长转向中高速增长；二是经济结构不断优化升级，第三产业成为主导产业，消费需求成为需求主体，城乡差距逐步缩小，居民收入占比上升，发展成果要惠及更广大民众；三是经济增长动力从要素驱动、投资驱动转向创新驱动。[③] 这对新形势下的财政运作包括政府行政事业资产管理工作都会产生深刻影响。首先，经济增长率下滑，在我国税制还以流转税为主体税类的格局下会导致财政收入增速下降，而推行收入分配向居民倾斜的政策更会使财政收入增长“雪上加霜”；其次，促进产业升级、扩大消费需求、缩小城乡差距，使发展成果惠及更广大民众则无疑要加大财政支出压力。因此，收入增长率下滑而支出压力加大就成为经济发展进入“新常态”对财政工作所产生影响的集中表现。显然，相对于2012年经济出现“新常态”之前的财政收入连年超收、预算支出压力不大的局面，在新形势下迫切需要提高财政工作效率，特别是财政支出效率，财政工作要比以往更加努力地做到少花钱、多办事、事办好。要提高财政支出效率，不仅要提高消费性支出的效率，还要提高投资性支出的效率。而要提高投资性支出的效率，则行政事业资产的增量和存量管理都需加强：一方

---

① 数据来源于各年度《中国统计年鉴》。

② 据《人民日报（海外版）》（2016年3月12日第1版）报道，十八大以来，在习近平总书记的公开文章和讲话中，“新常态”概念被提及160余次。

③ 参见2014年11月9日国家主席习近平在亚太经合组织工商领导人峰会上所做的《谋求持久发展　共筑亚太梦想》的主旨演讲。

面，行政事业资产的增量管理要求合理确定行政事业投资性支出的规模、结构并优化资金使用方式。目前这项工作主要是由预算管理机构负责，但是在预算管理机构并不充分掌握行政事业资产存量信息的条件下，客观上需要发挥行政事业资产管理机构的比较优势，通过加强与预算管理机构的协调配合来实现投资性支出的优化，提高行政事业增量资产管理效率。另一方面，行政事业存量资产若能做到优化配置，就可以减少行政事业单位对增量资产的需求，就可以节约财政投资性支出。这项工作主要是由行政事业资产管理机构负责，但在实际工作中，存量资产的调剂带有很大的偶然性，还不是行政事业资产日常管理工作的重要内容。究其原因，这与行政事业资产在部门、单位之间的调剂通常采用无偿划拨方式有关。因此，如何通过机制设计，提高相关主体的积极性，使偶然出现的行政事业资产的调剂成为行政事业资产管理的经常性工作，对于解决行政事业资产闲置，提高资产配置效率，进而实现节约财政支出、提高财政效率的总体目标具有重要意义。这应是在经济运行进入“新常态”大背景下，对加强行政事业资产管理工作的一项基本要求，同时也凸显了在新的历史时期加强行政事业资产管理工作的重要性。

2.4.3　市场经济条件下财政职能实现的重要保证和有效调节手段

1. 理论层面的分析

财政职能一般概括为三大方面：优化资源配置、公平收入分配和稳定经济增长。[①] 财政三项职能的实现都要求强化行政事业资产管理。

---

① 我国财政理论界曾长期认为财政具有分配、调节和监督三大职能，这带有明显的传统体制的烙印。因为分配、调节和监督都是名词化的动词，分配什么、调节什么、监督什么，如何分配、如何调节、如何监督，从职能界定本身看不出任何限定和约束，这为在传统体制下夸大财政职能提供了有利条件。优化资源配置、公平收入分配和稳定经济增长三职能始于 1959 年美国财政学家马斯格雷夫的理论概括，一般认为是对市场经济条件下财政职能的经典表述。从形式上看，其采用了动宾词组的表达形式，从而避免了财政职能概括过于抽象。其含义体现为先承认市场是可以配置资源的，但其不够优化，由政府财政优化之；市场是可以分配收入的，但其不够公平，由政府财政公平之；市场是可以促进经济增长的，但其不够稳定，由政府财政稳定之。因此其便于协调和处理市场与政府的关系，可以有效地解决政府财政的“越位”和“缺位”问题，因而得到了广泛传播和接受，现已是得到公认的市场经济条件下的财政职能理论。

第一，优化资源配置职能的实现需要强化行政事业资产管理。就优化资源配置职能来说，虽然其内容繁杂，但归结为一点就是提供公共产品，满足公共需要，而行政事业资产中有相当部分直接就是满足公共需要的公共产品，有些则是生产、提供公共产品的手段。做好行政事业资产管理工作，有助于提高公共产品供给效率，实现公共产品供给规模、结构及供给方式优化，进而有助于优化资源配置。具体来说，包括三个层次：

一是从宏观层次讲，需要通过强化行政事业资产管理优化资源宏观配置。所谓资源的宏观配置是指资源在公共经济部门和私人经济部门之间的分配和使用，即全部社会资源要配置到两个大的方面：一部分资源要配置到私人部门，归私人部门配置的资源在市场机制作用下，向社会提供私人产品，满足私人需要；另一部分资源要配置到公共经济部门，归公共经济部门配置的资源在财政机制作用下，向社会提供公共产品，满足公共需要。行政事业资产的增量主要由财政安排的投资性支出形成，要优化资源的宏观配置，就需要强化行政事业资产的增量管理，要保证财政安排的投资性支出和消费性支出之和要有助于优化资源宏观配置比例。假定优化资源宏观配置所对应的财政支出规模已经确定，那么财政安排的投资性支出就和消费性支出存在此增彼减的关系。若消费性支出规模大了，投资性支出规模应相应压缩，反之则反是。而财政安排的投资性支出规模和行政事业资产的增量管理是紧密联系的，因此行政事业资产的增量管理影响着资源的宏观配置。

二是从中观层次讲，需要通过强化行政事业资产管理优化资源的中观配置。所谓资源的中观配置是指资源在两大部门之间的配置比例已经确定的条件下，公共经济部门和私人经济部门内部的资源配置结构的确定。行政事业资产管理主要是影响公共经济部门的资源配置结构，对私人经济部门的资源配置结构也有一定影响。在归公共经济部门配置资源总量一定的条件下，这些资源还需要在不同的方向上加以合理配置，以便所形成的公共产品供给结构能够与社会成员对公共产品的需求结构吻合。而公共产品的供给不仅需要财政部门安排消费性支出，需要在不同的部门之间形成合理的消费性支出结构，而且需要财政部门安排投资性支出，需要在不同的部门之间形成合理的资产配置结构，只有财政部门安排的消费性支出和投资性支出在不同的部门之间能有合适的配置比例，公共经济部门的资源配置结构才能优化，才能保证公共产品的供给结构能够和社会成员对公共产品的需求结构吻合。而要优化投资性支出的结构，合理配置增量资产，就需要掌握公共经济部门存量资产配置的信息。然后在此基础上，才能合理安排投资性支出，形成合理的增量资产配置结构，保证单位资产的边际产出率相等，避免增量资产配置的苦乐不均，显然这需要强化行政事业资产管理。要优化私人经济部门的资源配置结构，市场机制可以发挥基础性调节作用。根据平均利润率规律，等量资本获取等量利润，资本在不同产业、不同行业、不同地区之间的自由转移，会自发调节私人经济部门资源配置的产业结构、行业结构、地区结构等，但私人经济部门的资源配置结构除受市场机制自发调节外，还受政府行政事业资产管理活动的影响。行政事业资产的存量和增量配置结构影响着私人经济部门不同产业、不同行业、不同地区所能获取的公共产品和服务的种类、数量、质量。因此，从优化私人经济部门资源配置结构的角度讲，行政事业资产管理的地位也是非常重要的。

三是从微观层次讲，需要在公共经济部门和私人经济部门内部的资源配置结构已经确定的条件下，提高两大部门的微观资金使用效益，做到少花钱、多办事、事办好。对公共经济部门微观层次资源配置而言，不仅需要选择合适方式、方法尽可能提高消费性支出的效益，还需要选择合适的方式、方法来提高投资性支出的效益，使得在耗费财政资金数量一定的条件下，形成尽可能多的资产。这表明行政事业资产管理对提高微观层次公共经济部门的资源配置效率具有重要意义。另外，微观层次的私人经济部门的资源配置，比如企业和家庭的资源配置活动，虽然主要受市场机制的自发调节，但在市场调节不能符合公平和效率原则时，也需要政府公共经济部门履职尽责予以调节，而政府公共经济部门职能的顺利实现也不能离开行政事业资产的管理。

总之，行政事业资产管理对宏观、中观和微观三个层次资源配置的优化都有着直接或间接的影响。

第二，公平收入分配职能的实现需要强化行政事业资产管理。就公平收入分配职能而言，尽管其实现形式多样，但归结为一点就是要减少高收入者的福利、增加低收入者的福利。财政可以通过收入手段和支出手段来实现，而支出除消费性支出外还有投资性支出。通过增加投资性支出，能够给低收入者带来更多福利的行政事业单位投资，可以起到公平收入分配的效果。比如义务教育、基本医疗服务、基础文化服务的提供通常可以给中低收入的社会成员带来更大的效用和满足，这显然需要强化行政事业资产管理，通过合理确定行政事业资产结构，保证提供义务教育服务的中小学校、提供基本医疗服务的医疗事业单位以及提供基础文化服务的文化事业单位能够配置到足够的资产，从而起到公平收入分配的效果。

第三，稳定经济增长职能需要强化行政事业资产管理。稳定经济增长职能的实现在市场经济条件下通常表现为要解决需求不足问题。根据凯恩斯的解释，这种有效需求不足是市场经济运行下的常态，通过市场机制自身无法解决。凯恩斯认为，在边际效用倾向递减规律的作用下，随着经济的发展，人们的收入会增加，但在新增收入中，人们用于消费的比例会越来越小，由此导致消费不足，而且由于人们的主观心理大抵如此，所以这种边际消费倾向递减规律导致的消费不足会成为经济运行的常态。在消费不足的情况下，如果投资需求能够扩张，也可以解决总需求不足的问题，但是由于资本边际效率递减，在市场机制的自发调节下，投资需求也会不足。因为从宏观层面考察的投资收益和从微观层面考察的收益有着天壤之别。从微观层面考察，单个投资者很可能实现递增的边际收益，但是从宏观层面、从整体意义上考察，投资边际收益递增的情况是不可能出现的。因为投资主体不是一个，而是存在为数众多的投资主体，在大家都投资的情况下，对投资品的需求增加，由此会导致投资品价格上涨。而投资增加会带来供给增加，在大家都投资的情况下，产出品的增加会在对产出需求一定的情况下，导致产出品价格下跌。一方面投资成本加大，另一方面产出品价格下跌，两头一挤，投资的边际收益递减将成为常态。这意味着由于边际消费倾向递减而形成的消费不足难以通过投资需求的扩张来弥补。在这样的情况下，凯恩斯还用货币灵活偏好规律解释了货币政策在很大程度上会失效。凯恩斯认为，影响货币需求的因素可分为三大动机：一是交易动机；二是谨慎动机；三是投机动机。其中由交易动机和谨慎动机引起的货币需求是收入的函数，而由投机动机引起的货币需求则是利率的函数。在投资需求不足的情况下，中央银行通过增加货币供给，可以在一定程度上促使利率下调，由此可在一定程度上刺激投资。但是在利率下调到一定程度时，人们因货币投机动机所引起的货币需求会无限制增加，由此导致中央银行无法再通过增加货币供给下调利率，从而出现所谓的“凯恩斯陷阱”即“流动偏好陷阱”。在市场利率高于投资的预期收益率时，私人就不会再有投资意愿，由此导致货币政策失效。在私人不愿意消费和投资的前提下，凯恩斯认为需要通过增加政府需求来弥补社会总需求不足的缺口，主张用财政政策取代货币政策来发挥扩张需求的作用，这就需要财政增加支出。由于增加消费性支出易受支出刚性约束，作为经济调节手段，运用起来会缺乏必要的灵活性和可控性，于是增加政府的投资性支出显然就是相对合理的选择，但若增加的政府投资是生产经营性投资，就会形成国有企业。这些国有企业处于市场有效作用的领域，生产提供私人产品、满足私人需要，追求利润最大化，会不利于协调市场与政府的关系。因为国有企业的所有者是政府，国有企业在市场有效作用领域从事生产经营活动，本质上仍然是政府在市场有效作用领域从事市场做得了、做得好的事情，这属于政府的“越位”。比较而言，在市场并不能有效发挥作用的领域安排投资则是较为可行的选择。因为这一方面有助于扩张需求，拉动经济增长，另一方面也并不对协调、处理政府与市场的关系产生多大的负面影响，所以增加政府非生产经营性投资就成为政府扩张需求的重要手段。这显然会形成规模庞大的行政事业资产，由此决定强化行政事业资产管理，管好、用好存量资产，合理确定增长资产配置的规模和结构，就成为财政管理工作必须要完成的一项重要任务。

2. 实践层面的考察

行政事业资产管理作为财政管理工作的重要组成部分，和其他财政管理工作相互影响、相互制约、相辅相成，形成一体化的工作格局，这是保证财政职能顺利实现的重要条件。事实上，离开行政事业资产管理，其他财政管理工作也难以顺利开展，这具体体现在以下几个方面：

第一，预算管理离开行政事业资产管理就无法合理确定投资性支出指标。预算管理中要确定预算支出指标，其中对经常性支出可以采用基数法，即以过去年份的支出指标作为基数，结合当年的情况加以增减调整。这种方法是确定预算支出指标的基本方法，在财政实际工作部门长期得到足够的重视和运用。这本身就说明这种方法有其存在的必然性、合理性。简单来说，这种方法的优点集中体现为其强调了财政分配活动的连续性。毕竟当年的财政支出是在以前年度财政支出的基础上进行的，采用基数法确定支出指标可以保证财政支出活动的稳定性，有利于政府职能的顺利实现，同时这种方法也比较简单、容易操作，只需要以上年指标为基数，结合当年情况加以增减调整即可。但是这种方法也存在一定的局限，很容易把以往年份影响支出指标的不合理因素保留下来。另外，该方法主要用于对消费性支出指标的确定，要确定投资性支出指标，该方法就存在很大局限。因为投资性支出要形成资产，资产通常都有一定使用年限，上一年度安排的投资性支出所形成的特定数量的资产，可以在多个财政年度发挥作用而无需用新资产替换，因此上年度的投资性支出指标不仅不能作为确定当年投资性支出指标的依据，而且恰恰相反，这实际上正是不应该在该方向或领域继续安排投资性支出的依据。一个部门、单位上年度若购置了资产，那么若其他条件不变，本年度就不应再购置同一性质的资产。即确定部门、单位的投资性支出指标不应依据其上年度的投资性支出指标，而应依据其职能实现需要和存量资产状况。因此，预算管理机构确定部门、单位的投资性支出指标，判断部门、单位资产需求信息是否合适，就必须掌握部门、单位存量资产的信息，显然这需要与行政事业资产管理机构相互配合，实现预算管理与资产管理的有机结合，即要强化政府预算管理，客观上就必须要强化政府行政事业资产管理。

第二，国库管理离开行政事业资产管理就无法保证资产运营收益及时入库。行政事业资产作为国有资产的重要组成部分，其运营受益应作为国有资产收益上缴国库。但规模巨大、种类繁多、形式多样的行政事业资产毕竟由为数众多的部门、单位掌握占有、使用权，这些部门、单位在行政事业资产的占有和使用方面是拥有信息优势的。如果国库管理机构并不掌握这些部门、单位的资产运营状况，那么部门、单位作为利己的“经济人”，利用自己的信息优势截流、坐支、挪用资产运营收益的情况是完全可能出现的，而要求国库管理机构去搜集、整理、掌握部门、单位的资产运营信息显然是不现实的。因为其并不掌握行政事业资产在部门、单位之间的存量配置情况，也不清楚这么多的部门、单位到底有多少行政事业资产用于运营、以何种方式运营以及运营所取得的收益状况。而行政事业资产管理机构虽然相对占用、使用行政事业资产的部门、单位来说没有信息优势，但相对国库管理机构，其毕竟能掌握较为充分的行政事业资产存量配置信息及资产所处的具体状态，对部门单位的资产运营及收益状况也相对更为清楚和了解。因此，要加强对行政事业资产运营收益的管理，国库管理机构还需要和行政事业资产管理机构紧密配合。这不仅有利于减轻国库管理机构的工作量和工作难度，还有利于保证行政事业资产运营收益及时足额入库。因此，强化国库管理客观上也要求强化行政事业资产管理。

第三，财政绩效管理离开行政事业资产管理就无法对财政绩效做出全面合理的评价。财政绩效评价是技术性要求很高的工作。从理论上讲，全面的财政绩效评价不仅应该包括作为流量的财政收支绩效评价，还应该包括作为财政分配存量的行政事业资产绩效评价。不仅需要量化考核一定数量的财政支出到底提供了多少公共产品和服务，在提供公共产品和服务一定的条件下，到底在多大程度上满足了公共需要，实现了公共利益，还需要量化考核一定数量的财政支出到底形成了多少作为提供公共产品和服务供给手段的行政事业资产，以及一定数量的行政事业资产到底提供了多少公共产品和服务，到底在多大程度上满足了公共需要，实现了公共利益。这意味着财政绩效评价不仅要对财政消费性和投资性支出的绩效进行评价，还需要对作为投资性支出结果的行政事业资产绩效进行评价。仅仅评价财政支出绩效或仅仅评价行政事业资产绩效，都不是对财政绩效的全面评价。就现实情况看，目前的财政绩效评价主要还是对财政支出绩效进行评价，对行政事业资产的绩效评价基本没有展开。而要开展行政事业资产绩效评价，首先就需要掌握、了解行政事业资产在部门、单位之间的分布、占有状况以及其服务于公共产品和服务提供的具体情况。显然，离开了高效的行政事业资产管理工作，这是不可能实现的。换句话说，要强化财政绩效管理，客观上要求强化行政事业资产管理。

第四，政府债务管理离开行政事业资产管理就无法对债务规模及风险程度做出合理评判。近年来，地方政府特别是基层政府债务成为社会关注的热点。不少文献在研究地方政府债务风险时，多是把债务发行额、债务余额、还本付息额与地方财政支出加以比较，根据财政的债务依存度、债务负担率、偿债率等指标来判断债务风险程度。这固然有其合理性，但本书认为，单纯通过债务规模指标与作为流量的财政支出指标进行比较并不能对债务风险程度做出全面评价，还应该把债务规模指标与作为存量的政府资产规模指标加以比较，根据政府资产负债率的高低来判断其债务风险程度。在政府债务余额一定时，如果能对应更大数额的资产，则其债务风险程度会相对较低；反之则反是。从这个角度讲，政府债务管理显然应该与行政事业资产管理结合起来，就债务论债务是没有出路的。反过来说，行政事业资产的管理也需要与债务管理相结合，仅仅知道了行政事业资产的有关指标，而不清楚这些行政事业资产所对应的债务负担情况，也就难以判断一定数量的行政事业资产到底在多大程度上体现为净资产，难以判断行政事业资产的安全程度。因此，要强化政府债务管理，客观上要求强化行政事业资产管理，而要强化行政事业资产管理，客观上也要求强化政府债务管理。

第3章　加强行政事业资产管理总体思路的规范分析

3.1　对行政事业资产管理总体思路的基本认识

3.1.1　行政事业资产管理总体思路的含义

行政事业资产管理事无巨细，涵盖方方面面，是一项涉及面广、影响因素多的复杂系统工程。做好行政事业资产管理工作需要处理很多琐碎的细节性问题，但首先需要理清总体思路。所谓行政事业资产管理的总体思路，简而言之，就是开展行政事业资产管理工作的总体思维脉络。研究行政事业资产管理的总体思路，就是面对纷繁复杂的行政事业资产管理工作，要理出基本的工作头绪，在从大的方面明确基本的工作任务及要实现的基本目标的基础上，提出做好行政事业资产管理工作的总体思维脉络、逻辑顺序和构成环节。这并不等于说研究行政事业资产管理的细节性问题不重要。事实上，提高行政事业资产管理的精细化程度一直是行政事业资产管理工作所要努力实现的重要目标，但是相对行政事业资产管理的总体思路而言，细节性的问题相对次要。细节性的问题处理不好，并不会影响行政事业资产管理工作的大局，所谓的“一招不慎、满盘皆输”中的“招数”严格说来并不是处理细节问题时所采用的“招数”。真正能导致满盘皆输的“招数”应是总体思路选择上的“招数”。总体思路选择、确定及贯彻落实过程中存在严重问题，会对行政事业资产管理的总体格局产生不利影响。

3.1.2 行政事业资产管理总体思路研究的意义

行政事业资产管理总体思路的研究不能代替行政事业资产管理的具体工作研究，反过来行政事业资产管理的具体工作研究也代替不了行政事业资产管理的总体思路研究。相对行政事业资产管理的具体工作研究，行政事业资产管理总体思路研究的意义体现在以下几个方面：

第一，便于明确行政事业资产管理的基本目标任务。工作思路是围绕工作目标任务而展开的。实现一定目标、完成特定任务需要有工作思路，这是正常开展工作的基础和前提，而总体思路则是和总体目标及总体任务相对应的。就行政事业资产管理工作来说，其目标和任务纷繁复杂，可以涵盖多个方面、多个层次，而确定总体思路就不能受各项具体目标和具体任务的困扰，需要有宏观的视野和全局的高度，在明确行政事业资产管理总体目标和总体任务的基础上确定总体思路。总体目标、总体任务、总体思路确定了，就可以细化为不同层次的具体目标、具体任务和具体思路。显然，前者是后者的基础和前提。从这个意义上讲，行政事业资产管理必须从“大处着眼”。

第二，便于明确行政事业资产管理工作的基本格局。行政事业资产管理作为一个统一的整体，可以分为几个基本的组成部分，而每个组成部分又是一个统一的整体，又可按照不同的标准进行结构划分。这些不同层次的组成部分相互影响、相互制约，共同构成行政事业资产管理的有机整体。确定行政事业资产管理的总体思路就需要搞清行政事业资产管理的基本构成，并对各个构成部分之间的相互关系有清楚的认识。因此，一旦行政事业资产管理的总体思路确定了，行政事业资产管理工作的基本格局也就明确了，然后就可以在基本格局的基础上把行政事业资产管理工作逐步细化展开，由此才能保证行政事业资产管理工作有序开展、有条不紊。

第三，便于在理清行政事业资产管理工作基本思路的基础上细化工作思路。随着对行政事业资产管理各个构成部分认识的深入，总体思路可以不断细化，进而可以形成相对具体的思路。显然，相对具体的思路是建立在总体思路基础之上的，总体思路不清楚，具体思路就成了无源之水、无本之木。从这个意义上讲，做好行政事业资产管理工作如果需要从“小处入手”，也必须首先从“大处着眼”。这实际上强调的就是总体思路和具体思路紧密结合的重要性。明确总体思路是为实现行政事业资产管理的基本目标、完成基本任务服务的。明确具体目标是为实现行政事业资产管理的具体目标、完成具体任务服务的。总体思路对具体思路有基本的制约作用，具体思路是总体思路的细化和展开。清晰、规范、合理的总体思路可以为具体思路的确定奠定良好的基础。对行政事业资产管理总体思路的研究有助于细化行政事业资产管理的具体思路。

第四，便于把握具体的行政事业资产管理工作在整体中的地位和作用。具体的行政事业资产管理工作思路对应具体的工作目标和工作任务，而行政事业资产管理的总体思路对应总体的工作目标和工作任务。前者是后者的具体展开，二者是部分与整体的关系，而整体对部分有基本制约作用。因此，只有在总体的工作目标、工作任务和工作思路确定的条件下，具体的工作目标、工作任务和工作思路才可以确定下来，才能明确其在整体中的地位和作用。显然，开展行政事业资产管理的总体思路研究有助于在开展具体行政事业资产管理工作时能有全局的视野，有助于充分认识具体行政事业资产管理工作在整体中的地位、作用和意义，有助于协调各项行政事业资产管理工作之间的相互关系，避免将具体行政事业资产管理工作与整体割裂开来，就某项工作论某项工作，只见树木、不见森林。

3.1.3　行政事业资产管理总体思路研究应注意的问题

第一，应注意把思路研究与一般的问题研究区分开来。相对一般意义上的问题研究，总体思路研究居于相对基础的地位。如果总体思路不明确甚至错误，那么一般意义上的问题研究也就缺少起码的基础和前提。虽然从广义上讲，行政事业资产管理的总体思路研究也可以视为行政事业管理要解决的重要问题，但其并非一般意义上的问题。现实中行政事业资产管理存在诸多亟待解决的问题，这些问题所处的地位是不同的。有的问题，比如较为具体的细节性问题，即便没有解决也不会对总体格局产生关键影响；而有的问题，如总体思路问题，如果没有解决，其他问题即便解决了，也未必采取了正确的解决方式，即其所谓的“解决”很可能只是形式上的“解决”，而不是实质解决。因此，不能用一般意义上的行政事业资产管理问题研究替代总体思路问题研究。

第二，应明确总体思路所包括的各个环节。行政事业资产管理总体思路研究严格说来并不要求孤立地研究具体的行政事业资产管理问题，但是这并不是说不能考察总体思路所涉及的各个环节以及各个环节所存在的问题。事实上，为了对总体思路有更为清晰的界定和把握，客观上需要揭示清楚总体思路所包括的环节，需要明确各个环节之间的相互关系以及各个环节所包含的相关内容。也就是说，如果行政事业资产管理总体思路研究涉及较为具体的行政事业资产管理问题，那这些问题必须从属于总体思路的各个环节，对它们加以研究是为了对总体思路有更为清楚的解释和说明，而不是仅仅执着于解决这些问题本身。

第三，应注意总体思路需要高度简化。总体思路不是具体思路，更不是对解决现实的行政事业资产管理问题给出对策建议，而是反映实现行政事业资产管理基本目标、完成行政事业资产管理基本任务的思维脉络。因此，总体思路必须高度简化，应体现行政事业资产管理的基本逻辑。当然，高度简化的总体思路可以按照其固有的逻辑层次具体展开，但是绝对不能用具体展开的思路代替高度简化的总体思路。从这个意义上讲，总体思路的研究必须具有一定的抽象性，其不能也不应为更为细化的行政事业资产管理的具体思路研究所困扰。

3.1.4 行政事业资产管理总体思路研究的三大内容

行政事业资产规模庞大、种类繁多、形式多样，行政事业资产管理工作也是纷繁复杂、千头万绪。不同级次政府、不同地区的行政事业资产管理工作具有明显的个性差异，同一级次政府、同一地区的行政事业资产管理工作在不同发展阶段也会呈现不同特点。但是，毕竟共性寓于个性之中、普遍寓于特殊之中、一般寓于个别之中，通过总结不同级次政府、不同地区在不同发展阶段行政事业资产管理工作的经验、教训，仍然可以归结出行政事业资产管理的总体思路所应包括的三大内容：

第一，“谁来管”，即管理主体的确定。这是行政事业资产管理总体思路首先需要明确的问题。管理主体不明确，管理活动就无法顺利进行。如果管理主体并不是唯一的，客观上存在多个管理主体，还需要在不同管理主体之间合理划分管理权限，以便各司其职、各负其责，协调处理好不同管理主体之间的关系。

第二，“管什么”，即管理客体的确定。只有管理主体而没有管理的对象即客体，管理活动也无法顺利进行。确定管理客体首先需要划定管理范围，对行政事业资产管理而言，实际就是要明确什么是行政事业资产，什么不是行政事业资产，需要界定行政事业资产管理的范围。在此基础上，需要把行政事业资产管理的客体具体化，即按照客体的内在逻辑结构将其展开，以便从总体思路上相对具体地明确其到底“管什么”。

第三，“如何管”，即管理方式的确定。管理的主体对客体进行有效管理，需要明确管理的假设前提、管理的目标、管理的重点、管理的模式、管理的手段以及管理的行为依据等。这体现了管理主体与客体之间的连接作用方式，是任何管理活动都不可或缺的构成要素。

3.2　明确行政事业资产“谁来管”

3.2.1　明确统一的行政事业资产管理主体

1. 为什么要明确统一的行政事业资产管理主体

从规范的意义上讲，加强行政事业资产管理的总体思路首先需要解决“谁来管”的问题。管理主体不明确，要管好、用好行政事业资产是不可能的。为了提高管理效率，一般来说，行政事业资产应有统一的管理主体。因为如果管理主体多元化，多个管理主体处于并列位置，由于不同的管理主体在背景、偏好、行为选择方面不可能完全一致，所以极易出现“五龙治水”、各自为政、政出多门的局面，特别是在多个管理主体出台的各项政策规定彼此之间存在矛盾和冲突时，作为占有、使用行政事业资产的部门、单位将会无所适从，从而大大降低管理效率。因此，从理论上讲，明确统一的行政事业资产管理主体是必要的。这符合管理学通常强调的一般意义上的管理规则。

2. 明确统一的行政事业资产管理主体需注意的问题

第一，行政事业资产管理主体的统一性不等于管理主体的唯一性。先别说一个人口众多、国土面积辽阔、政府级次多的大国，就是一个人口较少、国土面积相对狭小、政府级次较少的小国，行政事业资产规模也往往较为庞大。由唯一的主体来完成全部行政事业资产管理任务是不可能的，但是这并不妨碍行政事业资产管理主体应具有统一性。行政事业资产管理主体的统一性是指代表政府来行使的行政事业资产管理权应归属一个机构。在政府实行级次化管理的前提下，每级政府都可设立相应机构，代表该级政府来行使辖区内行政事业资产的管理权。从这个意义上讲，行政事业资产管理机构会形成一个完整的体系，由不同级次政府的行政事业资产管理机构组成。这意味着行政事业资产管理机构虽然统一但并不唯一。

第二，每级政府都有自己的行政事业资产管理机构代表政府行使管理权，并不等于所有的行政事业管理工作都由该机构来完成。因为每级政府都包括多个部门，每个部门都掌握一定数量的行政事业资产，而且不同部门的资产具体性质会存在一定差别，这意味着不同部门的行政事业资产管理在遵循共性规律的同时也有着一定的个性特征。因此由行政事业资产管理机构进行“一刀切”的集权管理并不合适，客观上需要发挥各个部门在行政事业资产管理方面的能动作用。因此，政府的各个部门也应成立行政事业资产管理机构来履行特定管理职能。从这个意义上讲，政府各个部门也是行政事业资产管理主体，只不过作为管理主体其需要对该级政府的行政事业资产管理机构负责，完成行政事业资产管理机构所赋予的各项管理任务。同样的道理，政府的每一个部门通常又包括多个行政事业单位，部门所掌控的行政事业资产事实上都分布于其下属的各个行政事业单位，不同的行政事业单位占有的行政事业资产的种类、数量及具体性质也会有很大差别。对部门的行政事业资产管理机构来说，由其完成本部门全部的行政事业资产管理工作一方面看是没有必要的，因为一个部门所属的各个单位彼此之间的情况存在明显差别，部门的行政事业资产管理机构通常并不能掌握充分信息，从而难以在资产管理工作中根据各个单位的具体情况“区别对待”，其若进行“一刀切”式的管理会降低行政事业资产管理效率；另一方面，部门的行政事业资产管理机构受编制人数的限制，也不大可能“独木撑天”，独立承担起部门内部所有单位的行政事业资产的具体管理工作，客观上还需要发挥行政事业单位管理资产的职能作用，调动其管理资产的积极性、主动性。一般来说，有一定资产规模的行政事业单位都会成立专门的资产管理机构（如资产处、资产科）来履行本单位的行政事业资产管理职能。行政事业单位作为资产管理主体，需要对部门负责，完成部门行政事业资产管理机构下达的各项管理任务（见图3－1）。

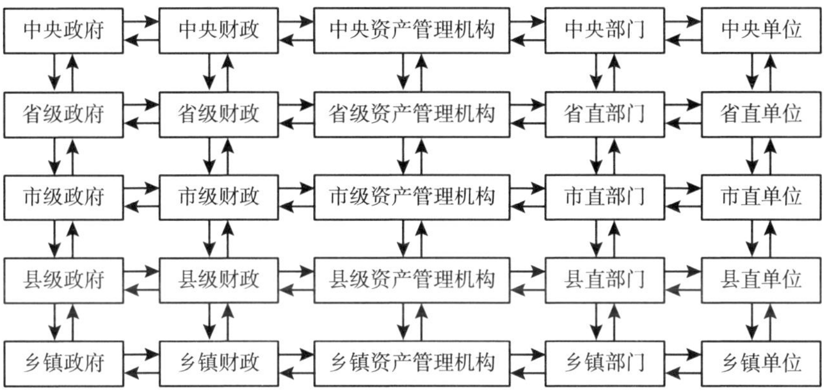

图3－1 行政事业资产管理主体的相互关系及层次分布

3.2.2 合理划分行政事业资产管理权限

1. 为什么要合理划分行政事业资产管理权限

划分行政事业资产管理权限就是要构建行政事业资产管理体制。行政事业资产管理权限属于国家，具体由政府代表国家行使管理权。由于政府通常都是级次化的，除了有中央政府，还有地方政府，而地方政府又分为若干级次。因此，构建行政事业资产管理体制首先需要在不同级次政府间划分资产管理权限，实际是要在不同级次政府的行政事业资产管理机构之间划分管理权限。其次，在一级政府内部，虽然行政事业资产管理机构代表政府行使管理权，但一级政府所属的各个部门以及部门所属的各个单位也需要履行特定的行政事业资产管理职能，因此，在一级政府内部，还需要在行政事业资产管理机构、部门、单位之间划分管理权限。无论是在不同级次政府之间还是同一政府级次内部进行管理权限划分，都是为了充分调动各个管理主体的积极性，使之各负其责、各司其职，以便共同做好行政事业资产管理工作。

从理论上讲，行政事业资产管理权限在不同管理主体之间划分的必要性集中体现为各个管理主体在资产管理方面所具有的比较优势。由于不同级次的行政事业资产管理机构从属于不同级次的财政部门，而财政部门又从属于不同级次的政府，因此要说明不同级次的行政事业资产管理机构所具有的比较优势事实上就从属于说明不同级次政府和财政所具有的比较优势。这可以通过分析公共产品受益范围和政府辖区范围的关系予以解释和说明。一般来说，如果公共产品的受益范围与政府辖区范围完全吻合，则由该政府负责生产提供该公共产品既符合效率原则又符合公平原则，[①] 但受公共产品受益范围多样性与政府级次有限性矛盾的制约，要保证每一级政府负责提供的公共产品的受益范围与其辖区范围完全重合是不可能的，即现实中政府财政管理权限的划分只能是在最优目标实现不了的情况下去实现次优目标，根据“就近一致”原则划分政府间的事权和支出责任，即一种公共产品的受益范围更接近哪级政府的辖区就由哪级政府来承担相应的事权和支出责任。[②] 由于行政事业资产本质上是作为公共产品和服务的供给手段而存在的，其可以分为服务于大受益范围公共产品提供的行政事业资产和服务于小受益范围公共产品提供的行政事业资产两大类，因此，为了更好地发挥行政事业资产服务于公共产品和服务供给的作用，也为了更好地发挥不同级次政府的比较优势，客观上需要在不同级次政府间划分行政事业资产管理权限。一般认为，由于高层政府在提供大受益范围公共产品方面具有比较优势，所以其更适合管理服务于大受益范围公共产品生产提供的行政事业资

① 财政学家奥茨的观点是，在这样的条件下，政府对民众偏好最为了解，可以提高帕累托有效的公共产品供给水平并按照合适的方法筹措资金，他称之为“公共产品供给的完美对应”。阿尔波特·布雷顿将这种政府辖区与消费公共产品群体的对称称为“完美映射”。曼库尔·奥尔森则称之为“财政对等原则”（参见奥茨著，陆符嘉译：《财政联邦主义》，译林出版社2012年，第38页）。

② 关于公共产品受益范围与政府辖区范围关系对政府间事权和支出责任划分的影响，参见李森：《试论公共产品受益范围多样性与政府级次有限性之间的矛盾与协调》，载于《财政研究》2017年第8期。

产。这体现为高层政府管理行政事业资产的比较优势。低层政府在提供小受益范围公共产品方面具有比较优势，所以其更适合管理服务于小受益范围公共产品生产提供的行政事业资产。这体现为低层政府管理行政事业资产的比较优势。同样的道理，行政事业资产管理权限也有必要在一级政府内部不同的行政事业资产管理主体之间进行划分。对一级政府而言，每一政府都包括多个部门，部门与部门之间的资产管理情况存在一定差异，这体现了部门行政事业资产管理的个性特征。一般认为，作为一级政府的行政事业资产管理机构，要充分掌握这种部门之间客观存在的资产管理的个性差异是有难度的，即相对部门资产管理机构而言，其没有信息优势。因此政府行政事业资产管理机构不宜对不同部门的行政事业资产进行“一刀切”式的管理，需要合理分权。同样的道理，一个部门又包括众多的行政事业单位，这些单位的资产管理也具有个性特征。作为部门的资产管理机构，要充分掌握这种不同单位之间客观存在的资产管理的个性差异也是有难度的。相对单位资产管理机构而言，其也没有信息优势。因此，部门行政事业资产管理机构也不宜对部门内部不同单位的行政事业资产进行“一刀切”式的管理，也需要合理分权。从理论上讲，如果一味强调分权的必要性，即政府行政事业资产管理机构向部门分权，部门向单位分权，那么最终的结果就是由部门的资产管理取代政府的资产管理，进而由单位的资产管理取代部门的资产管理。这样一来，一级政府的行政事业资产管理就沦为彻底的分权，变为一盘散沙。之所以现实中没有出现这样局面，归根结底还是因为集权和分权各有利弊得失。分权有分权的好处，但分权过头就需要由适当的集权来弥补纠正之。对一级政府的行政事业资产管理而言，部门与部门之间、单位与单位之间的行政事业资产管理具有个性特征是客观存在的，但毕竟共性寓于个性之中、一般寓于个别之中、普遍寓于特殊之中，它们彼此之间的行政事业资产管理客观上也存在一定的共性，遵循着共同的规律，这就需要发挥一级政府行政事业资产管理机构集中统一管理的作用，由此才能实现集权与分权相结合，调动不同管理主体的积极性、主动性，发挥各自的比较优势。这构成了行政事业资产管理权限需要在不同管理主体之间合理划分的基本理由。

2. 划分行政事业资产管理权限的类型

首先，从理论上讲，不同政府级次的行政事业资产管理机构之间的管理权限可分为三种类型：

一是集权型。集权型的行政事业资产管理体制与集权的财政体制相适应，或者说其本身就是集权的财政体制的一个组成部分。换言之，其是集权的财政体制在行政事业资产管理领域的具体体现。在集权型的行政事业资产管理体制下，下级政府的行政事业资产管理机构主要对上级政府行政事业资产管理机构负责；地方政府的行政事业资产管理机构主要对中央政府行政事业资产管理机构负责。行政事业资产管理信息以自上而下、自下而上纵向传递为主。下级政府的行政事业资产管理机构在很大程度上是作为上级政府行政事业资产管理机构的派出机构而存在（见图3－2）。这种集权型的行政事业资产管理体制便于巩固中央政府的集中统一领导地位，便于发挥中央政府的积极性、主动性和创造性，但是却会束缚地方政府的手脚，不利于调动地方政府的积极性、主动性和创造性。一般来说，一个国家若选择了集权的经济政治体制，那么行政事业资产管理体制也需要集权以便与之相适应。

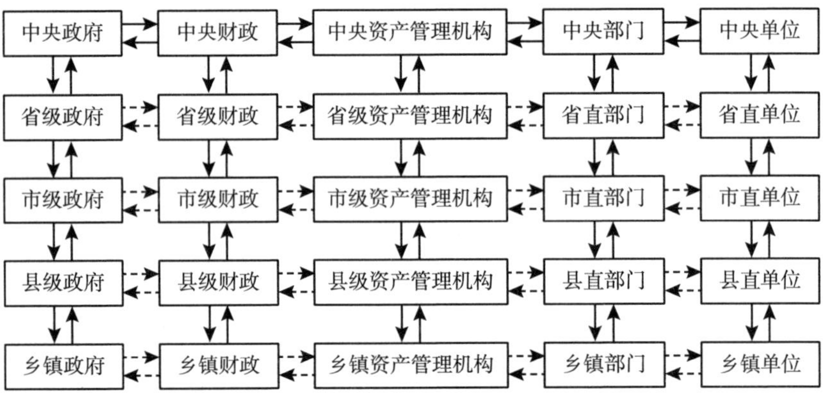

图3－2　集权型行政事业资产管理体制

注：省以下各级政府、财政、行政事业资产管理机构、部门、单位之间的横向箭头是虚线，纵向箭头是实线，这表明行政事业资产管理信息主要以纵向传递为主，省以下各级政府、财政、资产管理机构、部门、单位主要对上级负责，其需要向上级呈报有关信息并接受自上而下下达的指令，这是与集权的经济体制相适应的集权型行政事业资产管理体制。

二是分权型。如图3－3所示，分权型的行政事业资产管理体制与分权的财政体制相适应，是分权的财政体制的一个组成部分，或者说是分权的财政体制在行政事业资产管理领域的具体体现。在分权型的行政事业资产管理体制下，下级政府的行政事业资产管理机构主要对本级政府财政部门和本级政府负责。上级政府行政事业资产管理机构可以对下级政府行政事业资产管理机构进行业务指导，但并不直接控制、约束下级政府行政事业资产管理机构的行为。行政事业资产管理信息以政府—财政部门—行政事业资产管理机构—部门—单位之间的横向传递为主。下级政府行政事业资产管理机构相对上级政府的行政事业资产管理机构具有很强的独立性，其领导任免权通常掌握在下级政府手中。这种分权型的行政事业资产管理体制便于调动、发挥地方政府的积极性、主动性、创造性，便于地方政府因地制宜、因时制宜做好行政事业资产管理工作，但是不利于维护全国范围内行政事业资产管理的集中统一局面，易导致地方政府各自为政。一般来说，一个国家若选择了分权的经济政治体制，那么行政事业资产管理体制也需要保持分权以便与之相适应。

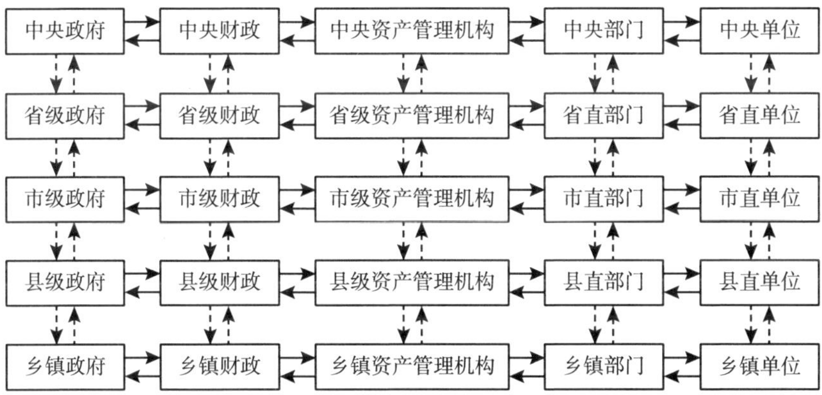

图3-3 分权型行政事业资产管理体制

注：省以下各级政府、财政、行政事业资产管理机构、部门、单位之间的横向箭头是实线，纵向箭头是虚线，这表明行政事业资产管理信息主要以横向传递为主，单位向部门、部门向行政事业资产管理机构、行政事业资产管理机构向财政部门、财政部门向本级政府呈报信息并接受下达的指令，这是与分权的经济体制相适应的分权型行政事业资产管理体制。

三是集权与分权相结合类型。这种体制类型实际上是集权型体制和分权型体制的结合，具体实现形式多样。通常是下级政府行政事业资产管理机构要处于双重委托代理链条之中，一方面其要对上级政府行政事业资产管理机构负责（纵向的委托代理链条），另一方面还要对同级政府财政部门和同级政府负责（横向的委托代理链条）。如果纵向委托代理链条发挥作用大一些，则体制就偏于集权；如果横向委托代理链条发挥作用大一些，则体制就偏于分权。在下级政府行政事业资产管理机构领导的任命方面，偏于集权的体制上级政府及其行政事业资产管理机构发挥的作用更大一些；偏于分权的体制则下级政府发挥的作用会更大一些。但无论体制偏于集权还是偏于分权都不是绝对的集权或绝对的分权。在下级行政事业资产管理机构领导的任命方面通常都需要由上级政府行政事业资产管理机构与下级政府协商以达成一致。在信息传递方面，若偏于集权，行政事业资产管理信息会以纵向传递为主；若偏于分权，则行政事业资产管理信息会以横向传递为主。一般来说，过于集权或过于分权的体制都不利于协调不同级次政府间的行政事业资产管理关系。对于一个人口少、面积小、不存在明显地区差异的国家，偏于集权的体制可以实现相对高的效率；但对于一个人口多、面积大、存在明显地区差异的国家，构建偏于分权的体制可能就是相对理性的选择。虽然在不同级次政府间划分行政事业资产管理权限要通过制度安排来实现，但是制度的选择并非主观随意，因为政府间行政事业资产管理权限的划分存在客观的规律。虽然在不同国家、不同历史发展阶段，该规律的具体体现形式存在差别，但行政事业资产管理权限在不同级次政府间的划分需要在集权与分权之间实现恰当的均衡，做到集权和分权的边际收益相等，则是个性规律的共性表现形式。一个国家通过不断总结经验教训，总会经过特定的改革历程最终趋向合适的体制选择。只不过这一历程有的时候较为曲折，有的时候则较通畅。

其次，行政事业资产管理权限还需要在一级政府内部所涉及的不同管理主体即行政事业资产管理机构、各个部门、各个单位之间合理划分。这种横向体制设计相应地也可分为三种类型：

一是集权型体制。在这种体制模式下，一级政府的行政事业资产管理机构掌握更多的管理权限，各个部门的行政事业资产管理机构更多的是对政府行政事业资产管理机构而不是对各个部门负责，甚至其人员都由政府行政事业资产管理机构委派，政府行政事业资产管理机构在不同部门之间调剂资产会是经常出现的现象。就一个部门内部不同单位来说，单位的行政事业资产管理机构和人员主要由政府行政事业资产管理机构委派，对政府行政事业资产管理机构负责。显然，这种集权的体制是在一级政府内部实行行政事业资产的垂直“条条”管理，这会束缚部门、单位的手脚，不利于调动部门、单位的积极性、主动性和创造性。通常来说，这种集权的体制是违背行政事业资产管理权限划分一般规律的。因为一级政府内部不同部门、同一部门不同单位之间的情况存在明显差别，而且这种情况差别还会随着时间的推移而变化发展，因此若把行政事业资产管理权限都集中于政府的行政事业资产管理机构，其在难以掌握不同部门、同一部门不同单位之间各种差别信息的情况下，进行“一刀切”式的集中决策，极易导致决策失误，降低行政事业资产管理效率。

二是分权型体制。在这种体制模式下，一级政府的行政事业资产管理机构更多的是履行产权登记管理职能，各个部门的资产管理机构在资产管理中发挥重要作用，其主要对部门负责，机构人员通常都是由各个部门自己选择确定。在部门内部，各个单位的资产管理机构的设置及人员配备，主要也是由各个单位自行确定。行政事业资产在不同部门之间几乎不大进行调剂。这种分权型体制从理论上讲也存在明显局限。其虽然充分发挥了部门、单位的信息优势，有利于在部门、单位内部优化资产配置，但是它否定了在一定范围内、在一定程度上实现行政事业资产集权管理的必要性。毕竟行政事业资产的所有权统一于国家，提高行政事业资产管理效率，不仅需要提高中观和微观层次的管理效率，还需要提高宏观层次的管理效率，这就需要发挥政府行政事业资产管理机构的比较优势，显然这种分权的体制安排抑制了这种比较优势的发挥。

三是集权与分权相结合体制。在这种体制模式下，政府行政事业资产管理机构与部门行政事业资产管理机构在行政事业资产管理中都发挥重要作用，二者分工相对明确，各负其责、各司其职。政府行政事业资产管理机构负责政策制定、颁布，进行统一的产权登记管理，具体的资产管理工作则由各个部门的资产管理机构承担、完成。部门行政事业资产管理机构人员的任命在由部门任命的同时，也与政府行政事业资产管理机构进行协调，政府行政事业资产管理机构与部门行政事业资产管理机构通过协调、交流，可在特定条件下实现部门间资产调剂。对于部门行政事业资产管理机构与部门所属单位的行政事业资产管理机构的关系而言，单位行政事业资产管理机构领导及人员任命虽然由单位负责，但同时也要与部门及部门行政事业资产管理机构协商、交流以达成共识。

部门行政事业资产管理机构对本部门的行政事业资产管理负总的责任，但具体的行政事业资产管理工作主要由各个单位来承担、完成。

3. 合理划分行政事业资产管理权限应遵循的原则

一是集权与分权相结合原则。集权是指行政事业资产管理权限更多地掌握在中央手中或是更多地掌握在政府财政部门行政事业资产管理机构手中；分权是指行政事业资产管理权限更多地掌握在地方政府手中或是更多地掌握在政府各个部门、各个单位手中。通常来说，集权有集权的优势，行政事业资产实行集权管理，便于发挥中央政府以及政府财政部门的积极性、主动性、创造性，便于维护行政事业资产管理集中统一的局面，便于在较大的辖区范围内统筹安排、合理使用行政事业资产。但是，集权也有集权的弊端，过于集权的体制会严重束缚地方政府及政府各个部门单位的手脚，不利于调动和发挥地方政府、政府各个部门及各个单位在行政事业资产管理方面的积极性、主动性和创造性。一般来说，国土面积较小、地区差异不明显的国家，较为适合采用集权体制；就一级政府来说，若机构设置较为简单、部门较少，且不存在规模庞大的事业单位系统，较为适合采用集权体制。若一个国家国土面积辽阔、地区差异明显，或者就一级政府来说，机构设置复杂、部门较多，且存在规模庞大的事业单位系统，则需要发挥行政事业资产分权管理的优势。行政事业资产实行分权管理，便于发挥地方政府和政府各个部门的积极性、主动性和创造性，便于各个地方政府及政府各个部门、各个单位因地制宜、因时制宜灵活配置、使用行政事业资产，提高资产使用效益。但是分权也有分权的弊端，过于分权的体制不利于维护统一的行政事业资产管理局面，不利于在全国范围内和地方政府辖区范围内统筹安排、配置、使用行政事业资产。总之，无论行政事业资产实行集权管理还是分权管理，其边际收益都是递减的，合理的制度安排应是在集权与分权之间实现恰当均衡，做到二者的边际收益相等。在图 3－4 中，从左到右表示集权的程度越来越高，从 0 到 100%，其边际收益递减；从右到左表示分权的程度越来越高，从 0 到 100%，其边际收益也递减。在两条边际收益曲线相交的 E 点，表示集权与分权的边际收益相等，从而在集权与分权之间实现了恰当的均衡。

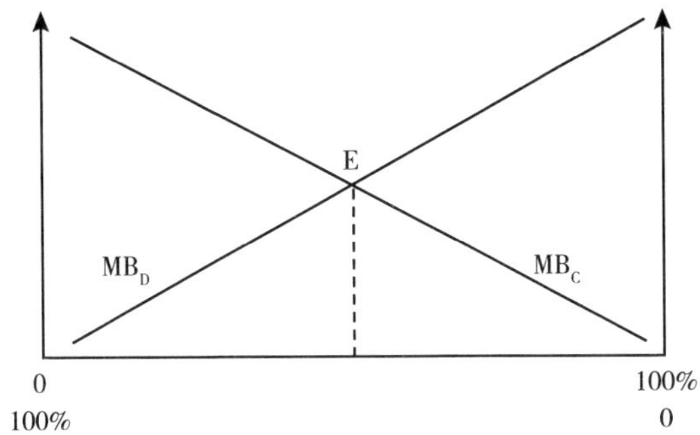

图 3－4　体制在集权与分权之间实现均衡示意图

二是规范性与灵活性相结合原则。行政事业资产管理体制的规范性包含三层含义：第一，行政事业资产管理体制要尽可能和惯例接轨。国外虽然没有我国规模这么庞大的事业单位，但其行政资产规模并不小。西方发达国家以行政资产为主要表现形式的政府资产管理，随着市场经济的发展和公共财政制度的完善，已经积累了丰富的管理经验，形成了健全的管理制度。因此，一个国家要明确行政事业资产管理主体，并在不同管理主体之间划分管理权限，要尽可能与国际上通行的做法保持一致，遵循国际惯例，否则，行政事业资产管理体制的设计会不伦不类。第二，行政事业资产管理体制设计要保持相对稳定，不可朝令夕改、频繁调整，否则会使地方政府及政府的各个部门、单位无所适从，不能形成稳定的预期，从而出现短期行为。第三，行政事业资产管理制度及体制设计要尽可能通过法律的形式确定下来，无论是中央政府还是地方政府，无论是政府财政部门还是政府其他各个部门、各个单位都需要遵循，即游戏规则一旦确定，各方都需要严格遵守，不能随意调整。相应地，行政事业资产管理体制设计的灵活性也包含三层含义：第一，行政事业资产管理体制设计在和国际惯例接轨的同时，可以允许不同国家或不同地区有自己的特色。毕竟国家与国家之间的具体情况千差万别，适合一国国情的行政事业资产管理体制在不同的国家会有不同的表现形式，盲目照抄照搬别的国家的制度安排和体制设计，往往难以取得理想效果。对一个国家内部不同地区而言，行政事业资产管理体制设计也应允许存在地区差别，在一个国家范围内，特别是大国，在不同地区之间搞“一刀切”式的体制设计事实上难以取得理想效果。第二，行政事业资产管理体制设计虽然需要保持相对稳定，但是这并不意味着体制设计可以一成不变，特别是在行政事业资产管理体制初创时期，还需要不断积累经验，因而在保持体制相对稳定的同时，可以对体制设计中存在的不合理因素进行必要修改和调整，使之逐步趋于完善。第三，行政事业资产管理体制设计虽然最好能用法律的形式确定下来，但在体制设计还存在诸多亟待解决的实际问题时，也没有必要在条件不具备的时候，就勉强通过法律形式把不完善的体制固定下来，这不利于体制的调整、完善，因此必要的时候借助政府通知、条例、规定甚至暂行规定等行政命令的形式作为体制的实现形式也是完全可以的。总之，行政事业资产管理体制设计既要坚持规范性，又要兼顾灵活性，做到规范性和灵活性相结合。一味强调规范性而忽视灵活性，体制设计往往会僵化；一味强调灵活性而忽视规范性，体制往往会不伦不类。

三是公平与效率相结合原则。所有的经济活动都需要处理人与人和人与物两个方面的关系，[①] 行政事业资产管理也不例外。处理人与人之间的关系需要强调公平；处理人与物的关系需要强调效率。公平作为一种主观心理感受，不同的人由于所处地位不同会有不同的理解，但是从不同的社会成员对公平标准的千差万别的理解中，仍然可以抽象出大多数人所能接受的公平标准，那就是所谓的“同等情况、同等对待；不同情况、不同对待”。前者指横向公平，后者指纵向公平。明确行政事业资产管理主体、划分行政事业资产管理权限，中央政府要和多个地方政府打交道、每一级政府都要和众多的部门打交道、每一部门要和多个单位打交道。这就要求中央政府在处理和众多的地方政府、政府在处理与众多的部门、部门在处理与众多的单位之间管理权限划分所体现的利益分配关系时，要做到横向公平和纵向公平，即所谓的“同等情况、同等对待；不同情况、不同对待”。效率不同于公平，其有相对明确的判定标准。经济学通常以“帕累托最优”作为资源配置效率的判定标准。“帕累托最优”是指这样一种资源配置状态，即资源配置的任何重新调整，已经不可能在不减少一个人福利的情况下去增加另外一个人的福利。那么对行政事业资产管理主体的确定和管理权限的划分问题而言，效率原则就具体体现为行政事业资产管理主体的确定及行政事业资产管

① 马克思主义政治经济学认为，物与物的关系背后所遮掩和体现的是人与人之间的关系，只有清楚揭示了物的关系背后所遮掩和体现的人的关系，才算清楚把握了经济范畴的本质。

理权限划分的任何重新调整，已经不可能再提高行政事业资产的配置和使用效率以增进社会福利。一般来说，公平与效率是一对矛盾，在行政事业资产管理主体确定及管理权限划分问题上，过于强调公平会影响效率，过于强调效率会影响公平，因此合适的选择是根据特定国家、特定地区在特定发展阶段面对公平和效率这一对矛盾时何为矛盾的主要方面而相机抉择。若公平是矛盾的主要方面，则体制设计应更多地强调公平；若效率是矛盾的主要方面，则体制设计应更多地强调效率；若公平与效率何为矛盾的主要方面不好判定，二者势均力敌，则体制设计应在公平与效率之间保持均衡。

3.3　明确行政事业资产“管什么”

3.3.1　清晰界定行政事业资产管理的范围

1. 行政事业资产的范围

界定行政事业资产管理范围就是要从横向即空间角度明确哪些资产是行政事业资产，哪些资产不是行政事业资产，即明确行政事业资产管理的客体。顾名思义，行政事业资产管理的客体就是行政事业资产。在上一章，本书已界定了行政事业资产的概念，搞清楚了到底什么是行政事业资产：行政事业单位为提供公共产品和混合产品、满足公共需要而占有、使用的政府资产，即把行政事业资产视为政府资产的一个组成部分。现在要划清行政事业资产与非行政事业资产的界限，就需要分析政府资产的外延，看看哪些政府资产是行政事业资产，哪些不是。

政府有狭义和广义之分，从最狭义的作为行政管理机构的政府到最广义的作为公共经济部门的政府，政府可有四个统计口径，所以政府资产的外延也可以按照这四个口径展开。由于政府资产的管理和政府管理的资产是两个不同的概念，考虑到在实践中政府的确受托管理着一定数量的资产，所以下面第五个口径的政府资产就是在第四个口径的基础上加上政府受托代理的资产。

口径一：行政管理机构（政府各职能部门）掌握所有权的政府资产，主要包括行政管理机构的固定资产、流动资产、在建工程、无形资产和对外投资，这体现为狭义的行政资产。

口径二：行政机关、立法机关、司法机关（含党派和社会团体）掌握所有权的政府资产，主要包括行政机关、立法机关、司法机关（含党派和社会团体）的固定资产、流动资产、在建工程、无形资产和对外投资，这体现为广义的行政资产，也就是通常意义上所讲的行政资产。

口径三：行政机关、立法机关、司法机关（含党派和社会团体）、事业单位掌握所有权的政府资产，主要包括行政机关、立法机关、司法机关（含党派和社会团体）、事业单位的固定资产、流动资产、在建工程、无形资产和对外投资，这就是通常所讲的行政事业资产。

口径四：行政机关、立法机关、司法机关（含党派和社会团体）、事业单位掌握所有权、代行所有权职能的政府资产，主要包括以下几类：一是行政机关、立法机关、司法机关（含党派和社会团体）、事业单位的固定资产、流动资产、在建工程、无形资产和对外投资；二是企业国有权益，包括国有独资企业国有权益、国有控股企业国有权益和国有参股企业国有权益；三是行政事业单位经管资产，包括政府储备物资、自然资源资产、公共基础设施和其他资产（保障性住房、罚没资产、社会保障基金政府出资部分、外汇资产等）。这体现为狭义的政府资产。

口径五：行政机关、立法机关、司法机关（含党派和社会团体）、事业单位掌握所有权、代行所有权职能的政府资产以及政府受托管理的资产，主要包括以下几类：一是行政机关、立法机关、司法机关（含党派和社会团体）、事业单位的固定资产、流动资产、在建工程、无形资产和对外投资；二是企业国有权益，包括国有独资企业国有权益、国有控股企业国有权益和国有参股企业国有权益；三是行政事业单位经管资产，包括政府储备物资、自然资源资产、公共基础设施和其他资产（保障性住房、罚没资产、社会保障基金政府出资部分、外汇资产及其他）；四是政府受托管理资产，包括捐赠资产、住房公积金、社会保险基金、其他资产等。这体现为广义的政府资产。行政事业资产在政府资产体系中的地位如图 3 – 5 所示。

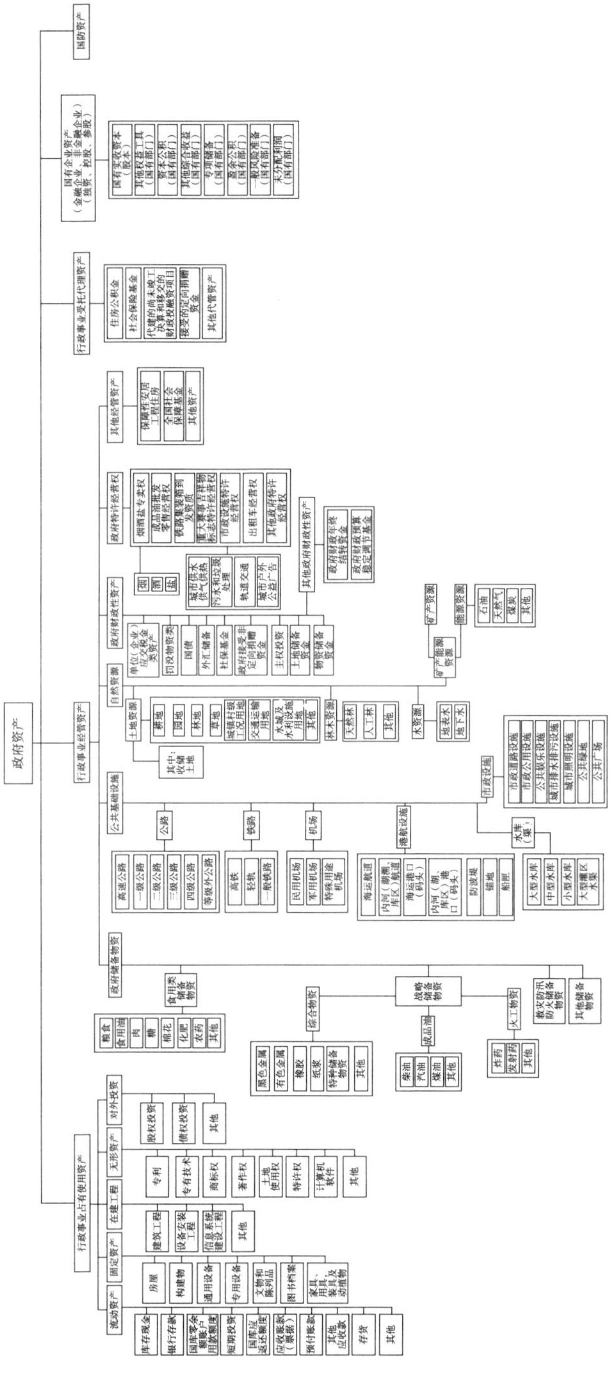

图3–5　行政事业资产在政府资产体系中的地位

资料来源：财政部资产管理司。

虽然由于政府概念的界定有狭义和广义之分而导致理论上政府资产的统计口径有大有小，但本书认为，为全面加强政府资产管理，有效提高公共产品供给效率，从而更好地满足人民群众日益增长的公共需要，实现公共利益最大化，并最终促进我国与市场经济相适应的现代财政制度的构建，强化作为国家治理基础和重要支柱的财政功能，在政府资产管理实践中可以选择最大口径的政府资产（口径五）作为政府资产管理的对象。

但是，对行政事业资产而言，显然其应是政府资产的一个组成部分。政府行政机构代行所有权职能以及经管、代管的资产都不能算作行政事业资产。比如国有企业资产是由政府来代行所有者职能，国有资源也由政府行政机构代管，这都不是行政机构履行向社会提供特定公共产品和服务职能而必须掌握的资产，这些资产都不能算作行政事业资产。因此，划清政府资产中行政事业资产与非行政事业资产的界限，需要强调该资产是否作为行政事业单位履行职能、提供公共产品和服务（含混合产品）、满足公共需要的手段而存在。

在实践中，行政资产的界定相对比较清楚，因为行政资产一般服务于纯公共产品的提供，而纯公共产品和私人产品在性质上有明显区别，划清纯公共产品和私人产品的界限比较容易，因此区分行政资产与非行政资产通常也不太困难。这不仅是因为公共产品和私人产品的界限容易界定，在某种程度上还是因为行政单位的性质也比较容易把握。因为广义的行政单位包括行政、立法、司法结构、党派、社会团体通常都不依靠市场渠道获取收入，其支出几乎全部来自财政预算拨款，其性质相对比较容易界定清楚。因此划清行政单位与非行政单位的界限也就比较容易。这就意味着从所有、占有、使用资产的主体角度界定行政资产也不是太困难的事情。现实中不太容易界定清楚的是事业资产。因为事业单位和行政单位不同，其提供的产品和服务从总体上看并不是严格意义上的公共产品，而是混合产品。由于公共产品和私人产品特征差异明显，因此搞清楚政府资产到底是否在为公共产品的生产提供服务，到底是否作为公共产品的供给手段而存在相对比较容易。而事业单位提供的混合产品则是兼具公共产品和私人产品双重属性的产品，和私人产品的特征差异不太明显，二者之间并不存在泾渭分明的界限。有些事业单位提供的混合产品若具有较多的私人产品属性，其在性质上就具有较多的生产经营性特征，这样的事业单位究竟应算事业单位还是国有企业就不太容易判定。若将其视为企业单位，那么其资产就是生产经营性国有资产，这就成为国资委或国资局的管理对象。若将其视为事业单位，那么其资产就被认为具有非生产经营性，这就属于行政事业资产管理机构的管理对象。因此，从资产占有、使用主体的角度分析，一个单位到底是不是事业单位很难给出一个严格的判定标准。有的单位提供的产品和服务具有较多的公共产品属性，财政拨款是其经费支出的主要来源，这样的单位当然可以界定为事业单位。但是，有的单位提供的产品和服务到底在多大程度上具有公共产品或私人产品属性并不容易界定，其费用开支除一部分通过财政拨款弥补外，还有相当部分要通过市场渠道筹措资金来弥补，这就使其提供产品和服务的活动带有一定的生产经营性，或者说作为这样的一个单位，其在性质上也具有企业属性，那么其所占有、使用的政府资产到底是行政事业资产还是具有生产经营性的国有企业资产就不太容易界定。对于已经实行企业化管理的事业单位，即便财政已不再拨款弥补其费用开支，其支出完全依靠市场渠道筹措（从这个意义上讲，其与一般意义上的国有企业已没有差别），但其仍然保留的事业单位身份却不能不为其资产管理造成麻烦。因为根据单位性质，其毕竟是实行企业化管理的事业单位，说到底，虽然已经实行了企业化管理，但其本质仍然是事业单位。既然是事业单位，那么其所占有、使用的资产当然属于事业资产。但其提供的产品和服务所具有的更多的私人产品性质以及其自身所呈现的鲜明的生产经营性特征，在某种程度上也决定了其所占有、使用的政府资产具有鲜明的国有企业资产性质。那么其资产到底应属于事业资产还是国有企业资产确实难以确定。

在实践中，划清行政事业资产与非行政事业资产的界限，本书认为可以采取两大标准：第一个标准是产品性质标准，即根据单位提供的产品和服务的具体性质来确定其资产是否属于行政事业资产。如果提供的是公共产品，划入行政事业资产范围；如果提供的是私人产品，则不纳入行政事业资产范围；如果提供的产品是混合产品，那么可根据“就近一致”原则予以确定，即如果提供的产品和服务更多地具有公共产品属性，则其资产可视为服务于公共产品的生产和提供，属于行政事业资产，如果提供的产品和服务更多地具有私人产品属性，则其资产就可视为服务于私人产品的生产和提供，属于经营性国有企业资产。如果提供的产品和服务到底在多大程度上具有公共产品或私人产品的性质难以界定，则要具体问题具体分析。[①] 第二个标准就是单位性质标准。判定一个单位到底是不是行政事业单位，主要看其费用开支依靠何种渠道弥补。[②] 如果完全依靠财政拨款，则视为典型的行政事业单位，其占有、使用的资产也就视为行政事业资产；如果部分依靠财政拨款，则看财政拨款占其费用开支的比重，如果该比重较高，超过50%，则可视为行政事业单位，若比重较低，达不到50%，其费用开支大部分依靠市场渠道筹措，则可明确其企业性质，其占有、使用的资产也就相应界定为经营性国有资产。

2. 行政事业资产统计表格[③]

第一，行政事业单位占有使用资产报表封面（见表3-1）。本表主要反映行政事业单位名称、单位负责人、资产管理负责人、通讯地址、邮政编码、管理级次、财务隶属关系、单位执行会计制度、单位基本性质、单位经费类型、机构行业类型等基本信息。

第二，行政事业单位占有使用资产——流动资产情况表（见表3-2）。本表主要反映行政单位和事业单位库存现金、银行存款、零余额账户用款额度、短期投资、财政应返还额度、应收账款（票据）、预付账款、其他应收款、存货、其他流动资产的期初和期末数据。

第三，行政事业单位占有使用资产——固定资产情况表（见表3-3）。本表主要反映行政单位和事业单位房屋构筑物、通用设备、专用设备、文物和陈列品、图书档案以及家具、用具、装具及动植物等固定资产的期初和期末数据。

---

① 依照产品性质划分行政事业资产的范围除受产品性质自身属性制约外，在现实中还面临一个问题，那就是私人经济部门的企业和个人也可能参与公共产品和服务的供给过程，比如私人设立的慈善组织，其的确是在满足公共需要，提供公共产品和服务。至于私人经济部门参与混合产品提供的例子就更多。很明显，其资产属于私人资产，不可能纳入行政事业资产的范围。这体现了产品性质标准的局限性。

② 这里所说的单位性质标准强调单位费用开支的弥补方式，而不是强调产权归属，不能认为公有产权的单位，其资产就划为行政事业资产，私有产权的单位，其资产就划为非行政事业资产。因为如果按产权性质标准，国有企业是典型的公有产权，但其资产属于生产经营性国有资产而不属于行政事业资产。

③ 表3-1~表3-6由财政部资产管理司提供，特此致谢。

表3-1　　　　行政事业单位占有使用资产报表

单　位　名　称：______________________（公章）
单　位　负　责　人：______________________（签章）
资产财务管理负责人：______________________
填　　表　　人：______________________
填表人电话号码：□□□□　□□□□□□□□□　□□□□
（区号）　（电话号）　（分机号）
填表人手机号码：□□□□□□□□□□□□□
单　位　地　址：______________________
邮　政　编　码：□□□□□□
编　报　日　期：　年　月　日

组织机构代码（各级技术监督局核发）：□□□□□□□□□□	单位基本性质：1. 行政单位　2. 参公管理事业单位　3. 事业单位　4. 社会团体　□
管理级次：1. 中央级　2. 省级　3. 地（市）级　4. 县级　5. 乡镇级　□	单位经费类型：1. 财政拨款　2. 财政补助　3. 经费自理　□
财务隶属关系：1. 一级单位　2. 二级单位　3. 三级及以下　□	机构行业类型（国家标准：国民经济行业分类）：□□□□□□□
单位执行会计制度：1. 行政单位会计制度　2. 事业单位会计制度　3. 民间非营利组织会计制度　4. 企业会计制度（准则）　5. 其他　□	报表类型：0. 单户表　7. 汇总表　□
所在地区（国家标准：国家和地区代码－行政区划代码）：□□□－□□□□□□□	备用码：□□□□□□□

第四，行政事业单位占有使用资产——在建工程情况表（见表3-4）。本表主要反映行政单位和事业单位建筑工程、设备安装工程、信息系统建设工程和其他工程等在建工程的期初和期末数据，并区分5年以内、5~10年和长期无法竣工三种情况分别填列。

第五，行政事业单位占有使用资产——无形资产情况表（见表3-5）。本表主要反映行政单位和事业单位专利、专有技术、商标权、著作权、土地使用权、特许权、计算机软件和其他无形资产的期初和期末数据，以及上述无形资产的数量、累积摊销额和账面价值。

第六，行政事业单位占有使用资产——对外投资情况表（见表3-6）。本表主要反映行政单位和事业单位股权投资、债权投资和其他对外投资的期初和期末数据。

表 3 - 2　　行政事业单位占有使用资产——流动资产情况表

项目	行次	库存现金		银行存款		零余额账户用款额度		短期投资		财政应返还额度		应收账款（票据）		预付账款		其他应收款		存货		其他	
		期初数	期末数	期初数	期末数	期初数	期末数	期初数	期末数	期初数	期末数	期初数	期末数	期初数	期末数	期初数	期末数	期初数	期末数	期初数	期末数
栏次		1	2	3	4	5	6	7	8	9	10	11	12	13	14	15	16	17	18	19	20
合计	1																				
一、行政小计	2																				
二、事业小计	3																				

表 3－3 **行政事业单位占有使用资产——固定资产情况表**

项目	行次	房屋构筑物												通用设备						专用设备						文物和陈列品						图书档案						家具、用具、装具及动植物					
		房屋						构筑物																																			
		数量（平方米）		累计折旧（万元）		账面价值（万元）		数量		累计折旧（万元）		账面价值（万元）		数量（台、套）		累计折旧（万元）		账面价值（万元）		数量（台、套）		累计折旧（万元）		账面价值（万元）		数量（座、个）		累计折旧（万元）		账面价值（万元）		数量（本、卷）		累计折旧（万元）		账面价值（万元）		数量（件、套）		累计折旧（万元）		账面价值（万元）	
		期初数	期末数	期初数	期末数	期初数	期末数	期初数	期末数	期初数	期末数	期初数	期末数	期初数	期末数	期初数	期末数	期初数	期末数	期初数	期末数	期初数	期末数	期初数	期末数	期初数	期末数	期初数	期末数	期初数	期末数	期初数	期末数	期初数	期末数	期初数	期末数	期初数	期末数	期初数	期末数	期初数	期末数
栏次		1	2	3	4	5	6	7	8	9	10	11	12	13	14	15	16	17	18	19	20	21	22	23	24	25	26	27	28	29	30	31	32	33	34	35	36	37	38	39	40	41	42
合计	1																																										
一、行政小计	2																																										
二、事业小计	3																																										

表 3－4　　**行政事业单位占有使用资产——在建工程情况表**

<table>
<tr><td rowspan="4">项目</td><td rowspan="4">行次</td><td colspan="4">合计</td><td colspan="12">建筑工程</td><td colspan="12">设备安装工程</td><td colspan="12">信息系统建设工程</td><td colspan="12">其他</td></tr>
<tr><td colspan="2" rowspan="2">数量</td><td colspan="2" rowspan="2">账面价值（万元）</td><td colspan="4">5 年以内</td><td colspan="4">5～10 年</td><td colspan="4">长期无法竣工</td><td colspan="4">5 年以内</td><td colspan="4">5～10 年</td><td colspan="4">长期无法竣工</td><td colspan="4">5 年以内</td><td colspan="4">5～10 年</td><td colspan="4">长期无法竣工</td><td colspan="4">5 年以内</td><td colspan="4">5～10 年</td><td colspan="4">长期无法竣工</td></tr>
<tr><td colspan="2">数量</td><td colspan="2">价值（万元）</td><td colspan="2">数量</td><td colspan="2">价值（万元）</td><td colspan="2">数量</td><td colspan="2">价值（万元）</td><td colspan="2">数量</td><td colspan="2">价值（万元）</td><td colspan="2">数量</td><td colspan="2">价值（万元）</td><td colspan="2">数量</td><td colspan="2">价值（万元）</td><td colspan="2">数量</td><td colspan="2">价值（万元）</td><td colspan="2">数量</td><td colspan="2">价值（万元）</td><td colspan="2">数量</td><td colspan="2">价值（万元）</td><td colspan="2">数量</td><td colspan="2">价值（万元）</td><td colspan="2">数量</td><td colspan="2">价值（万元）</td><td colspan="2">数量</td><td colspan="2">价值（万元）</td></tr>
<tr><td>期初数</td><td>期末数</td><td>期初数</td><td>期末数</td><td>期初数</td><td>期末数</td><td>期初数</td><td>期末数</td><td>期初数</td><td>期末数</td><td>期初数</td><td>期末数</td><td>期初数</td><td>期末数</td><td>期初数</td><td>期末数</td><td>期初数</td><td>期末数</td><td>期初数</td><td>期末数</td><td>期初数</td><td>期末数</td><td>期初数</td><td>期末数</td><td>期初数</td><td>期末数</td><td>期初数</td><td>期末数</td><td>期初数</td><td>期末数</td><td>期初数</td><td>期末数</td><td>期初数</td><td>期末数</td><td>期初数</td><td>期末数</td><td>期初数</td><td>期末数</td><td>期初数</td><td>期末数</td><td>期初数</td><td>期末数</td><td>期初数</td><td>期末数</td><td>期初数</td><td>期末数</td><td>期初数</td><td>期末数</td><td>期初数</td><td>期末数</td><td>期初数</td><td>期末数</td></tr>
<tr><td>栏次</td><td></td><td>1</td><td>2</td><td>3</td><td>4</td><td>5</td><td>6</td><td>7</td><td>8</td><td>9</td><td>10</td><td>11</td><td>12</td><td>13</td><td>14</td><td>15</td><td>16</td><td>17</td><td>18</td><td>19</td><td>20</td><td>21</td><td>22</td><td>23</td><td>24</td><td>25</td><td>26</td><td>27</td><td>28</td><td>29</td><td>30</td><td>31</td><td>32</td><td>33</td><td>34</td><td>35</td><td>36</td><td>37</td><td>38</td><td>39</td><td>40</td><td>41</td><td>42</td><td>43</td><td>44</td><td>45</td><td>46</td><td>47</td><td>48</td><td>49</td><td>50</td><td>51</td><td>52</td></tr>
<tr><td>合计</td><td>1</td><td></td><td></td><td></td><td></td><td></td><td></td><td></td><td></td><td></td><td></td><td></td><td></td><td></td><td></td><td></td><td></td><td></td><td></td><td></td><td></td><td></td><td></td><td></td><td></td><td></td><td></td><td></td><td></td><td></td><td></td><td></td><td></td><td></td><td></td><td></td><td></td><td></td><td></td><td></td><td></td><td></td><td></td><td></td><td></td><td></td><td></td><td></td><td></td><td></td><td></td><td></td><td></td></tr>
<tr><td>一、行政小计</td><td>2</td><td></td><td></td><td></td><td></td><td></td><td></td><td></td><td></td><td></td><td></td><td></td><td></td><td></td><td></td><td></td><td></td><td></td><td></td><td></td><td></td><td></td><td></td><td></td><td></td><td></td><td></td><td></td><td></td><td></td><td></td><td></td><td></td><td></td><td></td><td></td><td></td><td></td><td></td><td></td><td></td><td></td><td></td><td></td><td></td><td></td><td></td><td></td><td></td><td></td><td></td><td></td><td></td></tr>
<tr><td>二、事业小计</td><td>3</td><td></td><td></td><td></td><td></td><td></td><td></td><td></td><td></td><td></td><td></td><td></td><td></td><td></td><td></td><td></td><td></td><td></td><td></td><td></td><td></td><td></td><td></td><td></td><td></td><td></td><td></td><td></td><td></td><td></td><td></td><td></td><td></td><td></td><td></td><td></td><td></td><td></td><td></td><td></td><td></td><td></td><td></td><td></td><td></td><td></td><td></td><td></td><td></td><td></td><td></td><td></td><td></td></tr>
</table>

表 3－5　　行政事业单位占有使用资产——无形资产情况表

项目	行次	合计						专利						专有技术					
		数量		累计摊销（万元）		账面价值（万元）		数量		累计摊销（万元）		账面价值（万元）		数量		累计摊销（万元）		账面价值（万元）	
		期初数	期末数	期初数	期末数	期初数	期末数	期初数	期末数	期初数	期末数	期初数	期末数	期初数	期末数	期初数	期末数	期初数	期末数
栏次		1	2	3	4	5	6	7	8	9	10	11	12	13	14	15	16	17	18
合计	1																		
一、行政小计	2																		
二、事业小计	3																		

项目	行次	商标权						著作权						土地使用权					
		数量		累计摊销（万元）		账面价值（万元）		数量		累计摊销（万元）		账面价值（万元）		数量		累计摊销（万元）		账面价值（万元）	
		期初数	期末数	期初数	期末数	期初数	期末数	期初数	期末数	期初数	期末数	期初数	期末数	期初数	期末数	期初数	期末数	期初数	期末数
栏次		19	20	21	22	23	24	25	26	27	28	29	30	31	32	33	34	35	36
合计	1																		
一、行政小计	2																		
二、事业小计	3																		

项目	行次	特许权						计算机软件						其他					
		数量		累计摊销（万元）		账面价值（万元）		数量		累计摊销（万元）		账面价值（万元）		数量		累计摊销（万元）		账面价值（万元）	
		期初数	期末数	期初数	期末数	期初数	期末数	期初数	期末数	期初数	期末数	期初数	期末数	期初数	期末数	期初数	期末数	期初数	期末数
栏次		37	38	39	40	41	42	43	44	45	46	47	48	43	44	45	46	47	48
合计	1																		
一、行政小计	2																		
二、事业小计	3																		

表3-6　　行政事业单位占有使用资产——对外投资情况表

项目	行次	合计		股权投资		债权投资		其他	
		期初数	期末数	期初数	期末数	期初数	期末数	期初数	期末数
栏次		1	2	3	4	5	6	9	10
合计	1								
一、行政小计	2								
二、事业小计	3								

3.3.2　合理划分行政事业资产管理环节

划分管理环节可以从纵向即时间角度把行政事业资产管理视为一个过程，进而界定该过程所必然包括的若干环节。从逻辑上讲，资产通常是通过投资形成的，而投资表现为货币向资产转化的过程，要进行投资就必须通过各种渠道筹措资金。因此，行政事业资产管理的源头应从投资资金的筹措开始。资产通常都有一定的使用年限，到期要报废，这就涉及资产的处置，这是行政事业资产管理的最终环节。从投资资金的筹措即融资到资产的处置所构成的行政事业资产管理的全过程可以划分为若干个环节，不同环节的行政事业资产管理所遵循的规律不同，要实现的目标、要完成的任务和要解决的问题也不同。因此，确定行政事业资产"管什么"的问题，做好行政事业资产管理工作，客观上需要划分、确定行政事业资产管理所包括的各个环节，细化管理客体。本书把行政事业资产管理划分为行政事业资产的融资管理、投资管理、配置管理、运营管理、处置管理五个环节，这也可以理解为能够把行政事业资产管理的客体细化为五个大的方面。

1. 行政事业资产的融资管理①

（1）行政事业资产融资的含义。行政事业资产融资是指为形成行

① 行政事业资产的融资管理是行政事业资产管理的一个重要环节，而不是前提。从逻辑上讲，即便是前提也是需要纳入研究范围，需要把据以形成结论的"前提"暴露出来，使这些"前提"成为批判性反思的对象（孙正聿：《哲学通论》，复旦大学大学出版社2017年版，第5页）。行政事业资产管理研究虽然并非也不一定需要纯哲学角度的思辨，但可以吸取借鉴哲学的思维方式和方法。

政事业资产而通过各种形式或途径筹措资金的活动。按照融资方式不同，行政事业资产融资可分为直接融资和间接融资。直接融资是指由行政事业单位自身为形成资产而筹措资金的活动；间接融资是指行政事业单位并不直接充当融资主体，而是由政府财政部门甚至是私人经济部门来完成资金筹措活动。按照融资形式不同，行政事业资产融资可以分为税收融资、债务融资、收费融资、借助 PPP 模式融资等多种形式。

（2）为什么要管理行政事业资产融资。行政事业资产的形成必须解决资金来源问题，该问题能否合理解决直接决定行政事业资产能否合理形成并最终影响行政事业单位及行政事业资产管理机构职能的实现。从理论上讲，如果行政事业单位不能解决融资问题，其资产形成就没有资金来源，这会导致行政事业单位资产短缺或者资产报废后不能重置或不能及时重置，而行政事业单位职能的实现必须掌握一定数量的资产，所以这会直接影响行政事业单位职能的实现，影响到公共产品的生产提供和公共需要的满足。如果行政事业单位融资规模不合理，从资产管理的角度看，假定其他条件不变，就意味着行政事业资产的规模不合理，规模偏大会导致资产的闲置和浪费，规模偏小会使行政事业单位人均资产占有量不足，从而影响到行政事业单位正常履行其职能。如果行政事业单位融资形式不合理，比如应该以税收作为资金来源渠道却采用了债务形式融资，会导致债务负担加重和债务风险加大；可长期使用的资产不采用公债形式而完全采用税收形式融资也不利于体现利益获取与成本分担的公平原则。总之，行政事业资产的融资管理应该成为行政事业资产管理的重要内容，是事实上的首要环节，属于行政事业资产“入口”环节的管理。

（3）行政事业资产融资管理“管什么”。

①需要管理融资形式。从规范意义上讲，行政单位包括行政、立法、司法机构、党派、社会团体等向社会提供的服务属于较为典型的公共产品。而公共产品的不可分割性、非竞争性和非排他性决定了其难以通过市场渠道解决成本费用的补偿问题。因此，行政单位的开支包括消费性支出和投资性支出，一般都通过政府预算安排，以无偿性的税收作为融资资金来源。对行政单位安排的消费性支出包括公用经费和人员经费而言，以无偿的税收作为资金来源渠道、以政府预算拨款作为融资的

具体实现形式并无不妥。因为行政单位的消费性支出所提供的公共产品和服务被社会成员消费，给其带来效用和满足，那么理应由社会成员以向政府缴税的形式来承担成本，这符合利益获取和成本分担对称的公平原则。正是在这个意义上，税收被称为私人为了消费公共产品和服务而向政府支付的特殊价格。

但是对于行政单位安排的投资性支出来说，完全以税收作为资金来源渠道、以政府预算拨款作为具体实现形式就未必合适。因为行政单位的投资性支出要形成资产，这些行政资产会在一个很长的时间跨度内作为行政单位提供公共产品的手段而存在。比如，政府办公用的房产，使用年限达到 70 年甚至更长时间是没什么问题的。对于这种支出，如果完全以税收来融资，靠预算拨款来解决资金来源，就意味着这些可以在长达 70 年甚至更长时间作为公共产品供给手段而发挥作用的行政资产，其成本完全由当代人承担，而后一代人或后几代人则可以免费享用由此带来的效用和满足。这显然不符合利益获取和成本分担对称的公平原则。但是，由于税收在政府筹资形式中的主导地位根深蒂固，所以行政单位资产形成的融资渠道的确定也存在明显的“路径依赖”，长期以来基本上都是依靠无偿性税收借助财政预算拨款来实现。显然，这种并不符合公平原则的融资形式需要予以优化和调整。

从规范意义上讲，事业单位向社会提供混合产品，其处于市场部分失灵的领域。因此，其经费开支没有必要完全由政府财政包下来。一般来说，事业单位基本都可通过市场渠道获取或多或少的收入来抵补其全部或部分费用开支。财政部门采用“核定收支、定额或定项补助、超支不补、结余留用”的事业单位财务管理体制是合适的。有的事业单位提供的混合产品具有较多的公共产品属性，如教育事业单位中的基础教育事业单位、科研事业单位中的基础科研事业单位、文化事业单位中的提供公益文化服务的事业单位等，客观上需要由财政负担其费用开支，但这应仅限于其经常性支出。对于其形成资产的投资性支出，则应确定合适的融资机制。这构成优化事业资产融资管理机制的一项重要内容。从理论上讲，即便提供的产品更多地具有公共产品属性、需由财政负担其经常性费用开支的事业单位，其投资性支出也不宜完全采用无偿性税收作为唯一的融资渠道。根据利益获取与成本分担对称的公平原则，合适的选择是根据资产使用年限借助公债形式筹资，使债务偿还时间与资产使用年限保持对应关系。对于需财政部门部分负担其费用开支的事业单位，其投资性支出也需要财政部门根据其出资比例以债务形式筹资并根据资产使用年限合理确定债务偿还期限及在不同时期的偿债比例。因为这些事业单位虽然可以通过市场渠道获取一定收入，但这些收入尚不足以抵补其日常开支（还需财政部分负担其日常费用开支），因此更无法解决资产消耗的补偿，所以其资产形成的资金来源仍然需要通过财政渠道解决。需要强调的是，即便事业单位的投资性支出采用债务形式融资，也需要通过财政部门运作而不是由事业单位直接以债务人身份融资。这主要基于以下三个方面的考虑：一是以债务形式融资的主要目的是为了实现在不同时间区间合理分担公共产品的生产成本，体现利益获取与成本分担对称的公平原则，以债务形式筹集的收入最终还是需要税收收入来偿还，由财政部门负责运作效率会更高；二是以债务形式筹集收入规模的确定、筹资过程的管理以及以税收收入清偿债务的时间及比例安排，是技术性很强的工作，由财政部门来运作可以充分发挥其专门管理政府收支的比较优势；三是由财政部门来运作便于加强对筹资过程的监督，避免各种机会主义行为。一般而言，如果由财政部门来运作的话，债务人就是政府，若由事业单位直接以债务形式融资，债务人就是事业单位。这两种举债方式所对应的风险程度和风险防控措施完全不同。由事业单位来举借债务，举债主体众多，举债形式多样，举债透明度较低，加之事业单位的决策者本身并不是事业单位的所有者，只不过是代理人。在举债主体众多的条件下，作为代理人其行为相对难以受到有效监督，事实上其会处于“负责举债、负责投资，但唯独并不负责偿债”的状态。在这样的制度约束下，事业单位的决策者作为理性的经济人，会充分利用这种制度上的软约束而采取机会主义行为，从而使事业单位背上沉重的债务包袱，最终的风险会由政府承担。而由政府财政来运作，举债主体单一，债务透明度相对较高。虽然政府决策者也是代理人，从理论上讲也存在机会主义风险，但其行为可以受到相对有效的监督。在其他条件相同的情况下，所对应的债务风险程度相对也较低。综上所述，行政事业资产融资可以采用税收、公债、收费等多种形式，具体选用哪种形式需要具体问题、具体分析。

②需要管理融资规模。特定国家、特定地区在特定发展阶段，客观上存在最佳的行政事业资产融资规模。从理论上讲，行政事业资产融资规模并不是越大越好。如果就资产论资产，行政事业资产融资规模越大，假定其他条件不变，就意味着行政事业单位可以占有使用数量更多、质量更高、种类更全的资产。这有利于强化行政事业单位生产、提供公共产品和服务的能力，有利于公共需要的满足和公共利益的实现。但是，假定能够配置到行政事业单位的资源总量一定，若用于形成资产的资源占比过大，必然意味着消费支出（包括公用经费和人员经费）占比过少，行政事业单位投资性支出和消费性支出就不能保持合适配比关系。这不利于行政事业单位顺利实现其职能，不利于提高公共产品和服务的供给效率。反之亦然。如果在行政事业单位融资规模偏大的同时，消费性支出的安排可以同比增加，这就意味着在整个社会资源配置格局中，行政事业单位占用了过多的资源。这的确可以强化行政事业单位生产、提供公共产品和服务的能力，有助于行政事业单位提供规模更大、种类更全、质量更高的公共产品和服务，从而可以更好地满足公共需要，实现公共利益，但是从社会宏观资源配置的角度分析，这仍然是不合适的。因为我们所要满足的需要不仅有公共需要，还有私人需要。我们不仅要实现公共利益，还要实现私人利益。理性的选择是公共需要和私人需要、公共利益和私人利益兼顾。在社会资源总量一定的情况下，公共产品供给数量过多，就意味着私人产品供给数量过少，意味着在公共需要可以得到很好的满足、公共利益可以更为充分实现的时候，私人需要的满足和私人利益的实现会遭受严重的负面影响。根据边际效用递减规律，超过我们最佳需要量以上的公共产品给我们带来的边际效用很小，而达不到最佳供给量的私人产品的短缺使我们遭受的边际效用损失很大，两者相抵，存在净的福利损失。在图 3 - 6 中，凹向原点的曲线为社会总的资源约束线，即在资源得到充分利用的条件下，全部社会资源用来生产提供公共产品和私人产品所有的可能搭配组合点的集合，其中与社会无差异曲线相切的 E 点可在目前的资源约束下实现社会福利水平最大化。而在其与社会无差异曲线相交的点，无论是公共产品太多还是私人产品太多，都会导致社会福利损失。因此，行政事业资产的融资规模管理非常重要，其影响社会宏观资源配置效率和社会总的福利水平。

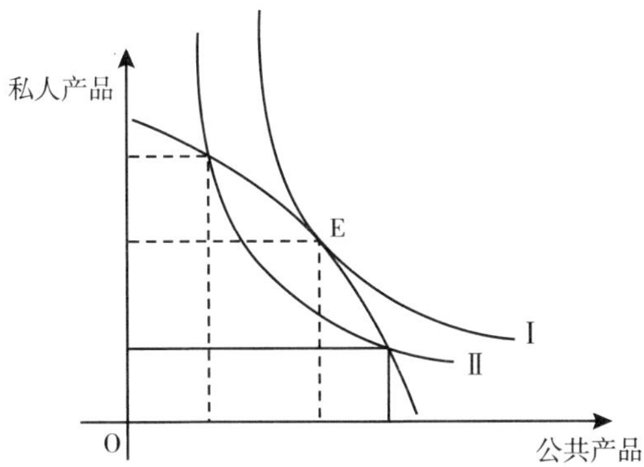

图 3-6　公共产品与私人产品总量搭配对社会福利的影响

③需要管理融资结构。行政事业资产融资结构与融资形式有联系。在融资形式确定后，不同融资形式筹集的资金占总的融资规模的比例就构成行政事业资产的融资结构。从理论上讲，特定国家、特定地区在特定发展阶段客观上存在最佳的融资结构。行政单位服务于纯公共产品提供，收费有难度，但不少事业单位可以收费，因而存在通过收费来为资产形成筹集资金的可能性。一般来说，能通过收费来筹措资金的应该尽可能采取收费形式。这不仅是为资产形成筹集资金的需要，也是为了提高混合产品使用效率。[①] 长期存在的资产，应根据资产使用年限考虑以公债形式筹资，并使公债还本付息的时间跨度与资产使用年限保持配比关系，进而体现利益获取与成本分担对称的公平原则。若资产不能长期存在，则适合采取税收形式筹资。因此，做好行政事业资产融资结构的管理，做到各种筹资形式各得其所，使之在行政事业资产融资体系中居于合适地位、发挥合适作用，有助于提高行政事业资产管理绩效，实现行政事业单位所担负的各项职能。

2. 行政事业资产的投资管理

（1）行政事业资产投资的含义。行政事业资产投资是指行政事业单位把一定数量的货币转化为资产的过程。按照是否使资产存量增加，行政事业资产投资可分为重置投资和新增投资。旧资产报废、新资产形

① 能收费的混合产品不收费，其价格就为零，那么消费者会消费该产品一直到自己的边际效用为零。这会导致资源配置的边际成本大于边际收益而形成效率损失。

成，资产存量并没有增加的投资为重置投资；使资产存量增加的投资为新增投资。按照投资资金来源渠道，行政事业资产投资可分为政府资金来源渠道投资和非政府资金来源渠道投资。

（2）为什么要管理行政事业资产投资。投资作为货币向资产的转化过程，体现为行政事业单位的资产形成过程，因此对行政事业单位投资的管理也就体现为对行政事业单位资产形成过程的管理。投资效率的高低决定了行政事业单位耗费一定数量的资金所能转化为行政事业资产的多少。因此，为了在耗费财政资金数量一定的条件下形成尽可能多的行政事业资产，行政事业单位的投资管理理应成为行政事业资产管理的一项重要内容。通常意义上所讲的行政事业资产管理往往是指资产形成后需要在行政事业单位进行的配置管理，或是以行政事业单位已经占有、使用的资产为管理对象，从而把行政事业单位的投资过程排斥在行政事业资产管理的范围之外，这实际是对行政事业资产管理的狭隘理解。

从理论上讲，如果行政事业资产管理不涉及行政事业单位投资管理，会产生严重的负面影响，这体现为：第一，难以保证行政事业单位的投资处于正确的领域。在市场经济条件下，处理市场与政府关系的基本准则是，应让市场在资源配置中发挥基础性、决定性的作用。政府要发挥拾遗补缺的作用，去做市场做不了或做不好的事。这对行政事业单位投资所提出的要求是，不能在市场有效作用领域从事竞争性项目投资，甚至也不能在市场部分失效领域从事生产经营性投资，而只应从事公益性项目投资。众所周知，公益性项目投资没有直接经济收益或者即便有收益，收益也不足以抵补投资成本。这实际上是私人部门一般不愿从事公益性项目投资的根本原因，由此才需要行政事业单位投资来弥补私人投资的空缺。如果对行政事业单位投资不加管理，行政事业单位的决策者作为利己的经济人，为了收益最大化，可能会到市场有效作用领域从事竞争性项目投资，由此导致行政事业单位投资的“越位”，与之对应的则是行政事业单位投资的“缺位”。这会影响到公共产品和服务供给的数量、质量，影响到社会公共需要的满足和公共利益的实现。第二，难以保证投资过程公开、公平、公正。行政事业单位投资立足于满足公共需要，实现公共利益，因此其投资过程必须公开，面向全社会公开信息，通过公开招标确定供应商，保证过程公平、结果公正。这完全不同于满足私人需要、服务于私人产品生产提供的私人部门的投资，其没有必要公开。由于无论私人还是政府投资过程，都要和市场交易过程相联系，因此，如果对行政事业单位投资疏于管理，则行政事业资产投资过程极易形成暗箱操作，导致耗费一定数量的财政资金却不能形成相应资产。有人会通过损害公共利益来攫取个人私利。因此，行政事业资产管理必须包括对作为资产形成过程的行政事业单位投资的管理。

（3）行政事业资产投资管理“管什么”。

①需要管理行政事业资产投资领域。行政事业资产的投资管理首先需要保证投资所形成的资产要处于合适的领域，即需要做好投资项目的选择。一般来说，按照投资所处领域的不同，投资项目通常分为三类：一是公益性投资项目，指处于市场失效或市场失效程度较高的领域，形成的资产严格说只是公有财产，服务于公共产品（含具有较多的公共产品属性的混合产品）的生产、提供和公共需要满足的投资项目。[①] 二是基础性投资项目，指处于市场失效程度较低，形成的资产是严格意义上的生产经营性资产，服务于具有较多私人产品属性的混合产品提供的投资项目。[②] 三是竞争性投资项目，指处于市场有效作用领域，形成的是严格意义上的生产经营性资产，服务于私人产品生产提供和私人需要满足的投资项目（见图3－7）。

根据投资项目的划分，行政事业资产的投资管理要求其只能从事公益性项目投资。竞争性投资项目处于市场有效作用领域，主要应由私人资本发挥作用，原则上政府投资不应涉足其间。基础性项目的投资任务主要由国有企业承担，由国资委负责管理。一般来说，通过财政预算支

① 公益性投资项目相对其他投资项目特点明显：一是投资领域的非生产经营性，其形成的资产严格说实际是财产；二是资金使用的无偿性，因服务于公共产品的生产提供，因此投资的资金来源一般由财政无偿拨付；三是投资主体的相对单一性，通常都是由政府来进行投资，私人资本一般不会涉足公益性项目投资；四是投资循环过程的间接性，公益性投资项目服务于公共需要的满足，通常没有直接的经济回报，需要由政府财政部门收税来抵补投资成本进而完成投资循环过程。

② 与公益性投资项目相比，基础性项目投资的特点可概括为：一是投资领域的生产经营性，其形成的是严格意义上的资产；二是投资资金使用的有偿性，基础性项目投资通常通过贷款而不是财政拨款解决；三是投资主体的多元性，因为基础性项目投资并不处于市场失灵领域，因此除政府作为投资主体外，私人资本也可以借助各种形式参与基础性项目投资；四是投资循环过程的直接性，基础性项目投资一般服务于可收费的混合产品的提供，借助收费其可以直接完成投资循环过程。

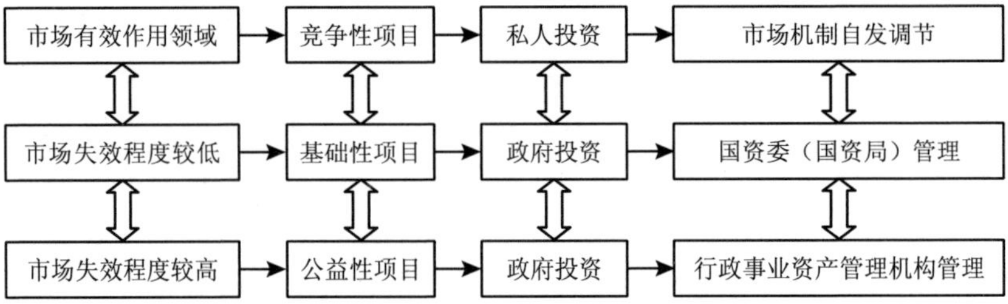

图 3－7　投资项目类型划分

出安排的行政事业单位投资基本可以保证其从事公益性项目投资，特别是在政府财力相对紧张、支出压力比较大时，财政难以拿出资金让行政事业单位去从事非公益性投资项目。但在行政事业单位投资资金来源渠道多元化的背景下，行政事业单位存在通过自筹资金从事非公益性项目投资的可能性。这往往与行政事业单位决策者借助非公益性投资项目攫取私利的动机交织在一起。毕竟，行政事业单位从事公益性项目投资所形成的资产并不处于市场有效作用的领域，其服务于公共产品和服务的提供，这就难以通过资产运营和市场交易攫取私利。而从事非公益性投资项目，会使资产的形成及运营过程都与市场交易有内在联系。这可为在诸如投入品购进和产成品销售环节攫取私利创造有利条件。因此，如果承认行政事业单位的决策者是利己的经济人，那么就得承认行政事业单位从事非公益性项目投资的动机是客观存在的。至于这种动机到底能在多大程度上转化为现实的行为，这取决于行政事业单位投资管理的规范化程度。如果管理严格，通过制度构建明确行政事业单位不能从事非公益性项目投资，违规者将受到严厉惩处。对行政事业单位决策者来说，从事非公益性项目投资自己的所得会小于所失。作为理性的经济人，其不可能去从事非公益性项目投资；反之则相反。这正所谓好的制度会使坏人变成好人，而坏的制度会使好人变成坏人。因此，行政事业资产投资管理首先体现为投资领域的管理，需杜绝行政事业单位从事非公益性投资项目，及时防止和纠正投资越位。

行政事业单位之所以不应从事非公益性投资项目，归根结底还是受制于公有产权自身性质的制约。公有产权相对私有产权，最终的所有者监督代理人需要建立相对较长的委托代理链条。这首先体现为政治领域的委托代理,[①] 其次才是经济领域的委托代理。[②] 而如果是私有产权，则只有经济领域的委托代理而不必建立政治领域的委托代理，其链条相对较短。委托代理理论表明，委托人监督代理人的效果受委托代理链条长短的制约。委托代理链条越长，委托人监督代理人的效果越差；反之，则越好。因此，行政事业单位若投资于竞争性项目就意味着公有产权要与私有产权在市场有效作用领域竞争，这实际是用公有产权的比较劣势与私有产权的比较优势竞争,[③] 结果可想而知。

②需要管理资产投资过程。行政事业资产投资管理在保证行政事业单位投资能处于合适投资领域的同时，还需要加强对投资过程的管理。如果对行政事业资产投资过程管理不到位，掌握行政事业单位投资权的机构和个人，会利用手中权力攫取小群体利益或个人私利。事实上，行政事业单位发生的经济方面的违规、违纪、违法现象以及各种腐败行为往往与行政事业单位的投资过程监管不到位有着紧密联系（比较典型的例子有武汉大学两位校级领导的腐败案件[④]）。毕竟，行政事业单位不同于企业，其提供的产品和服务要么远离市场交易过程，要么虽然与市场交易有一定联系，但这种交易往往受到来自政府的监督和制约。因

① 比如公有制的基本体现形式全民所有制意味着资产的产权属于全民所有，但资产不可能由全民直接管理，只能选举代表，这在现实中就体现为人大代表的层层选举，从最基层的乡镇人大，到县人大、市人大、省人大，最终选出全国人大，全国人大开会选出国家主席，国家主席依法提名政府总理，总理提名各部部长，组成国务院，国务院作为中央人民政府，也不可能直接去管理规模极其庞大的公有资产，需要成立国家国有资产管理委员会，由其负责管理生产经营性的国有资产，但生产经营性国有资产规模庞大，存在数目众多的国有企业，国家国有资产管理委员会受机构、人员数量限制及信息因素制约，只能管理少数超大规模的部级企业；规模小一些的国家授权给省，省再成立国资委管理厅级的企业，以此类推。对于非生产经营性的行政事业资产，则由财政部成立专门机构负责管理，这就形成所谓政治领域的委托代理，显然这一委托代理链条很长，何况与政治领域的委托链条相衔接的还有经济领域的委托代理链条，这会在一定程度上影响委托人监督代理人行为的效果。

② 经济领域的委托代理链条一般是指由所有者代表组成股东大会、股东大会选出董事会、董事会选出董事长、董事长任命总经理所形成的委托代理关系。

③ 私有产权的比较优势体现在，其产权性质决定其不存在政治领域的委托代理，只涉及经济领域的委托代理，因而相对公有产权，它具备委托代理链条短从而可使所有者能相对更为有效地监督代理人的比较优势。因此，在市场有效作用领域，若生产提供私人产品，满足私人需要，追逐利润最大化，则私有产权往往有相对高的效率。实践中也有不少公有产权从事私人产品生产、满足私人需要而取得理想利润率的实例，但这通常以其处于垄断地位，市场竞争并不充分为前提。

④ 参见武汉大学副校长腐败案调查，http：//www. sina. com. cn，2009 年 10 月 16 日，南方人物周刊。

此，行政事业单位在提供产品和服务的过程中，决策者利用手中权力攫取私人利益的空间和余地并不大。但是，行政事业单位的投资过程却使行政事业单位与市场交易有了内在联系。决策者利用市场交易做掩护来攫取私利就变得相对简单和容易。如果被发现和受到惩处的概率较低，作为理性的经济人，其铤而走险的可能性会加大。因此，客观上需要对行政事业单位的投资过程进行有效管理，以形成健全的投资过程管理制度。①

行政事业单位的投资过程通常要与国库集中支付制度和政府采购制度结合起来，通过集中招标采购，可以提高行政事业单位投资过程的透明度，以做到公开、公平、公正。这对于提高行政事业单位投资效率可发挥积极作用。但是，任何事物都具有两面性，在制度推行过程中仍然可能暴露出诸多问题：一是对政府采购管理机构来说，其权力较为集中，原分散到各行政事业单位的投资权被集中到政府采购管理机构，如果对其行为监督不到位，可能会出现分散腐败被集中腐败替代的消极现象。二是由政府采购管理机构直接招标采购的通常都是各行政事业单位具有较多共性色彩的资产投资，由于行政事业单位是一个繁杂的系统，很多行政事业单位所需资产都具有一定的个性特征。这样的资产投资过程即便走集中招标采购的程序，各个行政事业单位的有关机构和人员仍然可以在相关过程或环节发挥实质性控制作用，进而可能出现通过人为控制集中招标采购过程来谋取个人私利的现象，甚至可能出现虽然招标程序、过程、形式都找不出任何瑕疵，但招标过程和招标结果仍然被人为控制的现象。因此，制度构建在解决一些老问题的同时，也会带来一些新问题，强化对行政事业单位投资过程的监管并不那么轻而易举。

如果把投资界定为货币向资产转化的过程，那么行政事业单位借助财政拨款通过资产购置直接获取资产也可以界定为投资，只不过这一投资过程相对简单，持续时间较短，借助政府采购和国库集中支付制度就可以在一定程度上提高过程的透明度。行政事业资产管理机构通过加强对该过程的监督，就可以在很大程度上提高投资效益。但是行政事业单

① 武汉大学常务副校长陈昭方因腐败被捕后，和陈昭方熟悉的武大经管学院院长陈继勇教授接受记者采访时表示：如果一个人出事是偶然，那么10个人若都出事，那就应该是制度方面的问题。资料来源同上。

位的有些资产的获取并不能直接通过购置获取，比如高校的新校区建设，需要在相当长的时间跨度内持续投入资金，成为大规模的“在建工程”，这样的投资和一般的资产购置有明显区别，与市场部分失效和市场有效作用领域的基础性投资和竞争性投资相比，则采取了相同的实现形式和实现过程。这一过程持续时间长、涉及环节多、过程透明度低，由于公益性投资与基础性投资、竞争性投资的一个明显区别是，前者脱离了市场机制的自发调节，其运作完全依赖财政机制（见图3－8），所以行政事业资产管理机构与部门、单位之间信息不对称程度相对要严重得多。因此，行政事业资产管理机构强化对投资过程管理的重点应是要强化对行政事业单位基本建设投资过程的管理。

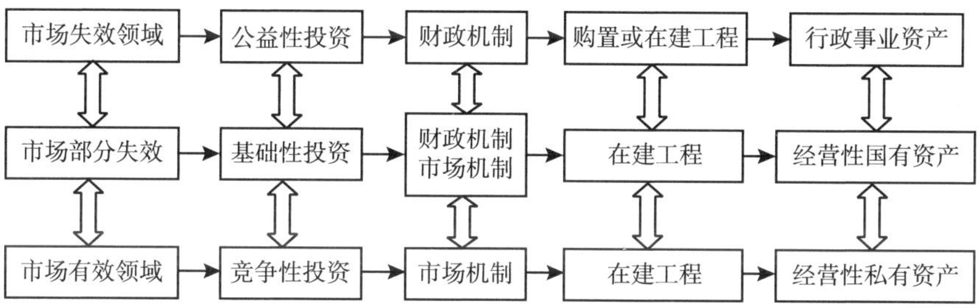

图3－8 不同领域投资项目所对应的资产性质

3. 行政事业资产的配置管理

（1）行政事业资产配置的含义。行政事业资产的配置是指行政事业资产在政府不同部门、不同单位之间的分配。这是行政事业资产管理的核心内容。由于行政事业单位要履行其职能，要向社会成员提供特定产品和服务，要满足社会公共需要，就必须掌握一定数量的资产。而行政事业单位自身的性质决定了其通常需要借助一种完全不同于企业的方式即通过政府财政机制运作来掌握一定数量的资产，具体是借助行政事业资产的配置管理来实现。其可区分为行政事业资产存量配置即资产调剂和增量资产配置两项内容。

存量资产的配置集中体现为存量资产的调剂，是指行政事业资产在不同部门、单位之间的重新分配和调整，实质是将闲置或半闲置的资产在部门、单位间进行余缺调配，这是优化行政事业资产存量配置的一项重要内容。从理论上讲，即便行政事业资产在部门、单位间的初始配置格局是合理的，随着时间推移，有的部门、单位所占有、使用的资产可能会处于闲置或半闲置状态，而有的部门、单位则会出现资产短缺。若一些部门、单位闲置、半闲置的资产恰好是另一些部门、单位短缺的资产，那么将资产从闲置或半闲置的部门、单位调剂到短缺的部门、单位就是完全必要的，而行政事业资产国家统一所有的属性也为这种资产在部门、单位之间进行调剂提供了可能。

从资产增量配置的角度讲，部门、单位实现职能所需资产通常要通过政府财政部门面向行政事业单位安排投资性支出来实现。根据边际收益递减规律，一个部门、单位掌握的行政事业资产越多，资产服务于公共产品和服务提供所带来的边际收益就越小。一个部门、单位占有、使用的资产边际收益越小，就越没有理由得到财政安排的投资性支出；反之则反是。从理论上讲，在部门、单位存量资产配置结构优化的条件下，如果一定数量的资产配置到不同部门、单位能带来相同的边际收益，则行政事业资产的增量配置就达到了最优。因此，要优化行政事业资产增量配置，就需要根据行政事业单位存量资产的配置情况来安排行政事业单位的投资性支出。

（2）为什么要管理行政事业资产配置。行政事业资产的存量配置和增量配置都具有鲜明的层次性，按照资产配置涵盖范围的不同，由高到低可以划分为宏观、中观和微观三个层次（见图3－9）。这三个层次资产配置的优化都要求加强行政事业资产管理。

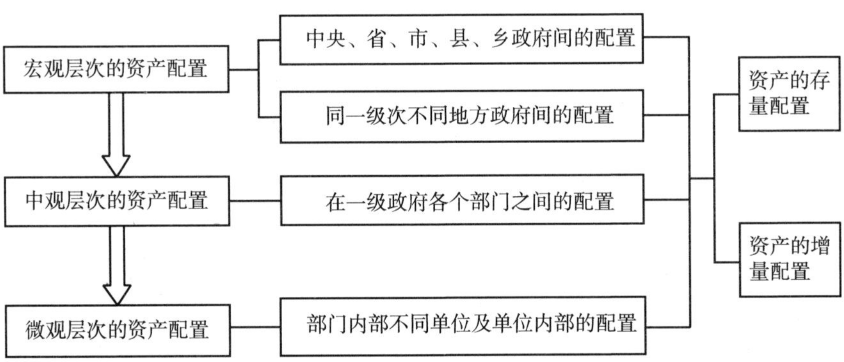

图3－9　行政事业资产配置的三个层次

①宏观层次的资产配置需要加强资产管理。从理论上讲，宏观层次

或者说最高层次的资产配置应是指资产在不同级次政府及同一级次不同地方政府之间进行的配置。在政府实行级次化管理的制度安排下，政府通常划分为中央政府和地方政府两大级次，而地方政府通常又划分为几个级次。要实现行政事业资产在不同级次政府及同一级次不同地方政府之间的合理配置，就需要根据不同级次政府及同一级次不同地方政府所承担的公共产品和服务供给责任大小合理安排。就不同级次政府间的资产配置而言，一般来说，国家越大（国土面积越大、人口越多），地方性公共产品在公共产品供给总量中占比越高，则行政事业资产在不同级次政府间的配置就应越向地方政府倾斜；国家越小，全国性公共产品在公共产品供给总量中占比越高，则行政事业资产在不同级次政府间的配置就应越向中央政府倾斜。从总体上讲，行政事业资产在不同级次政府间的配置要受财政管理体制的制约。集权体制下，行政事业资产配置向高层政府倾斜；分权体制下，行政事业资产配置向地方政府倾斜。从理论上讲，一定数量的行政事业资产配置到不同级次的政府，能够给社会带来相同的边际效用，则行政事业资产配置的政府级次结构就达到了最优。就同一级次不同地方政府间的资产配置而言，由于辖区情况及政府职能实现内容和方式存在差别，所以资产不能在不同地方政府间“一刀切”式地平均分配，而应保证不同地方政府所占有、使用的资产能够对公共产品和服务的提供保持相等的边际产出率。强化行政事业资产配置的宏观管理，有助于促使宏观层次的资产配置逼近最优目标；而忽视行政事业资产配置的宏观管理，则会使宏观层次的资产配置偏离最优目标。忽视程度越高，偏离最优目标越远，整个社会所遭受的福利损失越大。

②中观层次的资产配置需要加强资产管理。在宏观层次的行政事业资产配置已经优化的前提下，在一级政府内部，行政事业资产还需要配置到不同部门，这体现为中观层次的资产配置。从理论上讲，中观层次的资产配置需要根据不同部门所承担的公共产品和服务的具体供给责任相机确定，做到不同部门所占有、使用的行政事业资产的边际产出率相等，这是中观层次资产配置的最优状态。但是在实际操作中，中观层次行政事业资产配置达到最优状态是不容易的。因为行政事业资产总体上服务于公共产品的生产提供，而公共产品自身所具有的特殊性质决定了要准确量化作为供给手段而存在的行政事业资产边际产出率的大小难度

甚大。这根源于公共产品难以定价。一旦不能定价，不同部门所提供的不同性质的公共产品就难以量化比较，就很难判断资产的边际产出率。这与服务于私人产品提供的资产产出率的评价完全不同。在私人经济部门，不同的行业、不同的企业生产的私人产品虽然千差万别，但因为有价格就可以计算出资产利润率，也就可以非常容易地比较不同部门、企业资产贡献程度的大小。一般来说，宏观层次的行政事业资产配置主要受制于财政管理体制，并不构成行政事业资产配置管理的重要内容。至于微观层次的资产配置，从应然意义上讲，更多地应由各个部门、单位负责，所以对财政部门来说，中观层次的行政事业资产配置就成为行政事业资产配置管理的核心内容。强化中观层次行政事业资产配置管理，有助于优化资产配置的部门结构，可以在一级政府占有、使用行政事业资产总量一定的条件下，增加公共产品和服务供给数量、提高供给质量，从而实现社会福利水平增进。而忽视中观层次行政事业资产配置管理，则会使行政事业资产配置的部门结构偏离最优状态。忽视程度越高，偏离最优状态越远，整个社会所遭受的福利损失越大。

③微观层次的资产配置需要强化资产管理。在宏观层次和中观层次的行政事业资产配置优化的前提下，一定数量的行政事业资产还需要在一个部门内部不同单位之间、单位内部不同使用方向之间合理配置，这体现为微观层次的资产配置。在一个部门内部，通常包括多个行政事业单位，则部门所占用的行政事业资产需要在不同的单位之间合理分配，以做到不同单位所占有、使用的行政事业资产的边际产出率相等。这是微观层次行政事业资产配置的最优状态。通常，每一个部门相对政府财政行政事业资产管理机构要更为熟悉和了解本部门的情况，在如何优化行政事业资产部门内部配置方面，其拥有信息优势。因此，要优化微观层次的行政事业资产配置，客观上需要发挥部门的比较优势。过于集权的做法，比如由政府财政行政事业资产管理机构确定资产在部门内部不同单位之间的配置格局，不利于提高资产配置效率。同样的道理，各个单位的资产配置，即资产在单位内部不同使用方向上的确定，单位有信息优势因而最有发言权。如果由部门甚至由财政行政事业资产管理机构来确定单位内部的资产配置结构，也不利于提高资产配置效率。但是集权有集权的优势，对于不同单位都会形成的资产需求，且每个单位的使用频率又不是很高的资产，由部门实行集权管理就很有必要。从这个意

义上讲，过于分权也不可取。强化微观层次的行政事业资产配置，有助于优化资产配置的单位内部结构，可以在一个单位占有、使用行政事业资产总量一定的条件下，增加该单位提供的公共产品和服务的数量，提高供给质量，从而实现社会福利水平增进。而忽视微观层次行政事业资产配置管理，则会使行政事业资产配置的单位内部结构偏离最优状态。忽视程度越高，偏离最优状态越远，整个社会所遭受的福利损失越大。从理论上讲，行政事业资产的配置需要从“大处着眼、小处入手”，即首先需要实现高层次行政事业资产配置的优化，以便为低层次资产配置的优化创造基础条件，由宏观到中观再到微观逐级优化资产配置。但是宏观的基础是微观，在高层次的资产配置得以优化的条件下，低层次的资产配置也要优化，才能从整体上提高行政事业资产配置效率。不管哪个层次资产配置的优化，都需要强化资产配置管理。

（3）行政事业资产配置管理“管什么”。

①管理存量资产配置，主要是管好资产调剂。一级政府的资产总是要配置到不同的部门和单位，形成资产存量配置结构。随着政治经济形势的变化以及部门、单位所面临的环境约束条件及担负的职责任务的调整，即便当初的资产存量配置结构是合理的，也需要在不同部门、单位之间进行资产调剂。但是若制度设计不合理，比如采用资产在部门、单位间实行无偿调剂的制度安排，那么这种资产调剂就会难以实现。这主要是因为：一方面，存在闲置或半闲置资产的部门、单位会没有积极性调出闲置或半闲置资产。因为资产无偿调拨，所以闲置或半闲置资产的调出并不能给调出资产的部门、单位带来任何利益增进，而办理资产调出手续却需要付出一定的时间、精力，从而需要承担一定成本。因此总体看，调出闲置、半闲置资产对部门、单位来说所失大于所得，作为理性的经济人，其当然没有积极性从事这种赔本的活动。另一方面，对调入资产的部门、单位而言，即便考虑因办理划拨手续而需承担的成本，在资产无偿划拨的条件下，其所得通常也要大于所失。从这个意义上讲，其应该有积极性从其他部门、单位调入资产。但是，调入的资产毕竟是其他部门、单位闲置或半闲置的二手资产，如果能通过打报告申请配置到新资产，并且新资产也是由财政部门免费提供，那么其自然也就没有积极性申请调入二手资产。道理显而易见：既然配置新资产和调入二手的旧资产对部门、单位来说都是无偿的，其当然会更有积极性要求

财政部门配置新资产。因此，要使存量资产调剂成为行政事业资产配置管理的一项重要内容，而不是仅仅流于形式，就需要通过机制设计来提高资产调出方、资产调入方的积极性，使资产的无偿调拨对二者来说都是所得大于所失的行为才具有现实的可能性。行政事业资产的增量配置以存量配置为基础和前提。若存量配置优化，则无疑会减轻增量资产配置的工作压力；若存量配置不合理，则一方面要对不合理的存量资产配置进行调剂，另一方面还要通过资产增量配置来改善不合理的存量资产配置格局。

②管理增量资产配置。增量资产的配置以存量资产的配置为基础。存量资产配置存在问题首先要通过资产调剂来解决。但是资产调剂毕竟受既得利益分配格局的制约，在有关主体利己动机及信息不对称因素的影响下，资产调剂工作往往难以顺利开展。在这样的条件下，就需要根据存量资产的配置格局来配置增量资产，即要通过增量资产配置来弥补和纠正存量资产配置存在的局限和不足。从这个意义上讲，资产增量配置管理与资产存量配置管理是紧密联系、不可分割的。做好增量资产配置管理工作，首先需要掌握存量资产配置存在的局限，存量资产配置不足、占有使用的资产量不足以保证其职能顺利实现的部门、单位就是资产增量配置的重点。

③管理、协调资产存量配置与资产增量配置的关系。

首先，协调行政事业资产管理机构与预算机构的关系。在行政事业资产管理实践中，行政事业资产管理机构相对掌握较为充分的行政事业存量资产在不同部门、单位之间的配置信息，但并不负责安排行政事业单位的投资性支出；预算管理机构虽然负责安排行政事业单位投资性支出指标，但并不了解行政事业资产在部门、单位之间的配置信息，这会对行政事业增量资产配置优化设置障碍，最终会导致部门、单位在行政事业资产的占有、使用方面苦乐不均。有的部门、单位会占用较多的行政事业资产，甚至有些资产会处于闲置状态；而有的部门、单位则占用较少的行政事业资产，以致不能满足顺利实现其职能的需要。

从理论上分析，在行政事业资产由行政事业资产管理机构管理，而行政事业单位投资支出指标的确定由预算机构负责的制度框架下，行政事业资产增量配置的预算管理和资产管理的结合可考虑如下制度安排：一个部门、单位若要新增资产配置，首先应得到财政部门行政事业资产管理机构的认可，然后预算管理机构才能安排投资性支出指标。这建立在行政事业资产管理机构确实能掌握充分的行政事业单位存量资产信息的基础之上。但通常情况下，行政事业资产管理机构所掌握的存量资产在部门、单位之间的配置信息虽然相对预算机构较为充分，但相对优化增量资产配置而言并不充分。因为一级政府包括众多部门，而每个部门又包括众多单位，庞大的资产规模、复杂的资产结构以及多样的资产形式使地方政府即便在建立起自己的资产信息管理系统的情况下，部门相对行政事业资产管理机构、单位相对部门所具有的信息优势仍然是存在的。在行政事业资产管理机构难以充分掌握存量资产在部门、单位间配置信息的情况下，其也很难对各个部门、各个单位所提出的新增资产要求是否合理做出准确判断。另外，若财政部门内部的机构职责分工是行政事业资产管理机构负责管理资产，预算管理机构负责安排预算支出、平衡收支关系，那么在利己动机的趋势下，行政事业资产管理机构对部门、单位的新增资产需求审核不严的情形是完全可能出现的。毕竟满足部门、单位的新增资产需求并不需要自己出钱，而是要通过预算管理机构的拨款来实现。若自己严格审核部门、单位的资产需求信息，不仅得罪部门、单位，而且自己也不能从中得到直接的好处，而放松审核，不仅有助于协调好自己与部门、单位的关系，而且可以使自己管理更多的行政事业资产，从而有助于使自己作为管理主体的地位、作用得到更为充分的体现，所以放松对部门、单位资产需求信息的审核，会成为行政事业资产管理机构为实现自身利益最大化而进行的理性选择。这意味着行政事业资产管理机构负责审核部门、单位资产需求信息，预算机构负责安排投资性支出的制度设计会存在严重弊端，这种试图通过二者的协调配合来优化行政事业资产增量配置的制度安排从理论上分析就难以取得理想效果。

其次，做好沟通、联系存量资产和增量资产配置的桥梁和纽带——公物仓管理。公物仓是收存、管理行政事业单位一次性、临时性使用资产以及闲置资产和政府罚没资产的仓库。围绕公物仓的管理、运作所形成的各项规定及制度安排就是公物仓管理制度。在财政管理活动中，财政收入管理强调价值管理，道理显而易见：因为在现代商品货币经济条件下，财政收入不管以何种形式筹集，通常都表现为价值形态而不是实物形态，因而其管理自然应采用价值形态的管理。但财政支出管理相对收入管理则存在特殊性，因为财政支出中的消费性支出可以强调价值管理，但投资性支出要形成资产，因此若仅仅强调价值管理显然是不够的，还需要强调实物管理。设立公物仓、完善公物仓制度正是加强行政事业资产实物管理的重要手段。

在市场经济条件下，交易成本的客观存在是公物仓得以存在和发展的基本理由。假如交易成本为零，部门、单位的闲置资产通过交易变现，实现资产由实物形态向价值形态转化就不需要付出成本，这种资产存在形态的变化就没有导致任何实际的利益损失。需要购置同样的资产时，再实现相反的由价值形态资产向实物形态资产转化即可，这同样也不会有实际的利益损失。从这个意义上讲，公物仓当然就没有任何存在的必要。[①] 但是，现实中交易成本不仅客观存在，而且有的时候非常高昂。闲置的资产通过资产处置变现，往往要遭受较大的利益损失，而需要同样的资产时再通过政府采购购置，需要支付比当初资产处置价格高得多的价格。中间的差价就为公物仓制度的存在和运作提供了巨大空间。如果公物仓制度运作成本小于中间的差价，那么公物仓制度就具有经济上存在的必要性、合理性。

公物仓作为行政事业资产管理的一种重要手段，具有其他手段不可比拟的优势，具体体现在以下方面：第一，其可以在满足部门、单位一次性、临时性资产需求方面发挥重要作用。比如，有的部门、单位承办大型活动所需资产数量大、种类多，如果通过资产预算予以购置，活动结束即出现大量资产闲置。行政事业资产管理机构通过资产调剂解决这种资产闲置难度较大。因为其他部门、单位若不举办同类大型活动，也不需用这些资产。虽然通过资产处置可以解决资产闲置问题，但所得资产处置收益通常会小于资产价值。而在资产处置后，一旦有部门、单位举办类似活动，还得再购置类似资产。如此反复，会大大降低行政事业资产使用效益。而设立公物仓则是满足这种临时性、一次性资产需求的有效手段。部门、单位举办大型活动形成临时性资产需求，首先到公物

① 严格假定条件下的情况和实际情况会有明显区别，这正如科斯定理所描述的情况：如果交易成本为零且产权界定清楚，则市场也可以把外部效应内部化，任何旨在实现外部效应内部化的制度安排及手段选择都是不必要的。但实际情况是：交易成本不可能为零，其是客观存在的。产权有的时候也界定不清楚，或者虽然可以界定清楚，但落实起来极其困难，所以通过市场渠道解决外部效应一般认为是很困难的，这被认为是市场失灵的重要表现。现实中需要由政府借助法律、行政、经济等手段来对外部效应予以调节和纠正。

仓领用，用后送回。若公物仓没有该类资产，则由公物仓购置，或由部门、单位购置，用后交存公物仓。其他部门、单位临时性、一次性使用同类资产，就可以到公物仓办理领用手续，用后交回。第二，其可以为部门、单位间资产调剂的实现创造有利条件。有的部门、单位出现资产闲置，另外的部门、单位若正好需要这种闲置资产，即资产闲置所形成的供给与对闲置资产的需求同时出现，这自然是行政事业资产管理机构在部门、单位间实现资产调剂的最为有利的条件。但通常情况却是在有的部门、单位出现资产闲置的时候，并没有其他部门、单位需要该资产，于是闲置资产被按照规定程序处置，但在资产被处置后，有的部门、单位却出现了同类资产需求，于是只能再通过资产预算重新购置。这一卖一买，资产使用效益大大降低。而设立公物仓，可以先把各部门、单位的闲置资产集中起来保管，待出现同类资产需求时，再进行资产调剂。这可为部门、单位间的资产调剂提供更为充裕的时间和更为广阔的回旋余地。

从理论上讲，公物仓的设立有助于实现部门、单位间的资产调剂，有助于满足部门、单位的临时性、一次性资产需求，从而有助于强化行政事业资产的实物管理，便于在资产存量管理与增量管理之间架起沟通的桥梁和纽带。但是公物仓的设立需要选择位置、面积合适的仓库，需要配备相应的人员和设备，需要设立相应的管理制度，即需要付出运作成本。不顾及公物仓运作成本，而一味强调公物仓提高行政事业资产管理效率的作用并不能从根本上促进公物仓制度的发展、完善。

④管理行政事业资产的配置渠道。

第一，行政事业资产的主要配置渠道。由于行政事业单位的特殊性质，其职能实现所需资产通常通过财政渠道予以满足。因此，财政部门行政事业资产管理机构工作的基本任务就是通过存量和增量资产配置保证政府的各个职能部门、各个行政事业单位都能占有、使用足够的资产以顺利实现其职能，进而满足广大社会成员对公共产品和服务的需求。但保证政府各个部门、各个行政事业单位掌握足够的资产，并不意味着这些资产必须全部是政府所有的资产。行政事业资产管理机构满足部门、单位资产需求在资产供给方式方面存在多种选择：

其一，通过财政安排投资性支出，借助资产预算向行政事业单位配置政府资产。这是长期以来行政事业资产的基本供给方式。这种资产供给方式的理论依据非常充分：由于行政事业资产服务于公共产品和服务的供给，满足的是社会公共需要，追求的是公共利益，而公共产品和服务不同于私人产品的性质决定其难以通过定价以市场方式向社会提供，所以客观上需要通过政府财政机制发挥作用：一方面，借助税收筹资形式集中一部分社会资源的配置权；另一方面通过财政向行政事业单位拨付款项，既安排公用经费和人员经费等消费性支出来维持其正常运转，又安排投资性支出来向行政事业单位提供资产，进而保证行政事业单位顺利实现其职能。

其二，通过租赁方式向行政事业单位配置资产。行政事业单位占有、使用的资产和行政事业资产在概念上需要加以区分。通常所讲的行政事业资产一般是指由行政事业单位占有、使用的政府资产，这是狭义的行政事业资产的概念。事实上，行政事业单位占有、使用的资产却不一定都是政府资产。比如，行政事业单位可以通过租赁方式来占有、使用非政府资产，这同样可以满足行政事业单位的资产需求，保证行政事业单位顺利实现其职能。广义的行政事业资产除包括行政事业单位占有、使用的政府资产外，还应包括由行政事业单位占有、使用的非政府资产。到底应通过租赁方式还是财政投资满足行政事业单位的资产需求，取决于两种方式成本高低的对比。到底哪种方式成本更低，必须具体问题具体分析，不能犯“一刀切”的错误。通常，对于行政事业单位临时性的资产需求，通过租赁方式为其提供相应资产成本会更低，因为通过资产购置满足其临时性资产需求，虽然可以节约一笔租赁费用，但接下来的资产闲置会导致更大程度的浪费。对于行政事业单位经常性的资产需求，长期的租赁费用会大于资产购置所费，此时通过资产购置满足其资产需求就成为理性选择。

其三，通过 PPP 模式向行政事业单位提供资产。行政事业单位履行职能所需占有、使用的资产也可以通过 PPP 模式提供。从理论上讲，行政事业单位提供的产品和服务所具有的公共品属性在很大程度上限制了私人资本在满足行政事业单位资产需求过程中发挥作用，但是通过 PPP 模式即公私合作的模式，则无论事业单位还是行政单位的资产供给都为私人资本作用的发挥提供了较大余地。对于事业单位特别是通过市场渠道可以筹集到较为充裕收入来源的事业单位，其提供服务所需资产就完全可以通过 PPP 如借助“BOT”模式，交由私人资本提供，然后赋予私人资本以合适的运营期限。在该期限内，私人资本通过运营获取收入，抵补投资成本，进而取得盈利。到期后，资产就通过移交转化为国有的行政事业资产。对于行政单位职能实现所需资产，直接通过市场渠道获取收入进而为私人资本发挥作用所提供的空间非常有限。但在政府财力有限、一时难以安排足够支出为行政单位提供足够资产时，也可以采用PPP模式，先由私人资本完成资产提供任务，财政部门在规定时间内给私人资本以足够补偿。这一方面可以给私人资本提供合适的投资机会，另一方面也可以缓解财政支出压力。

第二，行政事业资产配置渠道的得失比较：

其一，通过财政安排投资性支出，为行政事业单位提供资产，可以保证满足行政事业单位资产需求能有较为充裕的资金来源，便于把行政事业单位的资产配置纳入政府预算，加强计划管理，便于结合部门预算、单位预算的编制来优化资产配置，提高资产使用效益，但是这种资产提供方式并非完美无缺。在行政事业资产管理实践中，其存在的局限和不足已日益明显地表现出来。因为这种资产供给方式对行政事业单位来说获取资产完全是无偿的，借助经济学价格理论可知：既然行政事业单位可以无偿得到资产供给，那么资产的价格就是零。在价格是零的情况下，需求者对资产的需求会达到边际效用为零时所对应的数量。这一数量明显偏多，会导致效率损失。因为行政事业单位虽然可以免费得到资产供给，但政府财政部门为供给资产却要付出成本和代价，而且边际成本递增。从图3－10中可以看出，理想的资产供给量应是资产供给的边际成本与边际效用相交的点所对应的数量，此时资产供给活动的净收益达到最大值。但在部门、单位对资产的需求达到边际效用为零的点所对应的数量下，资产供给的边际成本远大于边际效用，由此导致的效率损失就是图中阴影部分的面积。这表明在资产免费提供的条件下，作为理性经济人的部门、单位以自己占有、使用资产的边际效用为零所对应的数量来呈报自己的资产需求信息，从效率角度分析，这一资产需求量显然是被夸大了。虽然不能说所有的部门、单位都会这样做，但如果承认经济人假设和信息不对称、不充分假设具有真实性，那么从整体意义上分析，部门、单位存在夸大资产需求信息的行为则是必然的逻辑结论。在部门、单位的资产需求信息被夸大的条件下，财政部门就会面临较大的安排投资性支出的压力。在财政收入不足以保证实现特定的投资

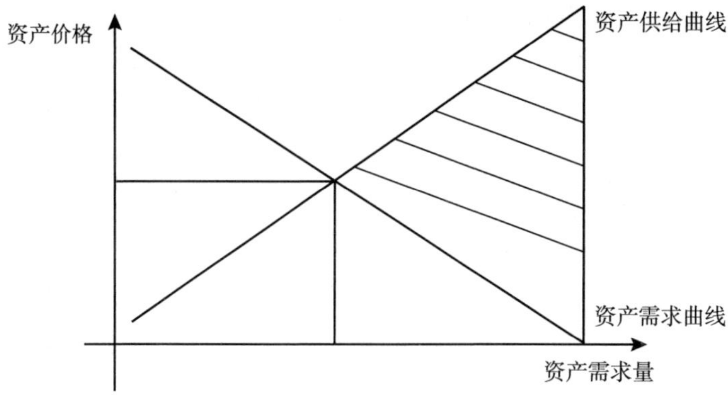

图 3－10 资产免费供给导致的效率损失

性支出规模时，其必然要审核部门、单位的资产需求信息，以压缩投资性支出指标，尽可能挤出水分。但是财政部门包括行政事业资产管理机构和预算机构在判定部门、单位资产需求信息的真实性程度时，则受信息不充分、不对称问题的制约。因为一级政府毕竟包括众多的职能部门，虽然每一职能部门对自身的情况最为了解，其通常比较清楚自己呈报的资产需求信息到底包含了多少水分，但是财政部门包括行政事业资产管理机构和预算机构对此却并不了解。虽然其可以根据部门、单位的存量资产信息并结合部门、单位要履行的职责来对其资产需求信息进行审核，但要做出准确的判断仍然较为困难。"一刀切"地压缩部门、单位的资产需求指标往往是在信息不充分条件下的无奈选择。这就会导致所谓的"逆向选择"：呈报资产需求信息水分越少的部门、单位越吃亏，水分越多的部门、单位则越占便宜，由此会导致部门、单位都要尽可能夸大自己的资产需求信息，以便做到"头戴三尺帽，不怕砍一刀"。这就给行政事业资产管理机构掌握资产需求信息、合理配置行政事业增量资产造成了很大的障碍。显然，这种局面的出现与行政事业资产的免费提供方式有直接关系。另外，政府免费提供行政事业资产并配置到各个部门、单位，其运作过程就处于市场完全失效的公共经济部门，私有产权和市场机制的比较优势就无从发挥，由此还容易导致资产使用中的低效。比如，行政事业单位借助所属的后勤服务系统相对于通过市场渠道购买后勤服务，往往在获取的后勤服务数量、质量一定的条件下，要付出更高的成本和代价。再如行政事业单位的公车服务费用开支往往会远超通过市场渠道购买交通服务等。

其二，相对政府向部门、单位无偿提供资产，通过租赁的方式实现部门、单位的资产供给有其独到的优点：一是减轻了财政部门需要在短时间安排巨额投资性支出的压力。比如某行政事业单位需要盖办公大楼，财政部门就需要在建设期支付全部投资资金，而如果采用租赁的方式，财政部门只需要每年拨付房屋租赁费即可，这可以大大减轻财政支出压力。行政事业单位房产建设用地一般为划拨，而商业性房产建设用地则是“招拍挂”，二者用地成本有着天壤之别。若把本拟用于行政事业单位的房产建设用地改为“招拍挂”，所得的土地出让金作为通过租赁方式满足行政事业单位房产需求的资金来源，则租赁费用的支付不仅可有充裕的资金来源，而且通过每个年度，甚至每个季度、每个月份分散支付租金较之一次性投巨额资金建办公大楼显然更有利于减轻财政支出压力。二是减轻了对行政事业单位投资过程进行监管的压力。一般来说，行政事业单位的公用经费、人员经费的使用，透明度较高，结合政府采购和国库集中支付制度的实施，漏洞较少，出现消极腐败现象的可能性较小，但行政事业单位的基本建设投资由于时间跨度长、环节多、技术要求高，而且天然与市场交易联系在一起，如果监管不到位，很容易出现消极腐败行为。而采用租赁的方式为部门、单位供给资产，就可以大大减轻财政无偿拨款投资所必然涉及的复杂的投资过程监管的工作压力。三是采用租赁的方式为部门、单位提供资产，部门、单位掌握资产的占有、使用权，由于资产所有权仍归私人所有，所以通常资产所有者要负责资产的维护保养，行政事业单位则可精简传统资产供给方式下必须配备的庞大后勤服务系统，减少资产维修保养环节因管理不到位而导致的费用开支失控现象。四是从利益获取与成本对称的公平原则讲，财政一次性投资建办公大楼意味着资产供给成本完全由当代人承担，而大楼的较长使用年限使得后代人可以在不承担相应成本的条件下获取利益，这不符合利益获取与成本分担对称的受益原则。而在不同年份、不同季度、不同月份分散支付租金，使利益获取与成本分担在空间上和时间上保持对应关系，反倒充分体现了利益获取与成本分担对称的公平原则。因此，无论从效率还是公平角度考量，实现资产供给方式多元化，以租赁方式供给行政事业资产都不失为一种可行选择。一般来说，使用频率比较低的资产、临时性需求的资产通过租赁的方式提供较之通过购置方式提供成本会更低。一些经常使用的资产如房产、车辆等通过租赁的方式提供，初看似乎成本较高，但综合权衡也不一定就要付出更高的成本。比如行政事业单位的房产需求通过租赁方式较之通过市场购置方式予以满足，成本更低多是不争的事实。但是相对政府财政通过安排投资支出无偿提供资产，采用租赁方式为部门、单位提供资产也有其局限和不足：一是租赁若不能签订长期合约，可能会承担较高的协商谈判交易成本；二是私人通过租赁的形式让渡资产占有、使用权给行政事业单位，是为了寻求租金收益，由此可能导致政府租金费用开支负担加重；三是通过租赁的方式为行政事业单位提供资产，掌握谈判权力的机构和个人在监督不能到位的前提下，会在与私人的谈判过程中攫取私利。

其三，对于行政单位以及公益性强的事业单位，其通过市场渠道筹集的收入非常有限，要通过 PPP 模式由私人资本来完成资产提供客观上离不开政府财政的支持。若通过市场渠道筹措的收入不足以抵补投资成本（更不用说盈利），离开政府财政支持，私人通常不愿为行政事业单位提供资产（自愿捐赠除外）。但如果能得到政府财政的支持，比如通过财政补贴的形式保证企业为行政事业单位提供资产的行为得到理想回报，则私人资本投资的积极性就可以调动起来。这就使这种资产供给方式出现一举多得的效果：首先，对行政事业单位来说，其借助私人资本得到了资产供给，这有助于顺利实现其职能，进而有利于满足公共需要；其次，对私人资本来说，其通过公私合作得到了政府的支持，能保证得到一个较为理想的投资收益率；再次，对政府而言，由此可减轻财政支出压力，即便是通过市场渠道难以获取足够收入，需要通过财政补贴来保证私人资本获取理想投资收益率的项目，财政补贴通常也不需要一次性发放，而往往是分散在多个年度、季度、月份发放，这就减轻了财政部门一次性安排大笔支出的压力；最后，PPP 模式引入了私人资本，为发挥私有产权的比较优势提供了条件（私人资本负责完成筹资、投资并负责资产维护），这对提高行政事业单位资产供给效率、保证行政事业单位顺利实现其职能具有重要意义。但是，这种资产供给方式也并非完美无缺，可能存在的局限包括以下几种：第一，与私人资本合作需要寻找合适的合作伙伴，需要就合作条件讨价还价（条件过于苛刻，私人资本无利可图，则合作难以成功；条件过于优惠，私人资本可以取得理想投资收益率，但公共利益就要遭受损失，因此需要在二者之间权衡），需要付出昂贵的交易成本。第二，代表政府与私人资本谈判的代理人在行为得不到有效监督条件下会谋取私利。第三，运用PPP模式供给行政事业资产意味着初期投资成本由私人资本承担，若通过资产收益来抵补投资成本，政府通常要向私人资本承诺一个项目投资收益率，若达不到规定收益率，政府财政要予以补助，这会构成政府的或有负债；若政府承诺在若干年内财政安排支出或补助形式来保证私人资本的投资收益率，在投资形成的资产难以取得合适投资收益率的情况下，会形成需要由政府来清偿的直接债务。由于政府有任期限制，政府领导人或决策者会存在机会主义风险，即在自己任期内，通过向私人资本承诺优惠条件，来吸引私人资本完成特定行政事业资产供给的任务，然后把债务清偿责任甩给下届政府，由此会导致政府债务风险的累积。

第三，选择合适的行政事业资产供给方式应注意的问题：

其一，应注意实现资产供给方式多元化。行政事业资产可以采取政府财政无偿拨款、租赁以及PPP模式等多种提供方式。在行政事业资产管理实践中，到底应采用哪种方式，应根据具体约束条件相机抉择。由于不同的资产供给方式各有比较优势和比较劣势，如果只选择一种资产供给方式，虽然可以充分发挥这种供给方式的比较优势，但是也不得不把其比较劣势保留下来；虽然由此可以避开其他供给方式的比较劣势，但其他供给方式的比较优势也就被舍象掉了。因此，较为合适的选择是实现资产供给方式多元化，这便于不同的资产供给方式合理搭配、取长补短。至于不同的资产供给方式供给的资产在总量中所占比重，则应根据具体约束条件相机确定。

其二，应注意资产供给方式选择的集权与分权有机结合。共性强、不存在明显地区差异的资产，可以通过集权方式确定统一的资产供给方式。若实践证明某种资产供给方式成本最低，甚至可以确定为唯一的供给方式。但个性特征明显且存在明显地区差异的资产，则适合采取分权方式灵活选择供给方式。一种资产供给方式对一个地区合适，对另外一个地区不一定合适；一种供给方式对一种资产合适，对另外一种资产就不一定合适；一种供给方式对一个地区、一种资产在一定时期合适，在另外一个时期就不一定合适。因此，应允许资产供给方式因地制宜、因时制宜，协调好集权与分权的关系，灵活选择。

其三，资产供给方式的选择应注意防范和控制机会主义风险。对行政事业资产管理来说，单位对部门负责，部门是委托人，单位是代理人；部门对政府负责（实际是对政府财政部门的行政事业资产管理机构负责），政府是委托人，部门是代理人；下级地方政府对上级地方政府负责，上级地方政府是委托人，下级地方政府是代理人；地方政府对中央政府负责，中央政府是委托人，地方政府是代理人。作为代理人，其存在相对独立的利益，与委托人的行为目标往往不兼容或并不完全兼容。在行政事业资产供给方式的选择上，有的资产供给方式，如借助PPP模式由私人提供或者通过举借债务的方式提供，会对应一定的债务风险。如果代理人的行为得不到有效监督，那么其为了自身利益最大化会在资产供给方式的选择上累积债务风险，从而损害委托人的利益。而且在上述委托代理关系中，委托人要监督代理人都是非常明显的“一对多”的监督，比如一个中央要监督几十个省，一个上级地方政府要监督多个下级地方政府，一级政府要监督几十个部门，一个部门要监督多个单位。在这种“一对多”的监督模式下，监督主体相对监督对象明显不具有信息优势，所以如何有效防范资产供给方式选择的机会主义行为就显得非常重要。如果考虑到代理人的任期限制，还需要考虑防范和控制资产供给方式选择的届别机会主义风险。

4. 行政事业资产的运营管理

（1）行政事业资产运营的含义。行政事业资产的运营有两种体现形式：一是部门、单位设立从事生产经营活动的附属机构或单位。如果这些附属机构或单位是独立的法人实体，其所占有、使用的资产就可视为生产经营性国有资产，这些附属机构或单位就是国有企业，严格说其应纳入国资委或国资局的管理范围。如果这些附属机构或单位不是独立的法人实体，其所占有、使用的资产就仍然具有更多的行政事业资产性质。这种行政事业资产的运营带有规模大、整体性、稳定性强的特点。二是行政事业单位将闲置或半闲置的资产如房屋等用于出租、出借以获取租金收益或从事对外投资获取投资收益等经营活动。这种行政事业资产运营通常具有规模小、分散性、临时性强的特点。

（2）为什么要管理行政事业资产运营。

①提高行政事业资产运营效益的需要。首先，整体性的行政事业资

产运营需要加强管理提高效益。如果行政事业资产运营采取了法人实体的组织形式，从理论上讲，其应是国资委或国资局的管理对象，但国资委或国资局管理的国有企业一般都是具有一定规模和级别的企业，而这些由部门、单位掌控的企业一般规模不大、级别较低，且为数众多，难以成为国资委或国资局管理的主要对象。在管理不能到位的情况下，这些从属于部门、单位的特殊国有企业相对一般国有企业而言，内部人控制问题往往更为突出，掌握企业控制权的主体会更容易攫取私利。在实践中，不少部门、单位不仅没有从资产运营中得到收益，甚至还背上了沉重的债务包袱。对于仍然由部门、单位来管理的从事经营活动的法人实体或非法人实体，因为其资产处于繁杂具体的生产经营领域，部门、单位难以有足够的时间和精力进行全方位管理，而行政事业资产管理机构面对众多的部门、单位，更是难以做到管理到位，因而这样的实体在具体资产运营过程中往往表现出明显的内部人控制问题，客观上需要加强管理。其次，分散零星的行政事业资产运营也需要加强管理提高效益。对于分散零星的行政事业资产运营，行政事业资产管理机构难以掌握充分的资产运营信息。部门、单位到底有多大规模的资产、多大比例的资产用于运营，用于运营的资产收益如何，有关信息通常来自部门、单位的汇总上报。而行政事业资产管理机构对这些由部门、单位上报的资产运营信息的真实度事实上难以有足够的时间、精力进行核查，因而对行政事业资产的运营管理不可能完全到位，客观上需要强化管理。

②实现行政事业资产运营收益及时足额上缴国库的需要。行政事业资产的所有权属于国家，管理权属于政府，行政事业单位只是掌握资产的占有和使用权，因此行政事业单位的资产运营收益需要上缴国库，成为国家财政收入的来源。由于部门、单位掌握行政事业资产的占有、使用权，相对于行政事业资产管理机构，它们拥有更为充分的信息。从理论上讲，行政事业单位作为理性的经济人，存在隐匿资产运营收入、不及时足额上缴资产运营收入的可能性，因此需要强化对行政事业资产运营收入的管理。另外，行政事业资产运营收益还需要在政府与行政事业单位之间确定合适的分配比例。分配比例过于向行政事业单位倾斜，虽然可以充分调动行政事业单位运营资产的积极性，但国家的资产所有权权益就得不到充分体现；分配比例过于向政府倾斜，虽然可以充分体现国家的资产所有权权益，但行政事业单位运营资产的积极性就难以充分

调动。因此，客观上也需要强化行政事业资产运营收益管理来协调政府与行政事业单位的利益分配关系。

（3）行政事业资产运营收益管理“管什么”。

①管理行政事业资产运营形式。从理论上讲，行政事业单位资产用于运营，使之处于市场有效作用领域，若采用企业组织形式是不合适的。这属于比较典型的政企不分。从身份看，政府既当“裁判员”，又当“运动员”，不利于政府处于超然地位，维护正常的市场秩序。从这个意义上讲，行政事业单位下属企业原则上应逐步与行政事业单位剥离，逐步纳入管理生产经营性国有资产的国资委、国资局的管理范围。

②管理行政事业资产用于运营的比例。从规范的意义上讲，行政事业资产是服务于公共产品生产提供、满足公共需要的手段。行政事业单位所占用的政府资产若超出自身实现职能的需要，存在资产闲置。在这样的前提下，将闲置资产用于运营，较之让资产处于闲置状态，显然是更为合理的选择。但是，这并不意味着行政事业单位用于运营的资产所占比例不受任何限制。行政事业单位出现闲置资产，首先应考虑在部门、单位间进行调剂。受多种因素制约，暂时不能调剂时，可以用于运营。从这个角度看，行政事业资产运营是管理行政事业单位闲置资产的权宜之计。这就要求强化对行政事业资产用于运营比例的管理。超过规定比例，就应确定为资产调剂的重点。

③管理行政事业资产运营收益。如果行政事业资产运营收益上缴国库后，对部门、单位没有任何收入返还，那么其实现资产运营就成为没有任何收益的行为。作为理性的经济人，其将没有任何积极性去运营资产。毕竟部门、单位要实现资产运营，需要斟酌考虑合适的资产运营方式，需要考虑资产的安全、完整及可能实现的收益和对应的风险，即要为实现资产运营付出一定的代价。若资产运营收益全部上缴国库成为国家财政收入，而部门、单位不能占有、支配、使用任何资产运营收益，那么部门、单位会宁肯将资产处于闲置状态也不会去获取资产运营收益。这可能要加大行政事业资产闲置的程度。而对这样的资产闲置，行政事业资产管理机构由于没有信息优势而通常难以发现，这对社会而言就是一种无谓损失。因此，强化对行政事业资产运营收益的管理，需要强调运营收益及时上缴国库，实行所谓的“收支两条线”管理，但同时要把运营收益的一部分返还给部门和单位，以提高其实现资产运营的

积极性。在具体的行政事业资产运营收益管理中，运营收益对部门、单位按照什么样的比例返还是非常重要的问题，需要慎重确定。因为如果返还比例过低，部门、单位认为实现资产运营得不偿失，那么其会利用自身的信息优势使资产处于闲置状态；如果返还比例过高，会过于刺激部门、单位实现资产运营的积极性，其会利用自身的信息优势，把本来应服务于公共产品生产和提供的资产挪用于运营，从而降低行政事业单位提供公共产品和服务的质量。这两种不良倾向在具体资产运营收益管理实践中都是需要回避的。

5. 行政事业资产的处置管理

（1）行政事业资产处置的含义。行政事业资产都有一定的使用年限，达到或超过规定使用年限需要报废，或者因种种原因导致资产功能丧失，无法发挥特定作用需提前报废，或者闲置或半闲置的资产需要变现处理，这就是行政事业资产的处置，[①] 是行政事业资产管理的最后一个环节。

（2）为什么要管理行政事业资产处置。

①实现行政事业资产及时处置的需要。从理论上讲，保证行政事业资产处置的及时性是完全必要的。因为行政事业资产及时处置有助于实现残值收入和变现收入最大化，同时也有助于做到行政事业资产账实相符。该处置的资产不处置，随着时间的推移，资产会完全报废，从而损失本应得到的残值收入。在行政事业资产处置管理实践中，在特定条件下，很容易出现行政事业资产不能及时处置的问题。在资产处置收益寥寥无几而资产处置报批手续较为繁琐、资产处置收益要上缴国库的制度约束下，行政事业单位处置资产就是得不偿失的活动，该处置的资产不处置就是一种理性选择。在资产处置收益全部或部分留归单位支配使用，且资产处置收益大于资产处置需要由单位承担的成本时，其才会有积极性及时处置资产。在实践中，为促使部门、单位及时处置资产，以便做到账实相符，一方面应构建激励机制，把资产处置收益的适当比例返还给部门、单位。对零星、小额资产处置收益可以全部返还，对大额

① 有的文献把行政事业资产在部门、单位之间的调剂也视为资产处置，本书认为这可视为广义的资产处置，狭义的资产处置把资产在部门、单位之间的调剂视为资产配置的一项重要内容而不视为资产处置。

的资产处置收益，比如行政事业单位土地使用权的处置收益，可以具体问题具体分析，确定合适的返还比例；另一方面还应构建约束机制，对部门、单位因不及时处置资产而导致的资产账实不符问题予以处罚，追究相关人员责任，以避免该处置的资产不能及时处置现象的发生。同时应适当简化资产处置审批手续，降低行政事业单位的资产处置成本；对于需要重置的资产，应明确规定，旧资产没有及时处置将不能配置新资产（影响资产处置的制约因素参见图3－11）。

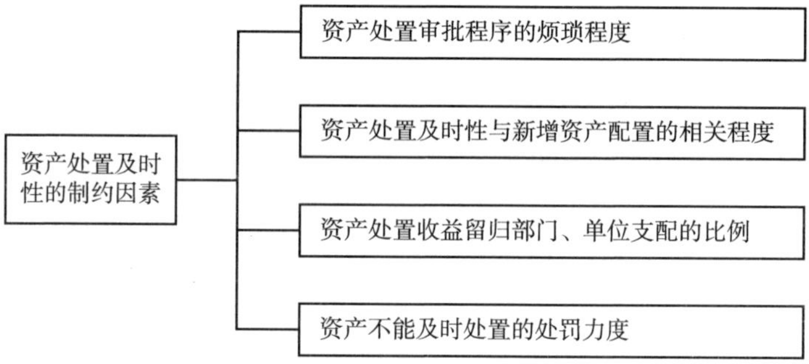

图3－11　行政事业资产处置的制约因素

②防止行政事业资产被胡乱处置的需要。不该报废的资产提前报废、不该变现的资产变现、不按规定程序报批擅自处置资产、资产处置不走拍卖程序、资产不能合理计价、资产处置收益不上交国库、坐支资产处置收益的现象，是资产胡乱处置的表现形式。行政事业资产胡乱处置的出现从理论上讲是因为资产处置主体的所得大于所失。所得体现为通过资产胡乱处置所能争取到的部门、单位利益和个人私利。在所失一定的条件下，资产胡乱处置所能带来的部门、单位利益及个人私利越大，资产胡乱处置现象出现的可能性越大，反之越小。首先，就部门、单位利益而言，由于部门、单位的资产需求通常通过财政拨款予以满足，行政事业单位占用、使用的资产由政府财政部门免费提供。这对部门、单位来说，其报废、变现旧的资产，申请配置新的资产并不需要付出什么代价，因此其为实现资产以新换旧的目的，胡乱处置资产的动机是存在的。但这种动机能在多大程度上转化为现实的行为，则受其资产处置行为所受到的监管严密程度的制约。其次，掌握资产处置权的主体对个人私利的追逐也会导致资产的胡乱处置。相对于资产配置管理，资

产处置管理作为资产管理的最后环节，往往较为薄弱。一般来说，资产的配置需要和政府采购制度、国库集中支付制度、招投标制度紧密结合，强调公平、公开、公正，透明度高。相关主体在资产配置环节牟取私利的难度比较大，并且新配置的资产往往有较长的使用年限，在资产使用过程中出现的各种问题都可能引起对资产购置环节可能存在的消极腐败问题进行追查。这意味着相关主体在资产配置环节牟取私利的风险相对较大。而在资产处置环节，一般处置的多为报废或濒临报废的资产，或是闲置、半闲置的资产，价值量相对较小，主观上、制度上容易忽视，并且一旦处置，资产在账务上注销，实物在原单位也已荡然无存，从此不再提及该资产。相关主体在处置环节牟取私利在后续时间被发现及被追责的可能性较小，这就为相关主体在资产处置环节牟取私利提供了有利条件。处置资产的真实价值和实际处置价格之间的差额就成为掌握资产处置权主体的寻租空间。

资产胡乱处置的所失是指处置主体因胡乱处置资产受到问责处罚而遭受的利益损失。这与行政事业资产处置管理制度健全及贯彻落实程度有关。在资产胡乱处置收益一定的条件下，资产胡乱处置的所失越大，出现资产胡乱处置现象的可能性越小，反之越大。一般来说，在行政事业资产处置管理制度不健全的条件下，行政事业资产处置行为的规范性程度并没有严格的判定标准，若处置主体即便胡乱处置资产，也可以在很大程度上避免承担责任，那么其越有积极性胡乱处置资产，这体现为无法可依的情况。但是，即便在资产处置管理制度较为健全的条件下，仍然会出现各种各样的资产胡乱处置行为，这就与行政事业资产管理受信息不对称的约束有关。行政事业资产管理机构受编制人数限制，事实上难以充分掌握为数众多的政府部门及规模庞大的行政事业单位的资产处置信息，进而难以规范资产处置过程，这体现为难以掌握违法信息的情况。另外，对胡乱处置资产的处罚不到位也会在很大程度上助长资产的胡乱处置。部门、单位违法、违规处置资产的行为得不到应有处罚，那么其违规处置资产的所得就大于所失。作为理性的经济人，其就有积极性继续从事违法、违规行为。而且这种违规行为还会产生示范效应，诱使更多的部门、单位通过违法、违规处置资产来获取额外利益。这体现为执法不严、违法不究的情况（关于行政事业资产胡乱处置的制约因素参见图 3 - 12）。为提高资产处置的规范化程度，防止部门、单位处置不该处置的资产，行政事业资产管理机构应做到以下几点：健全资产处置管理规章制度，对资产处置的报批、资产处置的拍卖、价格评估、处置收益上缴等做出明确规定；对部门、单位违规处置资产的行为加大处罚力度；根据资产使用年限规定资产处置所应达到的最低使用年限，达不到最低使用年限的资产原则上不能处置；应明确资产调剂先于资产处置，能调剂的资产不处置；应把资产处置与公物仓制度的健全、完善结合起来，明确能调入公物仓的资产不处置；应健全资产管理信息系统，明确相关管理人员的责任，保证行政事业资产管理机构及时掌握部门、单位的资产处置信息。

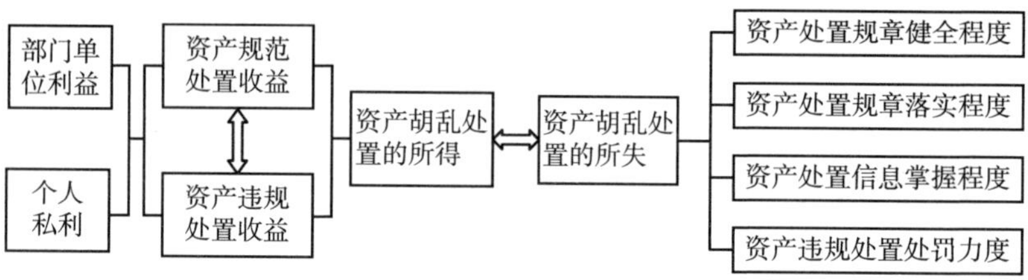

图 3－12　行政事业资产胡乱处置的制约因素

（3）行政事业资产处置管理“管什么”。

①资产处置程序管理。明确资产处置程序是实现资产处置规范化管理的必要条件。行政事业资产管理机构应明确界定资产处置所涉及的步骤及环节，以保证行政事业单位能够按照规定步骤有条不紊地开展资产处置工作。

②资产处置权限管理。行政事业单位数量众多，资产规模庞大、结构复杂、形式多样，要求行政事业单位的所有资产处置都需要报行政事业资产管理机构审批，不仅会人为加大行政事业资产管理机构工作量，也会加大行政事业单位及时处置资产的难度，不利于行政事业单位及时处置资产。因此，做好行政事业资产处置管理，需要在行政事业资产管理机构、部门、单位之间划分资产处置管理权限，实行限额管理。超过规定限额的，行政事业单位需提交部门审批。超过更大限额，则需提交行政事业资产管理机构审批。

③资产处置过程管理。为了防止资产处置过程出现暗箱操作，避免掌握资产处置权的机构、个人攫取私利，应提高资产处置过程透明度，

公开选聘资产评估机构，合理确定资产处置价格，通过招投标完成资产处置过程，接受公众和社会各界监督。

④资产处置收益管理。行政资产所有权属于国家，因此资产处置收益应上缴国家金库成为国家财政收入的组成部分。但如果规定行政事业单位的资产处置收益全额上缴财政，则无法提高行政事业单位及时处置资产的积极性、主动性。但若规定资产处置收益全部留归行政事业单位支配使用，则容易强化行政事业单位胡乱处置资产的动机。因此做好资产处置收益管理需要明确行政事业单位到底应把多大比例的资产处置收益上缴国家金库，确定这一比例时应具体问题、具体分析。

3.4　明确行政事业资产“如何管”

3.4.1　强调资产管理假设

1. 行政事业资产管理假设的含义

行政事业资产管理假设是从事行政事业资产管理工作的基本假定前提，构成从事行政事业资产管理工作或理论研究进行判断、分析的基础和出发点。明确行政事业资产管理的基本假设实际上也就是明确行政事业资产管理所面临的基本约束条件。基本约束条件把握不住，不可能做出合理的行政事业资产管理决策，采取合适的资产管理行动。一般来说，行政事业资产管理应该强调两大基本假设：第一为经济人假设。行政事业资产管理所涉及的有关经济主体即各级政府、政府财政部门、财政部门的行政事业资产管理机构、各个部门和各个单位以及行政事业资产的具体占有使用者到底是利他的政治人还是利己的经济人？对此必须有一个明确的假定。如果不明确其经济人属性，就无法对行政事业资产管理进行理论解析，无法形成逻辑自洽的理论体系。长期以来，无论是从事行政事业资产管理的实际工作，还是从事行政事业资产管理的理论研究，多数情况下都没有明确这一基本假设前提，由此导致一方面难以形成科学的行政事业资产管理理论体系，另一方面对现实中存在的诸多资产管理问题也难以给出透彻的解释，进而拿不出行之有效的解决对策，解释不清为何费尽心思所设计的制度在具体贯彻实施过程中会莫名其妙地走样而出现这样那样的问题。第二为信息不充分、不对称假设。如果行政事业资产管理主体都能掌握充分的信息，则可为行政事业资产管理工作的顺畅运作创造基础条件。如果不同级次政府、不同级次财政部门、不同级次行政事业资产管理机构、不同部门、不同单位、不同人员之间信息是对称的，则很多棘手的行政事业资产管理问题都可迎刃而解。但是，信息充分及对称假设并不具有现实性。现实情况是各行政事业资产管理主体所能掌握的行政事业资产信息并不充分，而且彼此之间存在信息不对称。这构成了行政事业资产管理实践所面临的基本约束条件。正是由于这两大假设具有很强的现实性，所以从事行政事业资产管理工作以这两大基本假设作为判断分析和逻辑推理的基础，就是从行政事业资产管理的客观实际出发，有助于避免各种管理决策脱离客观实际而犯这样或那样的错误。

2. 为什么要强调行政事业资产管理假设

第一，强调行政事业资产管理假设有助于构建科学的行政事业资产管理理论体系。行政事业资产管理作为财政管理的一项重要内容，到底应“如何管”并非可以主观随意确定，而是存在内在规律。行政事业资产管理的实践活动必须遵循这些规律，而规律作为事物发展过程中内在的、本质的、必然的联系，虽然通过纷繁复杂的现象表现出来，但其通常为现象所遮掩。从事行政事业资产管理的理论研究就是要揭示这些为现象所遮掩的规律。而要揭示这些规律就需要解释和说明行政事业资产管理应该是什么样子、为什么应该是这个样子，需要解释和说明现实中的行政事业资产管理到底是什么样子、为什么会成为这个样子，即要对行政事业资产管理进行规范研究和实证研究。而无论规范研究还是实证研究，都要形成一个逻辑框架，这就必须进行逻辑推理，而要进行逻辑推理，则必须明确假定前提，因为这构成了逻辑推理的基础。同其他理论体系的构建一样，没有合适的假设前提，科学的行政事业资产管理理论体系就无法构建完成。而行政事业资产管理若缺少理论指导，则会带有更多的盲目性、探索性。虽然盲目性、探索性的实践未必失败，但失败的概率会比较高。因此，强调行政事业资产管理基本假设，是构建行政事业资产管理理论体系的基本要求。

第二，强调行政事业资产管理假设有助于阐明行政事业资产管理实践中遇到的各种棘手问题的症结所在。强调行政事业资产管理基本假设不仅是构建行政事业资产管理理论体系的要求，也是清楚揭示行政事业资产管理问题症结的必要工具。长期以来，从中央到地方，各级政府、财政部门及行政事业资产管理机构都在强调加强行政事业资产管理工作，为何有些问题长期存在而得不到有效解决甚至日趋严重？这固然与问题本身较为复杂、受多种因素制约有关，但本书认为，对基本假设前提的重视程度不够就是非常重要的一个制约因素。不强调基本假设，对行政事业资产管理工作中存在的诸多棘手问题事实上难以给出合乎逻辑的解释，难以找到问题的症结，进而也就难以拿出治本的对策，而只能本着“头痛医头、脚痛医脚”的原则采取临时性措施。这样做虽然可以降低问题的严重程度，但却无法从根本上解决问题。比如，关于行政事业资产管理主体管理权限划分即管理体制设计问题，如果有关管理主体是利他的政治人，追求公共利益最大化，那么体制问题就容易解决，就容易在集权与分权之间实现恰当均衡。但事实上正是因为各有关主体都具有明显的利己动机，都要考虑自身的地位和利益，所以体制调整才会受既得利益分配格局的制约而举步维艰，由此导致现实中的体制往往不是偏于集权就是偏于分权。再如在行政事业资产的融资环节，如果决策者是利他的，追求公共利益，就不会因融资过程存在严重的机会主义行为而使单位陷入债务泥潭不能自拔；在投资环节其就不会想方设法绕开机构监管去攫取私利。行政事业资产的调剂也是如此，如果部门、单位是利他的，则行政事业资产在部门、单位之间的调剂运作会非常顺畅。即便调剂是无偿的，为了实现公共利益最大化，资产在部门、单位甚至不同级次政府之间的调剂都不应遇到障碍。但是，现实情况却与依据政治人假设所推导出的结论有很大出入。有关主体的利己动机使得本应顺畅运转的行政事业资产管理工作出现诸多亟待解决的棘手问题。从这个角度分析，做好行政事业资产管理工作，促进行政事业资产管理制度的构建、完善，必须强调经济人假设。只有强调了这一个假设，才可能构建起能对现实具有解释力的理论框架，才会预见到制度机制设计中可能出现的问题并提前采取防范对策。另外，信息不充分、不对称假设也具有很强的解释力。事实上，行政事业资产管理工作中出现的诸多问题往往和管理主体不能掌握充分信息有关。比如，行政事业资产管理机构可以代表政府行使所有者职能，把一些部门、单位闲置的资产调剂到急需该资产的部门、单位。这从理论上完全讲得通，因为资产所有权属于国家，管理权属于政府，各个部门、单位对行政事业资产只是享有占有、使用权。行政事业资产管理机构代表政府履行管理职能，完全可以在部门、单位之间实现行政事业资产的无偿调拨。但在实践中，行政事业资产管理机构要在部门、单位之间无偿调拨资产，操作起来会困难重重。因为行政事业资产管理机构要这么做，首先必须能清楚掌握到底哪些部门、单位存在闲置资产以及闲置资产的具体类型，同时还需要掌握哪些部门、单位需要这些闲置资产。通常情况下，行政事业资产管理机构对这两方面的信息都难以充分掌握。因为其所需要的信息来自部门、单位的上报。部门、单位当然掌握相关信息，具有明显的信息优势，但是否会如实上报信息给行政事业资产管理机构，则取决于上报信息是否能带来利益增进。对于存在闲置资产的部门、单位来说，如果上报闲置资产信息的结果只是导致闲置资产被无偿划拨，那么其自然就没有积极性上报有关信息。毕竟资产是否闲置的信息由部门、单位掌握而行政事业资产管理机构并不掌握。部门、单位隐瞒资产闲置信息并不会给其带来任何负面影响，而若上报资产闲置信息，则闲置的资产就可能被无偿划拨。自己不但得不到利益补偿，还要费时费力办理烦琐的资产划拨手续，所以隐瞒闲置资产的信息会最终成为其理性选择。需要资产调入的部门、单位事实上也拥有信息优势，其对需要调入资产的具体性能、要求最为了解。若调入的资产完全能满足自己的资产需求，资产无偿调拨也不需要自己支付费用，同时还可以为政府财政部门节省一笔资产购置支出，那么为了实现公共利益最大化，其理应接受资产调入。但是在通过购置、投资获取一手资产也完全无偿，也不需要部门、单位付出额外代价的条件下，其会利用自身的信息优势向行政事业资产管理机构表明：调入的二手资产并不能完全满足本部门、单位的资产需求，进而强烈要求行政事业资产管理机构为其配置一手新资产。总之，行政事业资产管理机构既无法掌握充分的闲置资产供给信息，也无法掌握充分的闲置资产需求信息。这就是现实中为何行政事业资产在部门、单位之间的调剂甚少发生的原因。因此，强化行政事业资产管理，在解决“如何管”问题时，首先需要明确经济人假设和信息不对称、不充分假设，充分强调这两大基本假设前提的重要性。这构成了强化行政事业资产管理的基础和前提。只有如此，才有助于清楚、准确地揭示诸多行政事业资产管理现实问题的症结，才有助于拿出切实可行的治本之策。

3. 运用行政事业资产管理假设需要注意的问题

第一，在具体的行政事业资产管理实践中，可能会遇到与假设前提相违背的现象。面对这样的局面，直接怀疑假设前提的现实性是不明智的。正如林毅夫教授在《论经济学方法》一书中所指出的，当发现有些人在做出并不理性的选择，进而违背经济人假设的时候，正确的做法不应是急于怀疑和否定基本假设，而应是根据基本假设探求合乎逻辑的解释。因为经过仔细观察和反思，往往会发现，这些表面上所谓的非理性选择恰是理性经济人在特定约束条件下进行理性选择的必然结果。[①] 之所以表面看来似乎违背经济人假设，是因为我们对选择主体所面临的约束条件把握并不准确，有些重要的约束条件被有意或无意舍象掉了。

第二，在运用经济人假设时，可充分运用内省的分析方法。行政事业资产管理所涉及的有关主体都是理性的经济人。行政事业资产管理的理论研究者当然也是理性的经济人，这没什么区别。因此，在从事行政事业管理问题研究、构建行政事业资产管理的理论框架时，可以换位思考，即理论研究者可将自身置于行政事业资产管理所涉及的有关主体的位置，根据其所面临的约束条件，看看自己到底会做出什么样的选择。因为同为理性的经济人，那么不难想象，自己所进行的选择往往也就是行政事业资产管理所涉及的有关主体的选择。这种内省的分析方法，在很多时候可以使问题的分析得以简化，从而有利于构建行政事业资产管理的理论体系。

第三，在设计、制定行政事业资产管理的有关制度规定时，需要依据基本假设前提预先分析有关主体会做出什么样的选择和反应，避免出现“上有政策、下有对策”的局面。比如关于行政事业资产在不同部门、单位之间的调剂，行政事业资产管理机构可以出台制度、规定要求部门、单位呈报闲置资产的信息，或者要求部门、单位将闲置资产送交

---

① 参见林毅夫：《论经济学方法》，北京大学出版社2005年版，第113页。

公物仓，也可以要求有关部门、单位尽可能通过资产调剂满足资产需求。这样的制度、规定从理论上讲不存在任何问题，但是在实践中往往会流于形式。实际上，政策制定者若能依据基本假设前提预先分析有关主体面对如此规定所可能做出的选择和反应，就可以避免出现此类问题。因为，在部门、单位掌握相对充分的资产信息，无偿的资产调剂并不能为其带来利益增进的条件下，其必然会利用自身的信息优势采取机会主义行为，这是由其自身的经济人性质所决定的。因此，作为政策的制定者，在出台行政事业资产管理的有关制度、规定时，并不能从自己的主观意愿出发，希望部门、单位采取什么样的行为就出台什么样的规定，而应是依据基本假设前提，明确资产管理所面临的基本约束条件，通过机制设计，做到出台的各项制度、规定，对部门、单位来说，遵循制度、规定也有利于实现其自身利益最大化。这样的制度、规定就能够做到切合实际，就能做到对部门、单位来说，不仅是制度、规定要求其这么做，而且事实上为了自身利益最大化其也想要这么做。这样的制度、规定就能收到预期效果而不会仅仅流于形式，成为一纸空文。

3.4.2 确定资产管理目标

1. 行政事业资产管理目标的含义

行政事业资产管理的目标是对行政事业资产管理活动预期结果的主观设想，是预期要实现的状态。从这个角度讲，行政事业资产管理的目标与现实总是有一定的距离。如果目标与现实一致，则意味着行政事业资产管理就无所谓目标，行政事业资产管理工作也就难以有改进的余地。行政事业资产管理的目标与行政事业资产管理的理想有一定联系，但二者并不能简单等同。行政事业资产管理的理想可以视为行政事业资产管理目标的一种，是高层次的目标。低层次的目标一般不能称为理想。最高理想近似于最优目标，而目标则通常居于现实和理想之间。距离现实越近，距离理想越远，则目标越低；距离理想越近，距离现实越远，则目标越高。从这个意义上讲，目标可以分为不同的层次。从理论上讲，最低层次的目标可视为现实，最高层次的目标可视为理想。在理想与现实之间，行政事业资产管理的目标有很大的选择余地。到底是选一个层次高一些的目标，还是选一个层次低一些的目标，需要根据行政事业资产管理所面临的主客观约束条件相机抉择。目标定得太高，超出目前条件所提供的可能，则结果就是好高骛远、欲速则不达；目标定得太低，则不利于充分挖掘潜力，调动积极性，从而难以在特定的时间期限实现更为理想的状态。总之，要强化行政事业资产管理工作，确定合适的管理目标是不可缺少的重要环节。

2. 为什么要确定行政事业资产管理目标

第一，确定行政事业资产管理目标有助于实现政府财政、经济目标。行政事业资产从属于政府资产，是政府资产的重要组成部分。因此，行政事业资产管理从属于政府资产管理，而政府资产管理又从属于政府财政管理，是财政管理工作的重要组成部分。政府财政管理又从属于政府经济管理，是政府经济管理的重要组成部分。因此，行政事业资产管理目标的确定要从属于政府资产管理以及政府经济管理目标的确定，即行政事业资产管理目标的实现要有助于政府资产管理及政府经济管理目标的实现，其是部分与整体的关系。这体现为行政事业资产管理目标的从属性。明确行政事业资产管理目标的从属性便于认清行政事业资产管理的地位，使行政事业资产管理服务服从于政府财政管理和政府经济管理工作的大局。比如传统体制下的行政事业资产管理从属于生产经营性资产管理，而随着经济体制转轨，行政事业资产管理的地位日趋重要。这是随着经济体制转轨，政府经济管理、财政管理目标调整的必然结果。

第二，确定行政事业资产管理目标有助于解决资产管理问题、完成资产管理任务。行政事业资产管理的目标总是与行政事业资产管理工作所要解决的问题和所要完成的任务相关。根据行政事业资产管理要解决的问题是全局性的问题还是局部性问题，要完成的任务是全局性任务还是局部任务，行政事业资产管理的目标可以分为全局性的总目标和局部性的分目标。为保证总目标顺利实现，对总目标进行分解、化整为零是必要的，这便于在分配工作任务时有关机构和人员能合理分工、各司其职、各负其责。总目标拆解为分目标不是越多越好，应在把行政事业资产管理视为完整体系的前提下，根据其自身的构成进行拆解。比如可以根据行政事业资产的生命周期，将行政事业资产管理的总体目标拆解为行政事业资产的融资管理目标、投资管理目标、配置管理目标、运营管理目标以及处置管理目标等。而对于其中任何一个分目标，还可以按照一定标准进行拆解。这体现了行政事业资产管理目标确定所具有的层次性。明确行政事业资产管理目标的层次性便于认清行政事业资产管理目标是一个完整的体系，既有总目标，也有分目标，既有高层次目标，也有低层次目标。总目标、高层次目标和解决全局性问题、完成总体任务相联系，分目标、低层次目标和解决局部性问题、完成局部任务相联系。实现分目标、低层次目标，意味着要解决局部性问题、完成局部任务，由此循序渐进、稳扎稳打，避免操之过急，最终可解决全局性问题，完成全局性任务。因此，行政事业资产管理目标的确定有助于解决行政事业资产管理问题、完成资产管理任务。

第三，确定行政事业资产管理目标有助于使行政事业资产管理不断逼近理想状态。行政事业资产管理工作是无止境的，最优的目标只能是努力的方向。现实中的行政事业资产管理工作距离最优目标可能差距非常大。从这个意义上讲，最优目标只是一种理想，而要做好行政事业资产管理工作则必须立足现实。在现实与理想之间，可以由低到高确定一系列目标。通过实现这一系列目标，可以逐步促使行政事业资产管理由现实向理想逼近。这不同于前面所提到的行政事业资产管理目标的层次性，层次性强调行政事业资产管理目标的横向展开；行政事业资产管理目标从时间序列由现实向理想的逼近体现为行政事业资产管理目标的渐进性。明确行政事业资产管理目标确定的渐进性，有助于在认清行政事业资产管理所要达到的理想境界的基础上，结合客观实际确定合适的现实目标，使现实目标确定得既不过于远大，好高骛远，也不至于使目标太低而找不到努力的方向。通过从时间序列不断确定并实现一个又一个的现实目标，可以促使行政事业管理工作不断逼近理想状态。

3. 明确行政事业资产管理目标应注意的问题

第一，应注意协调好效率和公平的关系，体现行政事业资产管理目标的从属性要求。行政事业资产管理的根本目的是要通过强化行政事业资产管理，体现效率和公平原则，保证行政事业单位职能顺利实现，提高公共产品和服务供给质量，尽可能增进社会福利水平。从效率原则讲，根据帕累托最优的判定标准，行政事业资产管理工作要达到理想状态，即其任何重新调整，已不可能在不减少一个人福利的情况下，去增进其他人的福利。这就实现了行政事业资产管理的帕累托最优。从公平原则讲，行政事业资产管理要做到同等情况、同等对待；不同情况，不同对待。前者为行政事业资产管理的横向公平；后者为行政事业资产管理的纵向公平。无论是要实现效率原则，还是要实现公平原则，都要求行政事业资产管理的目标应在行政事业资产管理的融资环节、投资环节、配置环节、运营及处置环节具体化，需要解决在上述环节所存在的不符合效率和公平原则的问题。

行政事业资产的效率管理和公平管理是对立统一的关系。一方面，二者具有统一性。通过强化行政事业资产效率管理，在行政事业资产管理涉及的融资、投资、配置、运营及处置等各环节促使效率提高，可以在尽可能节约资金使用和资产投入的前提下，保证各行政事业单位职能顺利实现，从而可以减轻财政部门和行政事业资产管理机构在资金筹措和资产配置方面的压力，为其工作开展提供更大的回旋余地，进而有利于协调不同级次政府、同一级次不同地方政府、同一政府不同职能部门、同一职能部门不同单位之间的利益分配关系，有利于协调行政事业资产从融资到处置所涉及的各环节的利益分配关系，进而有利于体现公平原则。而如果行政事业资产管理能做到同等情况、同等对待，不同情况，不同对待，即实现了横向公平和纵向公平，就有利于调动中央政府和地方政府以及地方各级政府、政府行政事业资产管理机构、政府各职能部门、各行政事业单位的积极性、主动性、创造性，从而可为提高行政事业资产管理效率创造有利条件。另一方面，二者又具有一定的对立性。正如市场经济条件下效率的实现和公平关系的处理存在矛盾一样，行政事业资产的效率管理和公平管理也存在矛盾。为了提高行政事业资产管理的效率，就必须鼓励先进、鞭策落后、奖勤罚懒、奖优罚劣，这就必须区别对待，由此会导致不同的政府职能部门、同一职能部门的不同单位在行政事业资产投资性支出指标的确定、人均配置资产数量、资产运营收益分配比例等方面存在差异，这会影响到公平；而要实现行政事业资产管理的公平，就需要缩小部门、单位在行政事业资产管理各个环节待遇上的差别，这又会影响行政事业资产管理的效率。

既然行政事业资产的效率管理和公平管理是一对矛盾，那么如何处理、协调二者之间的关系就必须具体问题、具体分析，根据二者何为矛盾的主要方面来相机抉择。如果效率是矛盾的主要方面，那么行政事业资产管理应主要追求效率目标；如果公平是矛盾的主要方面，那么行政事业资产管理主要应追求公平目标；如果效率和公平二者势均力敌，分不清何为矛盾的主要方面，那么行政事业资产管理应做到公平和效率兼顾。不同的国家、同一国家不同发展阶段，公平和效率作为一对矛盾，二者的对比关系会呈现不同特点，因此协调处理二者关系的对策在不同国家、同一国家不同发展阶段会有很大差别。归根结底，行政事业资产管理的目标从属于政府资产管理目标、政府财政管理目标乃至政府经济管理目标。因此，行政事业资产管理目标的这种从属性质，决定了在协调公平与效率这对矛盾时，必须考虑政府资产管理、政府财政管理和政府经济管理在处理二者关系时，到底何为矛盾的主要方面。一般来说，对于发展中国家，往往效率是矛盾的主要方面，因此其政府经济管理、财政管理、政府资产管理乃至行政事业资产管理都应更多地强调效率；而对于发达国家，往往公平是矛盾的主要方面，因此其应更多地强调公平。对同一国家来说，随着社会的进步和经济发展水平的提高，效率和公平的对比关系也会缓慢地发生变化，由以效率为矛盾的主要方面逐步转向公平是矛盾的主要方面，这意味着其行政事业资产管理也应逐步由效率管理转向公平管理。

第二，应处理好整体目标与局部目标的关系，体现行政事业资产管理目标的层次性要求。行政事业资产管理是统一的整体，因此行政事业资产管理的目标确定应涵盖行政事业资产管理的方方面面。为便于目标实现，整体目标要分解为若干局部目标。这便于分配工作任务，有利于不同管理主体各司其职、各负其责，去完成各自所担负的局部任务，实现局部目标。各个局部目标实现了，那么整体目标的实现也就具备了坚实的基础。比如财政部行政事业资产管理机构应负责确定全国行政事业资产管理的整体目标，该整体目标确定后可分解为各省级财政行政事业资产管理机构的局部目标。行政事业资产管理整体目标和局部目标的确定是相对的。各省级财政行政事业资产管理机构负责确定的省级政府行政事业资产管理目标相对财政部行政事业资产管理机构确定的目标是局部目标，但相对市级政府确定的行政事业资产管理目标则是整体目标，所以省级政府行政事业资产管理目标需要分解为市级政府的局部目标，以此类推。从这个角度分析，行政事业资产管理目标的确定是层层分解的关系，从而构成统一的目标体系。局部目标作为整体目标的分解，其与整体目标当然应具有兼容性，即局部目标的实现要有利于整体目标的实现。整体目标分解为局部目标可以依照行政事业资产管理机构的级次展开，也可以根据行政事业资产管理所涉及的环节展开。从行政事业资产的整个生命周期考察，行政事业资产管理至少包括融资管理、投资管理、配置管理、运营管理、处置管理等若干环节，那么行政事业资产管理的整体目标也可以从这几个环节分解为局部目标。局部目标的实现有助于整体目标的实现，但这并不意味着各个局部目标的实现必须齐头并进，一般来说，整体目标的实现总是会选择若干突破口，在某个方面或某个环节首先达到整体目标要求，这体现为若干局部目标率先实现，进而带动其他局部目标实现，出现“一马当先、万马奔腾”的局面。

第三，应处理好眼前目标和长远目标的关系，体现行政事业资产管理目标的渐进性要求。行政事业资产管理的眼前目标的确定需要针对当前需要解决的现实问题，但现实目标确定了并不一定就能解决所有的现实问题。因为当前需要解决的现实问题，有的成因相对简单，短期采取措施就可以解决，这可以设定为眼前目标，而有的问题则成因复杂，目前所能找到的成因本身就是亟待解决的现实问题，这意味着要解决该问题，首先需要解决导致该问题的问题，实际就是要探求该问题成因的成因，需要分析该问题的症结所在。这不是一蹴而就的事情，所以该问题的解决只能纳入长远目标。

在确定行政事业资产管理的眼前目标时，需要划清眼前目标与长远目标的界限。本应属于长远目标的纳入眼前目标，虽然知难而上勇气可嘉，但受多种因素制约，即便投入大量人力、物力、财力，问题仍然解决不了，结果只能是欲速则不达。若能改变思路，从实际出发，量力而行，先易后难，合理确定眼前目标，稳扎稳打，循序渐进，不仅可以解决现实问题，实现眼前目标，而且可以为复杂问题的解决奠定基础，为长远目标的实现创造条件。当然，本应属于眼前目标的纳入长远目标也不合适，明明问题亟待解决，产生的负面影响显而易见，成因清楚，对策可行，拖而不决则会阻碍行政事业资产管理工作的改革进程。

3.4.3 把握资产管理重点

1. 行政事业资产管理重点的含义

一般来说，行政事业资产管理工作中对行政事业资产管理目标实现起主要制约作用的方面或环节就是行政事业资产管理工作的重点。把握管理重点就是要找准行政事业资产管理的着力点。行政事业资产管理作为统一整体，各个组成部分都不可或缺，但各个组成部分在整体中的地位是不同的。有的组成部分事关全局，这个部分的问题解决了，任务完成了、目标实现了，则整个行政事业资产管理工作的问题、任务、目标都将迎刃而解，那么这个组成部分就是行政事业资产管理工作的重点。

2. 为何要把握行政事业资产管理的重点

第一，坚持“重点论”、抓主要矛盾管理思路的必然要求。行政事业资产管理工作是涉及面广、影响因素多的复杂系统工程，可谓千头万绪，需要协调处理方方面面和多个环节的关系。如果不把握管理的重点，力量过于分散，不能针对制约行政事业资产管理的关键问题拿出针对性强的解决办法，整个行政事业资产管理工作就难以取得实质性的突破和进展。从方法论的角度讲，必须坚持“重点论”，反对“均衡论”。毕竟，制约事物发展进程的内在矛盾有主要矛盾和次要矛盾之分。抓主要矛盾的思想要求行政事业资产管理工作必须明确管理的重点。当然，虽然主要矛盾对事物发展起主导、决定作用，但并不是说解决次要矛盾不重要，完全否定次要矛盾的作用就难以准确把握事物发展所处的状态及具体实现路径。这要求在把握行政事业资产管理工作重点的同时，还需要顾及行政事业管理工作的方方面面，需要有系统论的分析、研究方法，不能认为抓住了行政事业资产管理工作的重点就可以解决一切行政事业资产管理问题。从方法论的角度讲，必须坚持“两点论”，反对“一点论”，在明确行政事业资产管理重点的同时，还需要对所谓的非重点工作给予足够关注，只不过在各种管理资源配置上需要向“重点”适当倾斜而已。

第二，保证在一定时期行政事业资产管理工作能围绕一个中心任务展开、集中精力做好一件事情的客观要求。行政事业资产管理工作涵盖方方面面。各项工作齐头并进、并驾齐驱的主观愿望很好，但结果往往事与愿违，会因力量过于分散找不到问题的突破口和关键点而难以取得理想效果。因此，根据特定的环境和约束条件，抓住行政事业资产管理的重点，是做好行政事业资产管理工作、解决“如何管”问题的一项重要内容。

3. 把握行政事业资产管理的重点应注意的问题

第一，需要注意行政事业资产管理重点存在明显的地区差异。在不同国家和同一国家的不同地区，由于行政事业资产管理所面临的具体约束条件不同，因此，其行政事业资产管理的重点也应有所区别。从这个角度讲，确定行政事业资产管理的重点不可盲目照抄照搬。不仅国家与国家之间行政事业资产管理的重点不能照抄照搬，一个比较大的、存在明显地区差异的国家，比如我国，不同地区之间行政事业资产管理的重点也会有所区别。毕竟不同国家、同一国家不同地区之间行政事业资产管理所面临的现实制约因素不同，要实现的目标和要完成的任务并不完全相同，准确把握一个国家或地区行政事业资产管理的重点需要具体问题具体分析，相机抉择。

第二，需要注意行政事业资产管理重点在不同历史发展阶段及不同发展时期存在的差异。对同一国家和同一地区，在不同发展阶段及不同发展时期，行政事业资产管理工作的重点也处于动态的变化发展过程中，往往在某一特定时期行政事业资产管理工作重点确定以后，人力、物力、财力都围绕着重点工作而配置。随着问题的解决和工作任务的完成，行政事业资产管理工作的重点也要进行变化和调整。从这个意义上讲，确定行政事业资产管理工作的重点绝非一劳永逸，而是需要根据特定发展阶段及特定发展时期行政事业资产管理所面临的主要制约因素和所要实现的主要目标、要完成的主要任务灵活确定。如果行政事业资产管理的重点不能及时调整和转变，主观认识会落后于客观实践，就难以做好行政事业资产管理工作，难以实现行政事业资产管理由现实状态向理想状态的逼近。

第三，行政事业资产管理的重点不能与行政事业资产管理的难点等同。所谓重点是指对行政事业资产管理目标实现起基本制约作用的问题；所谓难点是指受主客观条件的制约，在当前还难以解决或解决起来相当困难的问题。很多情况下，行政事业资产管理的重点并不是难点，难点也不是重点，二者是分离的。但在特定条件下，二者可以统一起来，即行政事业资产管理工作的重点同时也就是难点，解决重点问题和解决难点问题需要完成同样的任务，实现同样的目标。这样一来，虽然做好行政事业管理工作的难度和压力加大，但协调二者之间的关系却变得非常简单，因为二者直接统一起来了。但在二者并不能统一起来的时候，准确把握行政事业资产管理的重点，避免把难点错当为重点，就变得非常重要。难点所对应的问题虽然难以克服和解决，但如果并不是制约当前行政事业资产管理的关键因素，就不能把主要的管理资源配置到难点领域，而应集中管理资源解决重点领域所对应的问题，[①] 这会使行政事业资产管理工作事半功倍，反之则只能事倍功半。

3.4.4 选择资产管理模式

1. 行政事业资产管理模式的含义

行政事业资产管理模式不同于行政事业资产管理体制。一般来说，行政事业资产管理体制特指行政事业资产管理权限在不同级次政府财政行政事业资产管理机构之间以及一级政府内部行政事业资产管理机构、部门、单位之间进行划分的制度安排。其实质是行政事业资产管理主体之间管理权限的划分，核心是要处理集权与分权的关系。行政事业资产管理模式则是行政事业资产管理机构管理行政事业资产所采用的基本方法所对应的管理格局。从这个意义上讲，资产管理模式和资产管理方法是有联系的，但二者不能简单等同。行政事业资产管理的方法多种多样，其中的基本方法对管理模式有基本制约作用，但行政事业资产管理

---

① 行政事业资产的绩效评价是行政事业资产管理的难点。因为不同部门、单位占有、使用的行政事业资产用于提供不同性质、不同类别的公共产品和服务。这种性质差别意味着要设计出一套适用于评价不同部门、不同单位的资产绩效评价指标体系难度甚大。如果把行政事业资产管理的主要资源、主要精力用于行政事业资产绩效评价方面，短期内难以实现突破，并不合适。当前形势下，如何提高行政事业资产配置效率应是行政事业资产管理工作的重点，这实际上也是提高行政事业资产绩效的重要手段和途径。

的基本方法毕竟不能等同于行政事业资产管理模式，管理模式是由行政事业资产管理所采用的基本方法所决定和形成的管理格局。

2. 为什么要选择合理的资产管理模式

行政事业资产管理是一项涉及面广、影响因素多的复杂系统工程，管理所涵盖的部门、单位包括广义的行政单位，即所有的行政、立法、司法、党派和社会团体，也包括科学、文化、教育、卫生、体育等各类事业单位；行政事业资产管理的对象不仅规模庞大、数量众多，而且种类繁多、结构复杂。因此，行政事业资产管理机构作为代表国家和政府从事行政事业资产管理的主体，虽然理应承担和履行行政事业资产管理的职责，对全部的行政事业资产管理负总的责任，但是如果由行政事业资产管理机构“独木撑天”，承担、完成所有的行政事业资产管理工作，完成全部的行政事业资产管理任务，事实上是有难度的。从理论上讲，行政事业资产管理机构代表政府履行管理职责、对行政事业资产管理负总责的制度安排，如果与行政事业资产管理机构要完成所有的资产管理工作任务的基本管理方法相对应，这种管理模式就是所谓的“单独管理模式”；如果行政事业资产管理机构与财政部门内部其他机构及政府的其他职能部门相互配合、相互协调来完成所有的行政事业资产管理的工作任务，与这种基本管理方法相对应的管理模式就是所谓的“联动管理模式”。

从理论上讲，行政事业资产的“单独管理模式”便于明确和强调行政事业资产管理机构的责任，便于其集中精力做好行政事业资产管理工作，可以节约大量交易成本，但是受行政事业资产管理涵盖范围广、涉及因素多、复杂程度高及行政事业资产管理机构自身编制安排、人员配备、技术手段等诸多因素的制约，“单独管理模式”往往难以取得理想效果。而“联动管理模式”虽然要付出一定的交易成本，但相对其所能提高的管理效率，仍然会有净的收益。毕竟“联动管理模式”充分发挥了行政事业资产管理机构和其他机构及有关职能部门的比较优势，形成了管理合力，从而最终可以取得理想效果。

3. 选择合理的资产管理模式应注意的问题

选择合理的资产管理模式可以选择不同的分析视角，本书主要从部门间协调配合的视角，分析行政事业资产的“联动管理模式的构建”。

第一，需要实现财政部门内部行政事业资产管理机构与其他机构之间的联动管理。在融资环节，为避免只管资产不管债务的不良倾向，资产管理机构应与预算机构、债务管理机构建立联动机制；在投资环节，为了提高行政事业单位投资效益，资产管理机构要与财政部门预算机构、投资评审中心建立联动机制；在资产购置环节，资产管理机构要与预算机构、国库部门、政府采购机构建立联动机制；在配置环节，资产管理机构要与预算机构及相关职能科室结合部门预算的编制，合理确定行政事业单位增量资产配置数额；在资产运营环节，资产管理机构要与预算机构及国库部门建立联动机制；在资产处置环节，资产管理机构要与财政部门内部的评审机构、国库部门实现联动管理。

第二，要实现财政部门行政事业资产管理机构与政府其他部门之间的联动管理。在融资环节，行政事业单位资产管理机构要与银行信贷部门协调配合；在投资环节，行政事业单位资产管理机构要与发改委、规划局、国土房管等政府部门协调配合；在配置环节，行政事业单位资产管理机构要与文化、体育、卫生、教育等事业单位主管部门及政府行政管理部门协调配合；在资产营运环节，行政事业单位资产管理机构要搞好与工商、税务部门的协调配合；在资产处置环节，行政事业单位资产管理机构要与国土部门、房管部门、公安交警部门协调配合。

3.4.5 强化资产管理手段

1. 行政事业资产管理手段的含义

行政事业资产管理手段是指行政事业资产管理主体为了实现管理目标在管理客体时所采用的措施、方法和工具的总称。需要指出，本书没有把手段单纯界定为措施、方法或工具，而是把它界定为措施、方法和工具的总称。因为单纯用措施、方法或工具都不能准确表达手段的含义。就措施来说，其可以从一个侧面表达手段的含义，但并不能等同于手段。措施往往强调为解决某个或某些问题而采取的对策，有比较强的针对性，但不一定具有较强的可操作性；而手段需要主体用来作用于客体，要服务于目的的实现，没有很强的针对性，但一般具有较强的可操作性。就方法来说，其同样也可以从一个侧面表达手段的含义，但也不能直接等同于手段。方法往往强调为完成某一任务或解决某一问题而采取的思路、窍门、工作路径及技巧。比如，我们常说一篇论文采用了计量经济学方法，但其手段则是计量软件。这里的方法和手段都不可用措施替代。不过手段的运用的确和方法、措施分不开。没有一定的方法，手段无法运用；手段运用过程中为了防患于未然或直接为了有针对性地解决一些问题，确实需要采取一定的措施。就含义来讲，工具与手段的含义最为接近，经常可以换用。比如我们常说的货币政策工具，也称为货币政策手段，反过来也是如此。如果硬要分析二者的差别，可以认为工具相对具体，其本身就是完成一定工作目的所能采用的器具，一旦抽象化，脱去有形的成分，就变成了手段。基于上述考虑，本书把行政事业资产管理手段视为管理措施、方法和工具的总称。行政事业资产管理手段是一个完整的体系，其可以按照不同标准进行分类：

第一，按照性质不同，行政事业资产管理手段可以分为法律手段、行政手段和经济手段。法律手段要求国家要制定、颁布有关行政事业资产管理的法律法规，这是其他手段得以运用的基础和前提。行政手段是行政事业资产管理的主要手段。具体包括通过下发行政指令要求各部门、各单位上报行政事业资产信息以及确定关于行政事业资产的融资、投资、配置、运营、处置的行政审批制度等。行政事业资产管理的经济手段是指行政事业资产管理机构通过物质利益诱导的方式，给占有、使用行政事业资产的部门、单位以选择权，促使其为了实现自身利益最大化而主动朝着行政事业资产管理机构试图实现的目标而采取有关行为所运用的手段。经济手段不同于行政手段，后者一般认为是直接管理手段，而前者一般认为是间接管理手段。

第二，按照管理手段的先进程度，行政事业资产管理手段可分为传统管理手段和信息化大数据管理手段。传统管理手段包括通过手工建立资产卡片、资产总账、分类账、资产报表及各种申请、批复等。信息化大数据管理手段是随着计算机信息管理技术的进步而逐步得到运用的先进管理手段，通过建设行政事业资产信息管理系统，做好大数据分析，通过信息检索、比较、归纳，行政事业资产管理机构可以很容易发现行政事业资产管理工作中存在的问题，省时省力，可以大大提高行政事业资产管理工作效率。

2. 为什么要强化行政事业资产管理手段

第一，全面实现行政事业资产管理目标的客观要求。常言道：工欲善其事，必先利其器，就是强调工具、手段对于实现目标的重要性。如前所述，行政事业资产管理目标由总目标和各项分目标构成，体现为一个目标体系。与之对应，行政事业资产管理的任务也分为总任务和各项分任务。为了完成行政事业资产管理任务，实现行政事业资产管理目标，就需要强化行政事业资产管理手段，尽可能高效地使用各种管理资源，提高管理效率，并最终全面实现管理目标。

第二，高效率地配置管理资源、提高管理效率的客观要求。资源总量是稀缺的、有限的。用稀缺的、有限的资源来满足无限的需要必须提高资源配置效率。在投入资源量一定的条件下，尽可能实现产出最大化；或在产出一定的条件下，尽可能使资源投入量做到最小。对行政事业资产管理而言，能够用于行政事业资产管理的资源总量一定，能否最大限度实现管理目标，管理手段能否强化是一重要影响因素。毕竟手段是方法、措施和工具的总称。强化行政事业资产管理手段做到科学的方法、得力的措施、强大的手段相互配合、相互协调，有助于高效率地配置管理资源，提高管理的绩效水平。

3. 强化行政事业资产管理手段需注意的问题

（1）强化行政事业资产管理手段应注意发挥各种手段的比较优势，实现各种手段的相互协调、相互配合、相辅相成。事实上，各种管理手段（包括法律手段、行政手段和经济手段，以及传统手段和先进手段）各有利弊得失。就手段性质而区分的三种手段中，法律手段实际上是市场经济条件下强化行政事业资产管理的基础性手段。没有法律手段，其他管理手段都将难以运用。从规范的意义上讲，市场经济是法制经济，市场经济条件下的行政事业资产管理也需要法制化，需要形成完备的行政事业资产管理的法律体系，以体现行政事业资产管理的权威性、规范性和严肃性。但是在行政事业资产管理工作还面临诸多亟待解决的现实问题，还需要不断总结经验教训来提高管理水平的条件下，过于强调法律手段的地位和作用，并不一定就有利于强化行政事业资产管理。因为法律一旦制定，就应该保持相对稳定，不宜朝令夕改。这在很多行政事业资产管理制度、规定、做法还有待优化调整的条件下，贸然提高立法层次，使原来的通知、规定、建议乃至暂行规定上升为法律，反倒不利于及时弥补和纠正行政事业资产管理工作中存在的局限和不足。目前，我国关于行政事业资产管理的法律手段还很不完备，还缺少系统、完整的通过权力机关审查批准的行政事业资产管理法律体系。目前的行政事业资产管理法规还基本是由财政部门下发的决定、通知或建议，规范性、权威性程度还有待提高。

行政事业资产管理的行政手段的运用，有助于行政事业资产管理摆脱混乱无序状态，对于政府财政部门摸清家底、充分掌握行政事业资产的基础信息，优化行政事业资产配置，保证行政事业资产的安全完整，维护国家权益都可发挥积极作用。行政手段往往是行政事业资产实行集权管理所依赖的重要手段。上级政府、财政部门和行政事业资产管理机构颁布行政命令，要求下级政府、财政部门和行政事业资产管理机构照章执行，或者行政事业资产管理机构颁布行政命令要求部门、单位照章执行，可以在短时间内整顿行政事业资产管理秩序，效果往往立竿见影，但是在行政手段的具体运用过程中，要达到理想效果也并不容易。因为上级政府、财政部门及行政事业资产管理机构要面对多个下级政府、财政部门和行政事业资产管理机构，就一级政府内部而言，一个行政事业资产管理机构要面对众多的部门和单位，受这种“一对多”的管理格局的制约，行政手段的实际运用效果往往大打折扣，有令不行、有禁不止的现象会屡屡发生。

在市场经济条件下，经济手段应成为强化行政事业资产管理所必须采用的重要手段。该手段的运用以经济人假设和信息不充分、不对称假设为基础。行政事业资产管理过程中的有关主体都是利己的经济人，会在特定约束条件下追求自身利益最大化。通过经济手段强化行政事业资产管理，重在强调所谓管理目标的实现恰是各有关主体为了实现自身利益最大化而进行选择的必然结果。该手段的运用意味着对占有、使用行政事业资产的部门、单位而言，行政事业资产管理已经不是行政事业资产管理机构客观上要求其“不得不这样做”，而是为了实现自身利益最大化而在主观上确实也“希望这么做”。这意味着行政事业资产管理的各项制度设计，必须在利益目标选择上具有兼容性。部门、单位遵循财政部门及行政事业资产管理机构的制度要求来从事特定的行为，不仅有利于实现其自身利益最大化，而且客观上也会有利于行政事业资产管理机构所设定的管理目标的实现，而行政事业资产管理机构所设定的管理目标的实现客观上又会有利于顺利实现政府财政及行政事业单位的职能，有利于提高公共产品和服务供给效率，有利于实现社会公共利益最大化。在体制转轨阶段，行政事业资产管理机构在管理手段的选择上存在“路径依赖”，直接的行政手段可能会得到足够的重视和运用，而间接的经济手段的运用却可能被忽视。

按照手段先进程度所划分出的传统管理手段随着时代的变迁越来越表现出明显的局限和不足：受资产规模庞大、种类繁多等因素的制约，采用传统手段管理行政事业资产导致工作任务繁重，资产管理人员劳动时间长、劳动强度大、费时费力，但由于信息量大，不便汇总、整理、比较，所以依靠传统手段，行政事业资产管理机构一般难以获取充分信息，很难发现资产管理工作中存在的矛盾和问题。而构建、采用先进的管理手段，做好行政事业资产信息管理系统建设工作，可以在很大程度上弥补传统手段的局限和不足，但其初始环节资金投入需要量大，需要购买软件、硬件设施，需配备专门的信息管理人才，技术要求高。但是，该手段的运用是信息化时代的必然要求，随着时间推移，其会逐渐替代传统资产管理手段。

（2）强化行政事业资产管理手段应明确各种手段的运用可以有主辅之分，但一般不应强调手段之间的完全替代。比如，虽然市场体制国家更倾向于运用法律手段和经济手段，但行政手段的作用也不应忽视。在特定条件下，行政手段的运用可以收到立竿见影的效果。传统的管理手段受信息量的限制，难以取得理想效果，但对作为微观个体的行政事业单位来说，采用传统手段仍然可以实现行政事业资产的精细化管理；对于经济基础好、财力雄厚的发达地区，构建行政事业资产管理信息系统条件较为成熟，但对于经济基础差、财力匮乏、行政事业资产总量规模小、结构相对简单的欠发达地区的基层政府，在某种程度上发挥传统手段的作用也不失为理性选择。总之，行政事业资产管理机构应做到各种行政事业资产管理手段相互协调、相互配合、相辅相成，才有助于强化行政事业资产管理。

（3）行政事业资产管理手段的运用应注意实现规模收益。比如行政事业资产管理信息系统的构建，显然需要更多地发挥中央政府行政事业资产管理机构的作用。因为由中央政府行政事业资产管理机构负责构建全国性的行政事业资产管理信息系统，既便于中央行政事业资产管理机构系统掌握全国范围内的行政事业资产信息，强化宏观管理，也有利于降低系统建设成本，实现规模收益。如果由地方政府行政事业资产管理机构来分别构建自身的信息管理系统，虽然也能强化地方行政事业资产管理手段，但从宏观层面考察，不仅会大大增加地方各级政府行政事业资产管理的成本投入，而且也不利于中央政府行政事业资产管理机构掌握全国范围的行政事业资产信息。

（4）应注意强调重要的资产管理手段——资产绩效评估的重要性。

①行政事业资产管理开展绩效评估的必要性。长期以来，无论理论界还是实际工作部门对资产使用绩效评价问题的研究都侧重于生产经营性的企业资产，对行政事业性资产没有给予足够重视。导致这种现象的原因可以归结为两个方面：一是我国处于体制转轨阶段，公有制占绝对主导地位的计划体制遗留下大量的国有企业。在国有资产总量中，生产经营性国有资产是主要组成部分，所以搞好国有资产管理，把工作重点放在生产经营性国有资产绩效评价方面，从抓主要矛盾的角度看有其必然性、合理性。二是因为行政事业单位的资产服务于公共产品或混合产品的提供，对其使用进行绩效评估难度较大。服务于公共产品、混合产品提供的行政事业资产往往并不带来直接经济收益，要按照通常的投入产出分析和成本效益分析法来考察行政事业单位的资产使用效益有一定难度。本书认为，行政事业资产使用绩效评价长期没有受到足够重视大概和上述两方面原因有关。但是随着我国经济体制的转轨和公共财政框架的构建和完善，对行政事业单位资产进行绩效评价的必要性日益凸显，大致可概括为以下几个方面：

其一，从整体意义上的政府角度分析，评价行政事业单位资产使用绩效具有重要意义。从理论上讲，政府是管理社会公共事务的机关，是民众为解决自己解决不了或解决不好的问题而创设出来的一种手段或制度安排。按照通常的理解，民众解决不了或解决不好的问题归结为一点就是公共产品的生产、提供和公共需要的满足问题。换言之，政府作为一种手段或制度安排，其所担负的职责和应完成的任务就是要向社会提供公共产品、满足公共需要。从这个意义上讲，政府与市场一样都是一种资源配置手段和方式。众所周知，无论何时何地资源都是稀缺的，而要满足的需要总是无限的，用有限的资源来满足无限的需要，就必须要提高资源配置效率。对政府来说，其面向社会提供公共产品和服务具体是通过各行政、立法、司法机构、党派、社会团体这些广义上的行政单位及科学、教育、体育、文化、卫生等事业单位来完成的。这些行政事业单位要向社会提供公共产品和服务，客观上需要占有、使用一定数量的资产，受资源稀缺性的制约，政府以及从属于政府的行政、事业单位就必须追求效率目标。对行政事业单位占有、使用的资产而言就具体表现为：在占有、使用的资产数量一定的时候，要使提供的公共产品和服务的数量尽可能地多、质量尽可能地高；在行政、事业单位提供的公共产品和服务的数量、质量一定时，其占有、使用的资产数量要尽可能地少。这就意味着作为整体意义上的政府需要对行政事业单位资产使用绩效进行评价。这是资源稀缺性约束条件下政府追求效率目标的必然要求。从现实角度看，我国已经基本实现由传统计划经济体制向市场经济体制的转轨，财政模式也基本实现了由传统生产建设性财政向公共财政的转变，公共财政的基本框架已经构建起来并处于不断丰富、完善的过程中。市场经济条件下的政府是绩效政府，市场经济条件下的公共财政是效率财政，这意味着对行政事业单位资产进行绩效评价也是经济体制转轨和财政模式转换的必然要求。

其二，从政府财政部门的角度分析，对行政事业单位的资产使用绩效进行评估也是完全必要的。政府各个部门担负着向社会提供各类公共产品和服务的任务，由于一般意义上的公共产品和服务难以定价收费，或者即便可以定价收费但由于种种原因收费标准通常也低于成本，所以各个部门的正常运作依赖于政府财政通过课征无偿性的税收来提供资金支持。政府财政拨付给各个部门的资金可以分为两大部分：一部分是作为个人工资和公用经费的消费性支出，财政部门拨付的这部分资金不形成资产；另一部分是投资性支出，这部分支出要形成资产，从而可以在多个财政年度内持续存在和发挥作用。由于财政部门在一定时期可以拨付给各个部门用于形成资产的支出总量是有限的，而社会成员对公共产品和服务的需求以及与之相联系的各个部门对资产的需求具有无限性，用有限的支出来满足无限的需求就必须提高支出效率。从理论上讲，政府财政部门分配给各个部门所形成资产的支出能够给社会带来相同的边际效益，或者说，政府财政部门分配给各个部门的投资性支出在分配结构上的任何重新调整已经不可能再增加公共产品和服务供给的数量或改进供给质量，那么政府财政部门的投资性支出的分配就达到了最佳。这一纯理论的、非现实的标准所具有的现实意义是：政府财政部门需要掌握不同部门的资产使用绩效信息进而增加对资产使用绩效水平高的部门的投入。而部门的资产使用绩效是由部门内部各个单位的资产使用绩效水平决定的，只有进行行政事业资产使用绩效水平的评估，才能在此基础上汇总评估一个部门的资产使用绩效。因此，从政府财政部门要提高投资性支出分配效率的角度分析，对行政事业单位资产使用绩效进行评估也是完全必要的。

其三，从作为政府组成部分的主管部门的角度分析，评价行政事业单位资产使用绩效也具有重要意义。虽然从整体意义上讲，政府的职责可以归结为向社会提供公共产品和服务，但社会成员所需要的公共产品和服务种类并非只有一种而是极其纷繁复杂，因此政府必须分门别类把这些纷繁复杂的公共产品生产、提供出来。为了提高效率，政府通常要设立众多的部门，通过部门之间的分工协作来完成公共产品的生产、提供任务。具体说就是一个部门往往担负着提供某类特定公共产品的职责。而一个部门通常又包括若干单位，该部门所担负的提供某类公共产品的职责任务事实上是通过该部门所属单位相互协调、相互配合来共同完成的。为了完成公共产品和服务生产、提供的任务，每一单位都必须掌握一定数量的资产。在一个部门所能掌握、控制的资产总量一定的条件下，资产在部门内部不同单位之间的分配、占有和使用就存在此增彼减、此多彼少的关系。为了提高公共产品供给效率，从理论上讲，一个部门内部不同单位之间资产配置结构的任何重新调整都不能再实现公共产品和服务供给数量的增加和质量的提高，那么该部门在不同单位之间的资产配置就达到了最佳。这可以看成是“帕累托最优”标准在资产配置方面的具体体现。这种纯理论分析的现实意义体现在：一个部门需要把部门所掌握、控制的资产从一个使用绩效低的单位调剂到一个资产使用绩效高的单位，因为这有利于提高该部门提供的公共产品和服务的数量、质量。显然，这首先要求一个部门必须能够掌握部门内部不同单位的资产使用绩效信息，不掌握这些信息，部门就无法优化其内部的资产配置，从而不利于其所担负的提供某类公共产品和服务的职责履行。换言之，该类公共产品的供给效率就会下降，广大社会成员就会因此而遭受福利损失。因此，对行政、事业单位的资产使用绩效进行评估，从政府各个部门的角度分析也是完全必要的。

其四，从财政部门内部行政事业资产管理机构的角度看，对行政事业资产使用绩效进行评价有利于提高行政事业资产管理效率。从资产存量配置的角度看，为实现行政事业资产存量配置的优化，行政事业资产管理机构首先需要把一些部门、单位闲置的资产调剂到急需这些资产的部门、单位，不进行行政事业资产使用绩效评价，行政事业资产管理机构就无法掌握部门、单位资产闲置信息，进而难以进行此种意义上的存量资产的优化配置。从资产增量配置的角度看，需要把资产配置到资产使用绩效相对高的行业和部门，因为这有利于提高社会福利水平。从理论上讲，行政事业资产管理机构配置在不同使用方向上的增量资产应做到边际收益相等。如果不进行行政事业资产使用绩效评价，行政事业资产管理机构在配置增量资产时，就带有盲目性，很难在不同行业部门间实现增量资产配置的优化。

其五，从行政事业单位的角度分析，对其资产使用绩效进行评估也具有十分重要的意义。首先，这有利于解决不同单位在资产占用和使用上的苦乐不均问题。对行政事业单位来说，其资产形成主要依靠财政的无偿拨款，这意味着其占有、使用资产所需要付出的代价几乎为零。作为理性的经济人，其占有、使用资产的数量就要达到资产的边际效用为零为止。这就刺激了行政事业单位对资产的过量需求。由于不同的行政事业单位自身条件及面临的约束条件存在巨大差异，客观上导致了资产占有、使用上的苦乐不均现象。如果对行政事业单位的资产使用绩效进行准确评估，根据边际效用（收益）递减规律，那些占用了过多资产的行政事业单位资产使用绩效会比较低，而占用资产过少的行政事业单位资产使用绩效就会很高。通过绩效水平的比较，一方面政府财政部门可以通过调整增量资产配置方向，增加绩效水平高的单位的资产投入，另一方面，资产使用绩效水平低的单位迫于压力也会倾向于调出其闲置资产，从而有利于存量资产配置的优化。这都有利于解决不同单位在资产占用和使用上的苦乐不均问题。其次，有利于促使行政事业单位提高效率。对行政事业单位资产使用绩效进行评估，并且根据评估结果奖勤罚懒、奖优罚劣，会迫使行政事业单位提高资产使用绩效。由于资产使用绩效的评估尽管方式、方法多样，但归根结底是通过把行政事业单位占有、使用的资产数量与其提供的公共产品和服务的数量、质量进行对比来求得评价指标，因此，进行资产使用绩效评估可以促使行政事业单位在占用资产数量一定时，尽可能提供更多的公共产品和服务，尽可能提高产品和服务质量；或者在提供的公共产品和服务的数量、质量一定时，尽可能减少对资产的占用。显然，这有利于行政事业单位资产使用绩效水平的提高。

②行政事业资产绩效评估的特殊性。本书把这种特殊性概括为五个大的方面：

一是评估领域的特殊性。经营性国有资产使用绩效的评估处于市场有效作用的领域。市场这只"看不见的手"事实上在对包括国有企业在内的所有企业的资产使用绩效进行着无形评估。按照劳动价值论的观点，企业产品的市场价格是由生产产品的社会必要劳动时间而不是由单个企业的个别劳动时间决定的。一个企业如果资产使用绩效水平高，意味着生产资料和劳动力可以有效结合，从而带来较高的劳动生产率，这也就意味着其产品生产的个别劳动时间会短于社会必要劳动时间。这样，按照由社会必要劳动时间决定的价格来出售其产品，其得到的收入在抵补成本后还有大量剩余，其利润率就高，这有助于其通过资本积累发展壮大；而资产使用绩效水平低的企业，假定其他条件不变，其生产资料和劳动力相对难以有效结合，由此带来较低的劳动生产率，而较低的劳动生产率意味着其产品生产的个别劳动时间就会长于社会必要劳动时间。由此，按照由社会必要劳动时间决定的价格来出售其产品，其得到的收入将不足以抵补成本，短时间其生产经营可以维持，但长期来看，其配置资源的资格将被市场剥夺。因此，经营性国有资产使用绩效的评估首先是通过市场来进行的。由政府管理部门、研究机构、研究者来对经营性国有资产使用绩效进行评估本质上不外乎是把市场评估的结果以合适的指标体现出来而已。行政事业单位资产使用绩效的评估处于市场失效或部分失效的领域。市场这只"看不见的手"事实上已难以对行政事业单位资产的使用绩效进行所谓的无形评估。这是由行政事业单位提供产品和服务的特殊性质所决定的。概括地讲，行政单位资产服务于公共产品的提供，而公共产品本身具有不可分割性、非竞争性、非排他性的特征，不可分割性决定公共产品难以定价，非排他性决定其即便定价也没有实际意义（因为无法将拒绝付款者排除在消费范围之外)，而非竞争性意味着消费者会选择“免费搭车”而不是出价购买来实现自身利益最大化。因此，行政单位提供的公共产品没有价格，通常免费提供，其所需成本通过政府收税和安排财政支出予以解决。这就意味着对行政单位资产使用绩效的评估市场是完全失效的。事业单位的资产与行政单位资产相比在所处领域和自身性质方面存在明显差异。总体来讲，事业单位资产服务于混合产品的提供。混合产品带有一定的满足公共需要的性质，从这个角度看其近似于公共产品，但同时其还具有满足私人需要的性质，从这个角度看，其又具有私人产品的属性。通常，事业单位提供的混合产品多数可以收费，但收费的标准一般低于成本，中间的差额需要通过财政拨款补助予以解决。这意味着要评价事业单位资产使用绩效，相对行政单位而言有相对容易的一面，因为多数事业单位毕竟存在投入产出关系，其收费收入可以在一定程度上反映其资产使用绩效（从这个意义上看，市场可以对其资产使用绩效的评估发挥一定作用），但是由于收费低于成本，其提供的服务存在效益外溢，所以仅仅用收费收入来反映其资产使用绩效又是不全面的（从这个意义上看，完全通过市场来对事业单位的资产使用绩效进行评估又存在很大局限）。从理论上讲，事业单位提供的混合产品，满足公共需要的性质越明显，或者说其提供的产品效益外溢程度越高，用收费收入的多寡来反映其资产使用绩效的准确性也就越差（对于纯公益性的事业单位，则几乎无法用收费收入的多寡来反映其资产使用绩效的高低）；反之则越高。因此，行政事业单位资产使用绩效的评估处于市场失效或部分失效的特殊领域。

二是评估主体的特殊性。生产经营性国有资产生产提供私人产品、满足私人需要，其处于市场有效作用的领域，接受市场机制的自发调节。在一般情况下，政府无须对国有企业的生产经营活动进行干预（除非企业的生产经营活动不能体现公平和效率原则而影响公共利益），市场本身会对生产经营性国有资产的使用绩效进行评估。在现代企业制度下，国有企业的所有者和经营者是分离的，国家代表全民掌握国有企业资产的所有权，而国有企业的经营权则由经理人掌握，所有者和经营者之间存在委托代理关系。国家及作为国家现实存在形式的政府为了防止代理人利用自己对企业的控制权和信息优势来侵犯所有者的利益，所以通常要对国有企业资产使用绩效进行评估。因此，生产经营性国有资产使用绩效的评估主体具有双重性，市场与政府同为绩效评价主体。就二者的关系来看，市场绩效评价是政府绩效评价的基础，而正是由于市场绩效评价的存在，使政府评价生产经营性国有资产的使用绩效变得相对简单而容易。从总体上讲，行政事业单位生产提供公共产品、满足公共需要，其处于市场失效或部分失效的领域，市场机制无法或者难以充分地对其资产使用绩效进行评价。这意味着就资产使用绩效评价主体而言，具有明显的单一性，行政事业资产使用绩效评价主要依靠政府来进行，由于缺少市场绩效评价的基础，所以行政事业资产绩效评价相对生产经营性资产绩效评价要困难得多，需要政府设计评价标准和指标体系并确定相应的评价方式和方法。

三是评估目的的特殊性。生产经营性国有资产使用绩效评估的目的从微观层次上看主要是为了考核、反映某一国有企业生产经营的绩效，以便能对掌握国有企业经营权的厂长、经理的行为进行有效监督，抑制其机会主义行为，以便企业能提高资产使用效益，多生产适销对路的产品，促使企业发展壮大和资产保值增值目标的实现；从中观层次上看主要是为了考核、反映某一行业国有资产的经营绩效，以便经营性国有资产管理机构能适应市场经济发展要求，对经营性国有资产分布的行业结构进行调整，以提高资产使用的行业绩效；从宏观层次上看主要是为了对国有资产绩效与非国有资产绩效进行对比，以便政府能对生产经营性国有资产的总量进行战略控制和调整，最终是为了实现国有资产的保值、增值。在这个过程中，政府作为经营性国有资产的所有者，与一般经营性资产的所有者在身份上并无特殊性，国有资产所有者与非国有资产所有者在地位上是平等的。换言之，国有企业与非国有企业要平等竞争、优胜劣汰，因此经营性国有资产绩效评估的目的归根结底并不是直接为了实现公共利益。行政事业资产使用绩效评估目的从微观层次上看是为了考核、反映某一行政事业单位对非生产经营性的国有资产的使用绩效，以便这些处于市场不能完全有效作用领域的单位能高效配置、使用资产，以便其在占有、使用的国有资产数量一定的情况下，能提供数量更多、质量更高的公共产品和服务；从中观层次上看主要是为了考核、反映政府的各个部门配置、使用国有资产的绩效高低，以便政府能通过资产存量和增量调整来优化行政事业资产在不同部门之间的配置结构；从宏观层次看主要是能对政府掌握的行政事业资产的使用绩效从总量上有所把握，以便能对不同级次政府的行政事业资产绩效进行评价对比，以优化行政事业资产配置的政府级次结构，同时也便于对同一级次不同地方政府的行政事业资产使用绩效进行对比评价，以便鼓励先进、鞭策落后，提高每一政府的行政事业资产使用绩效。总之，行政事业资产使用绩效评估的目的是为了优化行政事业资产配置、提高资产使用效率，归根结底是为了提高公共产品和服务的供给效率，以便很好地满足公共需要、实现公共利益。

四是评估对象的特殊性。经营性国有资产使用绩效评估，评估对象是处于生产经营领域的资产，这些资产直接服务于私人产品的生产、提供，资产使用所带来的损耗作为折旧计入产品生产成本，通过企业会计核算，从企业产品销售收入中提取折旧基金来从价值上予以补偿。由于资产可以多年重复使用，在资产报废之前都可以发挥作用，而折旧提取却是分次进行，由此导致经营性资产损耗的价值补偿和实物补偿的分离，但这种分离只是形式上而非实质性分离。归根结底，经营性资产消耗应通过销售收入中折旧的提取予以补偿，因此其天然与市场交易相联系，可以通过市场来进行绩效评估，评估的对象是真正意义上的资产。而行政事业单位资产使用绩效评估，评估的对象是处于非生产经营领域的财产。这些财产服务于公共产品（包括混合产品）的生产、提供，由于公共产品和服务难以定价或即便可以收费，收费也不足以抵补成本，因此行政事业单位资产使用所带来的损耗并不计提折旧。虽然行政事业资产也可以多年重复使用，在资产报废之前都可以发挥作用，但因为不提折旧，由此导致资产报废后需要通过政府财政部门安排基本建设投资或设备购置支出来实现资产重置。因此，行政事业资产的价值补偿与实务补偿是彻底的实质性分离，其脱离了市场交易，因此市场难以对行政事业资产使用绩效进行评估，其评估的对象不是真正意义上的资产而是财产。

五是评估手段的特殊性。经营性国有资产服务于私人产品的生产、提供，而私人产品自身的性质决定其可以定价，这意味着作为要素投入的资产使用和作为产出的产品和服务的提供都可以通过价格来量化。由此带来的好处是，尽管不同的国有企业所掌握的国有资产的规模千差万别，资产种类、性质千差万别，提供的产品和服务千差万别，但都可以通过价格予以量化，进而都可以使用资产利润率、资产产出率等相对指标进行考核，从而使不同国有企业所占用的不同性质的经营性国有资产的使用效益可以采用统一的评估指标来进行考核，因此其评估手段相对简单且易于操作。行政事业资产服务于公共产品的生产、提供，而公共产品自身的性质决定了其难以定价，或即便可以定价但由于效益外溢难于量化而使定价不足以反映产品或服务的生产成本，这意味着即便作为要素投入的资产使用可以量化，但作为产出的公共产品和服务的提供却难以通过价格量化，由此导致的结果是，行政事业单位资产投入消耗与公共产品或服务产出之间由于不能通过价格量化而难以进行简单的投入产出分析。资产利润率、资产产出率指标对行政事业单位资产使用绩效的评估是难以采用的，这表明其绩效评估的手段相对于经营性国有资产具有特殊性。

③行政事业资产绩效评估的层次性。

本书认为，行政事业资产绩效评估至少包括宏观、中观和微观三个层次：

一是宏观层次的行政事业资产绩效评估。由于现实中的政府是级次化的，所以国家统一所有的行政事业资产从宏观上考察是由不同级次政府来分级监管、支配和使用。因此，要考察行政事业资产的绩效首先应以政府作为评价单位，以一级政府或每一政府所掌握的全部行政事业资产作为评估对象，评估目的一方面是要比较不同级次政府的行政事业资产使用绩效，并且通过这种比较可以间接考察行政事业资产在不同级次政府间的配置绩效，[①] 另一方面是要比较同一级次的不同地方政府行政事业资产使用绩效的高低，以便鞭策落后、鼓励先进，同时通过这种比较还可以间接考察行政事业资产在同一级次不同政府间配置绩效的高低。从理论上讲，政府是社会成员为了解决自己解决不了或解决不好的问题而创设出来的一种手段或制度安排。政府的职能归根结底是为了提供公共产品、满足公共需要。为此，政府必须掌握、控制一定数量的资产，这既包括处于非生产经营领域的行政事业资产，也包括处于生产经

① 如果不同级次政府的行政事业资产使用绩效存在高低差别，那么为优化行政事业资产在不同级次政府间的配置，就需要把行政事业资产由绩效水平低的政府向绩效水平高的其他级次的政府调整、转移，根据边际收益递减规律，这种调整、转移从理论上讲最终可以实现行政事业资产在不同级次政府间的配置达到边际收益相等。这就是行政事业资产在不同级次政府间配置达到最优的条件。因此，通过考察不同级次政府行政事业资产边际收益率偏离均值的幅度大小，就可以反映行政事业资产在不同级次政府间配置绩效水平的高低。

营领域的国有资产。但不管是何种类型的国有资产，其存在的意义或价值集中体现为在满足公共需要方面不可或缺。处于非生产经营领域的国有资产如果能够很好地满足公共需要，就可以为公共经济部门和私人经济部门提高资源配置效率及实现二者关系的协调提供良好条件。因此，基于这种考虑，可以把一级政府所掌握、控制的行政事业资产数量看成是该政府辖区内 GDP 的重要影响因素，由此可构建二者之间的函数关系。具体方法是把政府所掌握的行政事业资产总量（包括存量和增量）分别与该级或该地方政府辖区 GDP 的存量和增量进行回归分析，自变量的系数即为行政事业资产的边际贡献率，其可以反映某一政府所掌握的行政事业资产数量对该地 GDP 贡献程度的大小，贡献程度越高，说明从宏观层次考察的行政事业资产使用绩效就越高，反之，则越低。① 上述方法也可用于对不同级次政府行政事业资产绩效进行评价。现以省、市、县三级政府行政事业资产使用绩效评价为例予以说明。具体思路是依次计算出省级政府的行政事业资产的边际贡献率；以省级政府下属的各个地市的面板数据计算出市级政府行政事业资产的边际贡献率；以各地市下属的各个县的面板数据计算出县级政府行政事业资产的边际贡献率。然后，通过比较三级政府行政事业资产边际贡献率的大小，我们就可以从宏观层次看出三级政府行政事业资产使用绩效的差别。在用行政事业资产边际贡献率反映不同级次政府行政事业资产的使用绩效后，还可以进一步分析行政事业资产在不同级次政府间的配置效率。三级政府行政事业资产边际贡献率差别越大，说明行政事业资产在不同级次政府间的配置效率越低，反之，则越高。如果三级政府行政事业资产的边际贡献率相等，则表明行政事业资产在三级政府间的配置达到了最优。按照上述方法也可以比较同一级次不同政府行政事业资产使用绩效

① 从逻辑上讲，宏观的基础是中观和微观，开展行政事业资产绩效评价需要从“大处着眼，小处入手”，中观层次的行政事业资产绩效要由其涵盖的微观单位的行政事业资产绩效加权汇总；宏观层次的行政事业资产绩效要由其涵盖的中观层次的行政事业资产绩效加权汇总。这意味着如果微观层次的行政事业资产绩效评价没有做完，中观层次的行政事业资产绩效评价也就无从开展，宏观层次的绩效评价更无从谈起。按照这种思路，由于做完微观层次和中观层次的行政事业资产绩效评价极其费时、费力，所以宏观层次的行政事业资产绩效评价将长期无从开展。本书在这里提出以行政事业资产存量、增量与 GDP 存量、增量进行回归，确定行政事业资产边际贡献率进而进行宏观层次绩效评价的思路，可以在微观、中观层次的绩效评价还没有开展起来的条件下，对行政事业资产的宏观绩效有一个初步评价。

的高低。比如说分析某省地市级政府行政事业资产的使用绩效，可以分别计算出各个地市的行政事业资产的边际贡献率，同样，还可以分别计算该省各个县市的行政事业资产的边际贡献率，边际贡献率越大说明该地市或该县市行政事业资产使用绩效越高，反之则越低。通过横向比较，就可以掌握不同地市、不同县市行政事业资产使用绩效的差别。同样，通过计算同一级次不同地方政府行政事业资产使用绩效水平偏离均值的程度，也可以反映行政事业资产在同一级次不同地方政府间的配置效率水平的高低。

二是中观层次的行政事业资产绩效评估。一级政府所掌控的行政事业资产客观上需要在不同部门之间进行配置、使用，以便各个政府部门能分门别类地提供不同种类、不同性质的公共产品。因此，考察行政事业资产的使用绩效从中观层次看应以部门为分析单位，分析不同部门行政事业资产绩效水平的高低。通过这种考察和比较，可以促使各个部门努力提高行政事业资产使用绩效，以便收到鞭策落后、鼓励先进的效果。通过考察不同部门行政事业资产使用绩效水平偏差的大小，可以反映某一政府在其内部不同部门之间配置行政事业资产绩效水平的高低。由于不同部门提供的产品或服务在性质上存在巨大差别，因此，对一级政府内部不同部门所掌握的行政事业资产使用绩效进行量化评估有一定难度，但是仍然可以把该政府辖区的GDP看成是各个部门所掌握的行政事业资产的函数，通过回归分析，可计算出每一部门的行政事业资产对该政府辖区内GDP的边际贡献率，边际贡献率越大说明该部门行政事业资产使用绩效越高，反之则越低。然后，通过考察不同部门行政事业资产边际贡献率偏差的大小，可以反映一级政府所掌控的行政事业资产在不同部门之间的配置绩效。

三是微观层次的行政事业资产使用绩效评估。政府某一部门所掌控的行政事业资产客观上需要在不同单位之间配置、使用。因此，从微观层次考察行政事业资产使用绩效，需要以具体的行政事业单位作为分析对象。由于同一部门不同单位提供的产品或服务的性质大体一致，所以以具体的行政事业单位作为资产使用绩效评估的分析对象具备有利条件，但即便是同一部门的行政事业单位，彼此之间的具体性质往往也有一定差别，笼统地提出“一刀切”的评价指标体系事实上难以准确衡量同一部门不同单位行政事业资产使用绩效的高低。因此，微观层次的绩效考察首先必须对同一部门的行政事业单位进行分类，比如教育部门下属的教育事业单位可分为高等教育事业单位、义务教育事业单位等，然后分别进行评估。即便同是高等教育事业单位，文科院校和理工类院校的差别也非常明显；同样都是文科院校或理工科院校，教学型院校、研究型院校和教学研究型院校也不适合采用同一套评价指标体系。因此如果评估高校资产使用绩效，还需要对评价对象进一步细分。可以说，微观层次行政事业资产使用绩效评价如果没有细致的分类，就不可能进行准确的绩效评估。其次，对微观层次行政事业资产使用绩效进行评价有时追求相对精确而不是绝对精确可能会使评价结果更为客观。比如，要考察行政事业单位所掌握的资产是否在不同方向上得到了合理配置，对每项资产在总量中所占比重给出“一刀切”的衡量指标明显是不合理的。因为不同单位情况不同，应该允许不同单位的同类资产在总量中所占比例有合适的变动幅度。只要在规定幅度内，该单位的资产配置就可以认为是合理的。从理论上讲，一个行政事业单位对本单位所掌控的资产在如何实现优化配置方面是具有信息优势的，通过“一刀切”的指标从配置方面来考核行政事业单位的资产使用绩效会严重束缚行政事业单位的手脚，抑制其积极性、主动性的发挥。再次，如果投入产出指标易于获得，那么应充分重视此类指标在衡量资产使用绩效方面的重要性。比如要衡量高校的资产使用绩效指标，通过考察资产所对应的毕业生人数、毕业生质量以及资产所对应的科研成果的数量、质量就具有重要意义，只要对质量不同的产出确定合适的调整系数，这种绩效评估就具有客观性和说服力。最后，做好微观层次行政事业资产绩效评价应尽量避免由行政事业单位自身进行评价。尽管行政事业资产使用绩效评估所依据的数据信息归根结底来自行政事业单位所上报的各种数据，但如果行政事业单位在上报这些数据的时候还未将这些数据与其资产使用绩效评价直接联系起来，那么根据这些数据所进行的资产绩效评价受行政事业单位主观因素的影响应该还是较小的。如果行政事业单位上报数据时就已清楚这就是为了评价其资产使用绩效，那么，由于信息不对称的客观存在，评价主体获得真实有效的数据的可能性就会大大降低，甚至可能会使行政事业资产绩效评价嬗变为行政事业单位自身所进行的评价，其准确性、客观性也就无从谈起。

3.4.6　健全资产管理制度

1. 资产管理制度的含义

行政事业资产管理制度是一个国家为了管理行政事业资产而制定的各种法律、法规、实施办法、通知、规定、建议的总称。从形式上看，健全的行政事业资产管理制度表现为一个法律、法规体系，是由不同层次、不同内容的法律、法规所形成的有机整体。从规范意义上讲，其应该包括以下几个层次：首先是行政事业资产管理基本法，其在行政事业资产管理制度体系中的地位类似宪法在整个国家法律体系中的地位，要对一个国家的行政事业资产管理做出原则性规定。其次是由中央政府行政事业资产管理机构针对行政事业资产管理的特定环节、特定内容代表中央政府制定颁布的某类、某项法规，可以采取国家权力机关审查通过的国家法律的体现形式，也可以采取国家行政机关颁布的条例作为具体实现形式。再次是各地方政府的行政事业资产管理机构代表地方政府结合当地实际所制定的实施细则。最后是由一级政府所属各个部门根据部门实际情况所制定的补充规定。市场经济是法制经济，市场经济条件下的行政事业资产管理应是法制化的管理。从规范意义上讲，规范、科学、合理、完备的行政事业资产管理制度是健全的行政事业资产管理体系不可或缺的重要组成部分。按照新制度经济学的观点，制度最重要。从这个意义上讲，健全行政事业资产管理机制实际上就是要健全行政事业资产管理制度。

2. 为什么要健全行政事业资产管理制度

第一，从大的方面讲，为整个行政事业资产管理活动提供基本行为依据的需要。行政事业资产管理虽然相对财政管理、政府经济管理只是其中的一个方面，但其自身确是一个复杂的整体，具体表现为行政事业资产管理纷繁复杂，涵盖方方面面。从管理的总体思路看，其可以高度抽象简化为三大基本内容，即谁来管、管什么、怎么管。这三大基本内容都需要上升到法律层面才有坚实的行为依据。这构成开展正常的行政事业资产管理活动的基本条件。

第二，从小的方面讲，为行政事业资产管理所涉及的各个主体提供基本的行为规范。表面上看，行政事业资产管理管的是资产，但其本质实际上是要协调各有关主体之间的利益分配关系。根据经济人假设和信息不充分、不对称假设，如果没有基本的行为规范，各有关主体为了实现自身利益最大化可以随意行事，甚至胡作非为，那么行政事业资产管理工作要正常开展是不可能的。制定健全的行政事业资产管理制度，可以协调中央政府与地方政府以及地方各级政府之间、政府财政行政事业资产管理机构与职能部门及单位之间、同一级次的不同地方政府之间、同一政府的不同部门之间、同一部门的不同单位之间、同一单位的不同机构及人员之间的利益分配关系，从而有助于保证行政事业资产管理工作有序开展，协调运作。

3. 健全行政事业资产管理制度应注意的问题

从理论上讲，健全行政事业资产管理制度应注意以下几点：

一是要体现行政事业资产管理必须遵循的共性规律的要求，同时还要能体现行政事业资产管理的个性特征。行政事业资产及其管理作为一个整体具有共性，因此，可以依据这种共性制定一般意义上的行政事业资产管理制度，明确行政事业资产管理的地位、意义、原则、模式、方法等。但是行政事业资产作为一个繁杂的整体，由不同类别、不同性质的资产所构成，这些资产又分别为中央、省、市、县、乡不同政府级次的行政事业单位所占有和使用，其所要履行的职责及所面临的现实约束条件有很大区别，这意味着管理行政事业资产采取“一刀切”的制度规定是不合适的。合适的做法是建立一般性的行政事业资产管理制度与特殊性的行政事业资产管理制度相结合的制度体系。

二是要通过制度的制定在实现行政事业资产管理讲求统一领导的同时，还要有利于行政事业资产实行分级管理。行政事业资产的所有者是国家，在所有权归属上具有统一性。因此，由财政部或者由国务院乃至由全国人大常委会制定、颁布统一的行政事业资产管理制度是对中央政府集中统一领导地位的具体体现。但我国毕竟是一个大国，存在明显的地区差异，这意味着不同地区、不同地方政府的行政事业资产管理会存在一定的地域性特征。因此，在全国执行统一的行政事业资产管理制度的同时，应赋予地方政府因地制宜制定地方性行政事业资产管理制度的权力。

三是制度的制定既要避免过于细化又要保证制度具有较强的可操作性。制度制定过于细化会束缚地方政府及行政事业资产管理机构的手脚，抑制其积极性、主动性的发挥，极端情况下甚至会使地方政府及行政事业资产管理机构沦为一种工具和手段；但制度制定也不宜过粗，若只是做出一些原则性规定，会使行政事业资产管理工作在实践中难以具体操作。因此，行政事业资产管理制度条目的制定应在原则性与具体化之间合理权衡，不宜过粗或过细，既要保证为各层次行政事业资产管理主体及行政事业资产的具体占有、使用者预留发挥主观能动性的足够空间和余地，又能保证对行政事业资产管理主体的行为进行必要约束，避免主观随意性。

四是制定的制度在保持相对稳定性的同时还需要及时纠正弥补现有制度规定的局限和不足。行政事业资产管理制度作为调节有关主体行为的制度安排，需保持相对稳定，否则有关主体将难以形成稳定预期而出现短期行为。但是在行政事业资产管理制度构建初期，总会出现这样那样的问题，保证制度的相对稳定并不是说不可以对制度进行修正、完善。在适当时机，提出系统化的方案可以对制度予以修订、完善。

五是制度的制定既要兼顾一般，又要抓住重点。行政事业资产管理是一项涉及面广、影响因素多的复杂系统工程，因此行政事业资产管理制度的制定需要涵盖行政事业资产管理的方方面面。即便制度规定在行政事业资产管理的某一方面甚至是非常次要的方面出现遗漏，也会对行政事业资产管理造成负面影响。这意味着行政事业资产管理制度的制定必须兼顾一般，要在面上做到全覆盖。但在特定国家的特定发展阶段，行政事业资产管理要解决的主要矛盾并不相同。抓住主要矛盾，解决关键问题，其他矛盾和问题就可以迎刃而解。因此行政事业资产管理制度的制定在注意制度规定涵盖行政事业资产的各个环节和方方面面的同时，还应着重对特定时期行政事业资产管理的重点和关键做出明确详细的制度规定。

六是制度的制定既要体现效率原则，又要兼顾公平原则。所有的经济活动都要遵循和体现效率和公平原则，行政事业资产管理活动也不例外。事实上，判定行政事业资产管理制度的优劣，主要是看制度制定在多大程度上体现了效率和公平原则以及在多大程度上实现了二者的结合。严格按照效率原则管理行政事业资产意味着无论增量还是存量的行政事业资产配置都要严格按照资产在提供公共产品和服务方面边际贡献率的大小作为判定标准，这会导致不同部门、单位占有使用资产数量的悬殊，从而不利于体现公平原则；而要遵循和体现公平原则，就需要缩小部门、单位占用资产数量、质量的差距，这会导致效率原则难以体现。因此，合理的行政事业资产管理制度需要在效率与公平之间权衡，实现二者兼顾。

第 4 章　我国当前行政事业资产管理总体思路存在的问题

4.1 “谁来管”方面存在的问题

4.1.1 行政事业资产管理主体的确定仍待优化

我国出台的有关文件已明确政府财政部门是行政事业资产的管理主体，代表国家行使所有者职能。各级财政部门都成立了专门的行政事业资产管理机构履行行政事业资产管理职能并对各有关主体的管理权限进行了划分。但在现实中仍然存在以下几个方面的问题：

一是财政部门未能掌握全部的行政事业资产管理权限。政府财政部门事实上只是政府的一个职能部门，其与占有、使用行政事业资产的政府各个部门在行政上平级，其在履行管理职能时与占有使用行政事业资产的各个部门并不存在上下级之间的管理关系，有些实际权力较大的职能部门事实上已对财政部门行使行政事业资产管理权限产生了严重的负面影响。比如，政府的机关事务管理局事实上已经在很大程度上履行了行政单位的资产管理职能，[①] 有些政府财政部门的行政事业资产管理机构事实上只是在行使事业单位的资产管理职能，这在一定程度上导致政府财政部门的行政事业资产管理职能被肢解。

二是在政府财政部门内部，行政事业资产管理机构并没有掌握全部

① 2012 年公布的《机关事务管理条例》规定：“县级以上人民政府机关事务主管部门按照职责分工，制定和组织实施机关资产管理的具体制度。”

的行政事业资产管理权限。从规范意义上讲，行政事业资产管理机构代表政府财政部门履行行政事业资产管理职能，那么其理应掌握全部的行政事业资产管理权限，既要管理存量的行政事业资产，又要管理增量的行政事业资产，其职能不应被肢解。但就目前情况看，行政事业资产管理机构主要从事存量资产的管理，在增量资产管理方面虽然也发挥了一定作用，但是在增量资产管理最为关键的环节，比如行政事业单位投资性支出指标的确定，却主要是由预算管理机构负责。这就一方面肢解了行政事业资产管理机构的职能，另一方面也导致因资产管理与预算管理脱节而无法做好行政事业资产的增量管理。因为要确定行政事业单位的投资性支出指标，就必须掌握行政事业单位的存量资产信息，而现实中行政事业资产管理机构虽然掌握较为充分的行政事业存量资产信息，但其并不负责确定部门、单位的投资性支出指标；预算管理机构负责确定部门、单位的投资性支出指标，但却并不掌握行政事业资产在部门、单位间的存量配置信息。这在很大程度上导致行政事业资产在部门、单位间的配置出现苦乐不均，人均占有资产量差别巨大，难以借助行政事业资产的增量配置来调节资产存量配置所存在的局限和不足。

三是基层政府的行政事业资产管理机构形态各异、权责不一、人手不足。按照组织原则，行政事业单位国有资产应由县级财政局行政事业资产管理科管理，国有企业应由县级国资委（国资局）管辖，但在实际操作中由于区县资产管理人手不足，编制缩减，行政事业资产与国有企业资产管理在不少区县都统归县级财政局代管的正科级科室——国有资产管理委员会办公室管理，加之财政局内部人员分配根据工作需要在各科室间相互抽调，实际具体负责区县国有资产管理的工作人员一般仅为1~2人，很多区县甚至无具体人员负责，直接导致县区级资产管理人员要在1~2个月的时间内完成平均300~400家独立核算单位及若干家国有企业的资产年报审核工作，时间紧、任务重，数据不实、工作敷衍的情况难以避免。以山东省××市为例，在其下辖的11个县区中，除××县、××市、××县外，其余8个县区的行政事业单位国有资产及国有企业资产均由县财政局的二级科室统一管理。该市北部某县国有资产管理委员会办公室实际编制8人，下辖8个股级科室，但由于人员内退、财政局内部人员统一调配，加之极个别吃空饷的，2017年实际工作人员仅为2人，这2人要负责管理独立核算行政事业单位152家、学校 181 家，2 个月节假日无休方能完成资产年报审核、汇总工作。而有的县实际管理人员仅为 1 人。在具体工作中，国资委办公室作为独立法人的正科级单位，除履行资产管理职责外，还要承担等同于其他正科级科局的材料整理及会议安排工作，如年度综治、政府工作报告重点推进规划等各项工作，这种机构设置的不合理极大地削弱了部门职能，降低了资产管理效率及行政事业资产数据信息搜集整理及汇总上报的准确率。①

总体来看，我国行政事业资产管理主体的确定仍然存在所谓的“多头管理”，行政事业资产管理机构的管理权限事实上被肢解，无法对行政事业资产实行集中统一管理，具体开展工作需要协调各个掌握特定管理权的主体之间的关系，这必然要加大制度运作成本，降低行政事业资产管理效率。

资料：

我国行政事业资产管理体制的历史沿革②

行政事业资产管理工作经历了分分合合、逐步形成和发展的历程。1988 年 9 月，国务院组建国家国有资产管理局，归口财政部管理，内设行政事业资源司，统一归口行使行政事业资产所有权管理职能。1998 年原国家国有资产管理局撤销，其资产管理职能相应划入其他有关部委。2002 年，国务院设立国有资产监督管理委员会，负责中央所属大型非金融企业国有资产的监管。但对于行政事业资产管理工作，由于机构改革权限划分不清晰，导致资产管理体制不明，缺乏统一规划和引导，基本处于无序状态，只是一些地区和部门按照各自的思路，进行了行政事业资产管理模式的不同探索。2004 年，为适应社会主义市场经济发展和公共财政改革的需要，财政部提出加强行政事业资产管理，并在部内行政政法司下设行政资产处，在教科文司下设事业资产处，各省级财政部门相继成立了行政事业单位资产管理处，承担研究制定行政事

① 资料来源：调研访谈。

② 曹辉树：《与时代共进　与改革同行——写在财政部 35、36 号令暨〈行政事业资产与财务〉十周年之际》，载于《行政事业资产与财务》2016 年第 22 期。

业资产管理政策，组织开展行政事业资产管理工作的职责。但从当时情况看，行政事业资产管理工作刚刚起步，还面临着一些突出的矛盾和问题，主要是管理体制不健全。行政事业资产管理有的由财政部门负责，有的由国资部门负责，还有的由机关事务管理局负责，可以说管理职责不清，主体责任不明；管理制度不配套，管理行为缺乏有效制度规范；国有资产管理意识淡薄，单位普遍存在“重钱轻物”“重使用轻管理”的意识。财政部行政事业资产管理专门机构的设立，为建立规范的全国行政事业资产管理体制提供了组织保证，标志着一个新型的行政事业资产管理体制开始形成。随着财政改革的不断深入，原有的制度规定已不适应资产管理改革的需求，迫切需要出台新的管理办法以规范和加强行政事业资产管理工作。为适应新形势的要求，紧跟时代改革的步伐，以党的十六届三中、四中、五中全会精神为指导，2006 年 5 月 30 日，财政部出台了《行政单位国有资产管理暂行办法》和《事业单位国有资产管理暂行办法》。财政部这两个“办法”的颁布，标志着我国行政事业资产管理工作进入了一个崭新的阶段，对促进我国资产管理向规范化、科学化、法制化方向发展，对维护行政事业资产安全完整、合理配置和有效利用，对保障和促进各项事业发展，建立适应社会主义市场经济和公共财政要求的行政事业资产管理体制具有十分重要的意义。财政部这两个“办法”是规范和加强行政事业资产管理的纲领性文件。财政部这两个“办法”颁布十年来，行政事业资产管理工作发生了重大变化。一是理顺了管理体制。构建了国家统一所有，政府分级监管，单位占有、使用的管理体制，建立了财政部门—主管部门—行政事业单位三个层次的监督管理体系。二是制定出台了配套制度，建立了资产配置、使用、处置等一系列配套制度，细化各个环节的管理，全面规范了行政事业资产管理工作。三是开展了行政事业单位资产清查。四是在资产清查的基础上，建立了资产管理信息系统。五是加强了行政事业资产收益管理，对国有资产收入形成、征缴和使用加强了监督，确保应收尽收和规范使用。六是指导推动地方财政部门和主管部门加强行政事业资产管理工作。

4.1.2 行政事业资产管理权限的划分仍需协调

首先，就政府间行政事业资产管理权限的划分来说，体制偏于分权。按照国家统一所有、政府分级监管的原则，行政事业资产管理权限在政府间的划分应实现集权与分权相结合。中央政府行政事业资产管理机构应从宏观上对全国的行政事业资产管理负总的责任，同时应充分调动地方政府行政事业资产管理机构的积极性、主动性，并对其资产监管行为进行必要的监督和考核。但是就现实情况看，相对财政管理权限的划分，我国行政事业资产管理权限的划分明显偏于分权。中央政府行政事业资产管理机构对全国的行政事业资产家底并不清楚，对地方政府行政事业资产所对应的负债也不清楚，对如何做好行政事业资产管理工作，中央政府行政事业资产管理机构只是下发了一些规定、通知和要求，基本上还只是做出了一些原则性规定。

其次，就一级政府行政事业资产管理机构—政府部门—行政事业单位管理权限的划分来看，也没有处理好集权与分权的关系。从理论上讲，行政事业资产管理机构应准确定位，摆正位置，强化裁判员的角色、弱化运动员的身份，抓大放小，主要在宏观领域研究政策、制定政策，并监督政策落实到位情况。对于管不了也管不好的微观领域的资产管理事务性工作要勇于放权、坚决退出，授权主管部门和单位承担（丁小生，2014），但实践中却存在以下问题：一方面存在分权过度：部门、单位所掌握的资产使用权事实上被夸大，乃至演变成了所有权。资产一旦配置到部门、单位，往往直到报废就一直为部门、单位所占有使用，即便出现资产闲置，这种闲置的资产通常也难以在不同部门、单位之间调剂；另一方面也存在集权过头：由于资产管理的审批权主要集中在财政部门，所以日常的事务性工作占据了行政事业资产管理机构的大部分时间，由此所导致的负面影响是：首先，行政事业资产管理机构深陷事务性工作不能抽身，没有足够时间去思考问题、分析问题、研究政策、制定办法，导致资产管理层次亟待提高；其次，主管部门由于审批权限太小，在资产管理中主要扮演在行政事业资产管理机构与行政事业单位之间传递文件的角色，对资产管理没有足够积极性，其地位和作用无法得到充分体现和发挥。①

① 丁小生：《以创新的理念推动行政事业资产管理创新实践》，载于《行政事业资产与财务》2014 年第 2 期。

4.2 “管什么”方面存在的问题

4.2.1 行政事业资产管理范围存在的问题

第一，有些事业单位处于转企改制过程中，其资产属性发生的变化使行政事业资产管理范围不易界定。如果单位性质是事业单位，服务于公共产品和服务的供给，其资产就是行政事业资产，应纳入行政事业资产管理机构的管理范围。如果事业单位转制为企业，则其资产就是生产经营性资产，从理论上讲，就应纳入国有资产管理委员会或国资局管理范围。在这个体制转轨过程中，所存在的问题体现在：一是行政事业资产管理机构和生产经营性国有资产管理机构即国资委或国资局都履行管理职能，这就出现了所谓的多头管理，两个管理主体缺少必要的沟通交流，出台的管理制度和管理办法也不尽相同，这让管理对象无所适从。二是行政事业资产管理机构因事业单位转制而退出管理，但生产经营性国有资产管理机构的管理却没有及时跟进，导致有些转制事业单位的资产管理处于失控状态，不利于保证资产的安全、完整。

第二，行政事业单位占有、使用的生产经营性资产的存在也使行政事业资产管理的范围难以准确界定。从规范的意义上讲，行政事业单位所占有使用的资产应服务于公共产品和服务的供给，不应以营利为目的。这是市场经济条件下理顺市场与政府关系的必然要求。但是由于历史原因，很多行政事业单位特别是事业单位为了弥补财政拨付经费的不足，都掌握了一定数量的生产经营性资产，事实上有一定数量的企业从属于行政事业单位。这些从属于行政事业单位的企业从隶属关系的角度考察，是行政事业单位体系的一个组成部分。从这个意义上讲，其资产也是行政事业单位资产的一个组成部分，因此应纳入行政事业资产管理机构的管理范围。但是，若从资产性质考察，这些资产与行政事业单位职能的实现没有必然联系，而是服务于私人产品的提供，处于市场有效作用的领域，追求盈利，是具有生产经营性的国有资产，从这个意义上讲，其应纳入国资委或国资局的管理范围。但是在实际工作中，往往是行政事业资产管理机构和国资委、国资局都要进行管理，这既是行政事业资产管理对象没有清楚界定的问题，也是行政事业资产管理主体界定不清及管理权限没有合理划分的问题。

4.2.2　行政事业资产融资管理存在的问题

1. 只管资产不管融资

长期以来，行政事业资产因为服务于公共产品供给，满足公共需要，实现公共利益，所以公共产品自身所固有的属性决定行政事业单位资产的形成主要依靠财政安排投资性支出。因此，从融资角度考察，作为财政收入最主要形式的税收无疑就成为行政事业单位资产形成的主要资金来源渠道，而税收和财政安排的投资性支出都要纳入政府预算，实行严格的预算管理。因此，长期以来，行政事业资产的融资一直被视为财政预算管理的一项内容，行政事业单位资产管理则未将其纳入管理范围。由此带来的问题体现在两个方面：

一是从行政事业单位视角（被管理者视角）分析，其会利用行政事业资产管理机构只管资产不管融资的漏洞，通过各种形式筹措投资资金形成资产，容易导致债务负担沉重。这其中以高校新校区建设中出现的举债筹资最为典型。行政事业单位严格说来是政府公共经济部门的组成部分，其产权制度属于典型的公有产权。从这个意义上讲，行政事业单位的决策者都是代理人而不是所有者。委托代理理论表明，在代理人的行为得不到有效监督的条件下，代理人会利用信息优势和控制权攫取私利。如果对行政事业单位资产形成过程中的融资环节不加管理，那么行政事业单位的决策者所面临的约束条件就是“负责借钱、负责花钱，但唯独不负责还钱”。作为理性的经济人，为了实现自身利益最大化，过度举债往往就成其理性选择。这是若干高校债务规模失控、陷入债务泥潭不能自拔的重要原因。

二是从政府财政视角（管理者视角）分析，只管资产不管融资会导致行政事业资产融资渠道单一。由于行政事业资产管理与预算管理脱节，行政事业资产管理机构只管资产，资产融资环节实际是由预算机构负责。众所周知，预算机构以税收收入作为主要收入来源安排支出，所以行政事业资产所对应的融资渠道基本就是税收。虽然这种单一的融资渠道从理论上完全可以讲得通（行政事业资产服务于公共产品的生产和提供，实现的是公共利益，而公共产品无法定价，所以只能以无偿的税收作为行政事业资产形成的资金来源渠道），但是，如果从公共产品生产提供的代际成本分担来看，单纯以税收作为融资渠道并不符合利益获取与成本分担对称的公平原则。毕竟投资性支出不同于消费性支出，消费性支出所提供的公共产品和服务当期就消费掉，用税收筹资由当代人分担成本符合利益获取与成本分担对称的公平原则。但是投资性支出则不同，其形成的资产要长期存在，可以在代际间长期服务于公共产品和服务的提供，因此完全通过税收筹资即意味着由当代人承担全部的资产成本，而资产作为公共产品和服务供给手段所带来的利益，当代人却并不能全部获取，这意味着利益获取与成本分担对称的公平原则难以充分体现。而要体现该原则，就需要在行政事业资产的融资环节引入公债筹资形式，需要根据行政事业资产使用年限的长短来设计公债的还本付息计划，使公债还本付息负担的代际分布与资产所提供的公共产品和服务的利益获取代际分布保持对应关系。由于不同的行政事业资产使用年限长短不同，其所提供的公共产品和服务在代际间的利益分布不同，因此，不能“一刀切”地设计出行政事业资产的公债融资计划，必须具体问题具体分析。这需要掌握充分的资产信息，而预算机构由于不管资产，因此不可能掌握充分的信息。行政事业资产管理机构负责管理资产，掌握相对充分的信息，但其并不负责行政事业资产的融资管理，因此行政事业资产的融资形式问题一直难以解决。显然，行政事业资产的融资管理需要反对两种倾向：一是将行政事业资产融资管理排除在行政事业资产管理范围之外，对行政事业单位以债务形式融资放任自流，从而加大政府债务风险；二是完全否定行政事业单位在资产管理的融资环节借助债务形式融资的必要性、合理性。

2. 只管资产不管负债

负债和资产相对应，二者实际上是一个问题的两个方面，因此二者的管理必须统一起来。脱离债务管理单纯从事资产管理，则无法摸清家底，不知道净资产到底有多少；脱离资产管理单纯进行债务管理，则无法对债务风险程度做出恰当的判断。当前我国行政事业资产管理与债务管理的脱节，造成了一些问题：行政事业资产管理机构难以准确把握行政事业单位的负债情况，进而不能准确知道自己管理的行政事业资产到底在多大程度上体现为净资产；政府债务管理机构不能准确知道自己所管理的债务到底和多大规模的资产相对应，仅仅就债务论债务，难以判断债务规模是否合适，到底蕴含了多大程度的债务风险。因此，强化行政事业资产管理需要包括债务管理，需要根据资产规模控制债务规模，防范、控制债务风险。但根据我国现行制度安排，财政部门所管理的行政事业单位债务只包括由财政直接负责偿还的那部分。对行政事业单位通过其他形式举借的债务，由于法律并无明确规定，这些债务的责任主体以及偿还责任难以准确合理界定。另外，受行政事业单位绩效考核机制不完善、不科学等因素的制约，行政事业单位债务借入、使用、偿还等各个环节相互脱节，加之受届别机会主义行为的影响（行政事业单位领导离任后，对任期内的负债不承担责任），因此部分行政事业单位领导会不计成本、不考虑偿债压力大规模举债，导致行政事业单位债务规模过大。[①] 当然，这并不意味着行政事业资产管理要消除债务，否定债务形式在行政事业资产融资过程中所处的地位和所应发挥的作用。一些可以长期使用的行政事业资产，在长达几十年甚至上百年的时间跨度内都可以在公共产品和服务供给过程中发挥作用，完全依靠税收融资并不是合适的选择。

4.2.3　行政事业资产投资管理存在的问题

行政事业单位的投资实际上是行政事业资产的形成过程，理应纳入行政事业资产管理机构的管理范围。但是目前行政事业资产管理机构对行政事业单位的投资管理虽然也发挥一定作用（主要体现为核定行政事业单位新增资产需求信息），但行政事业单位的投资管理主要是由预算、基建、会计等机构负责。这种事实上的多头管理在一定程度上导致了行

① 白桦、俞向军：《行政事业单位债务问题及对策》，载于《行政事业资产与财务》2013 年第 20 期。

政事业单位投资管理的混乱，主要体现在以下几个方面：

1. 行政事业单位投资预算数和决算数偏离大

一般来说，行政事业单位投资要实行严格的预算管理，但一些行政事业单位为了使投资项目比较容易得到批准，在申报投资支出预算指标时，有意压低指标，待项目上马后，再通过各种理由要求追加投资支出指标，通过造成骑虎难下的格局形成倒逼机制来迫使财政部门不得不增加支出指标，通过不断追加预算来保证投资项目完成，由此导致项目决算数和预算数往往有很大的偏离，严重影响了行政事业单位投资预算的规范性、严肃性。

2. 不严格执行招投标制度

我国《招标投标法》第一章第三条明确规定：全部或者部分使用国有资金投资或者国家融资的项目，包括项目的勘察、设计、施工、监理以及与工程建设有关的重要设备、材料等的采购，必须进行招标，具体范围和规模标准，由国务院发展计划部门会同国务院有关部门制定，报国务院批准。但有的行政事业单位通过拆分的办法，化整为零，将一个项目拆分为若干项目，从而使每个子项目的标的金额小于规定限额以回避招标；或者通过寻找所谓的“陪标单位”来使招投标沦为走形式和走过场，使本来应公开、公平、公正的行政事业单位投资的招投标变为事实上的暗箱操作。

3. 财务核算及管理不健全

财政部《基本建设财务管理规定》第六条规定：“建设单位应设置独立的财务管理机构或指定专人负责基本建设财务工作；严格按照批准的概预算建设内容，做好账务设置和账务管理。”但有些单位将基建资金与单位的其他经费混在一起使用，工程直接费用核算不准，间接费用归集不当，从而影响工程造价的真实性。

4. 工程决算不及时

行政事业单位较为重视立项和投资，但对项目决算较为轻视。有的行政事业单位尽管基建工程早已竣工交付使用多年，但一直不进行工程决算，仍挂在“建筑安装工程投资”账上，由此导致资产不能及时登记和行政事业资产账实不符。有的项目已经建成竣工，但因未办理竣工结算等原因继续使用基建投资资金；部分职能部门和领导只关注新开工了多少项目及工程的质量等，忽视项目后期的管理和结算。

4.2.4　行政事业资产配置管理存在的问题

1. 存量资产调剂工作基本没有开展起来

近年来，随着党和政府对行政事业资产管理工作重视程度的提高，从中央到地方各级财政部门都出台了相关制度、规定强化了行政事业资产管理。目前总体来看，借助行政事业资产管理信息系统的构建和完善，行政事业资产管理机构对存量资产在部门、单位之间的配置信息掌握得较为充分，但是作为存量资产配置管理的核心内容，即行政事业资产在不同部门、单位之间的调剂工作却基本没有开展起来。[①] 这不能不令人费解。因为规模庞大的国有资产由各部门、单位占有使用，由于条件变化，资产出现结构性余缺是必然的，有的资产在有的部门、单位处于闲置状态，在另外的部门、单位却可能极其短缺，这就需要对行政事业单位资产存量进行配置调剂，但是在实际调研中发现，资产存量配置调剂机制却基本没有发挥作用。实际工作部门举出的资产存量配置调剂的例子，其发生带有一定的偶然性、巧合性。

比如山东省潍坊市财政局行政事业单位资产管理科接到市图书馆在新馆建成后需处置一大宗旧书架的报告，如果按规定处置这些旧书架，得到的资产处置收益将寥寥无几，而同时分管领导了解到当地一中学有购置书架的要求，于是通过财政局分管领导与两个单位协商，办理了资产划拨手续。对市图书馆而言，资产闲置问题得到了解决，

① 季虹在发表于《行政事业资产与财务》2014 年第 4 期的题为《建立政府公物仓　开创行政事业资产管理新局面》的文章中指出：“近三年来，市（指马鞍山市，引者注）本级行政事业单位办公设备、专用设备、交通工具、信息化建设装备购置年均支出达 1.8 亿元，但几乎没有对闲置物资进行过调剂使用。”

对学校来说，调拨的书架完全可以发挥新书架的作用。这样的资产存量调剂明显节约了财政资金，提高了资产使用效益。但是这种资产调剂现象的出现带有很大的偶然性，其所需要的条件比较严格：第一，图书馆要处置一批书架，并提出了书架处置申请，因为这些书架对其确实已没有什么用处。而通常情况下，一个部门、单位绝对意义上闲置的资产较少，一般都是相对闲置，在资产多少还有些用处，或者虽然目前用处不大或没有用处，但将来可能会有一定用处的情况下，实际占用、使用资产的部门、单位就没有积极性要求调剂资产。因为资产调剂本身需要付出一定代价，需要承担资产调剂的交易成本（从图4-1所示的资产调剂流程不难看出，行政事业单位间办理资产调剂业务无论对资产调出方还是调入方都是比较烦琐的事情），[①] 同时资产调剂对其又不带来直接的收益。第二，当地有一中学需要购置书架，其并不排斥二手书架。而通常情况是该单位会更倾向于接受一手的新资产，因为新资产通常也是由政府财政部门无偿提供。在上面的例子中，该中学找借口拒绝接受调剂的二手书架也是不难做到的。因此，如果存在闲置资产的部门、单位没有积极性处置闲置资产，需要新增资产配置的部门、单位没有积极性接受二手调剂资产，那么行政事业资产管理机构通常就难以掌握相关信息，自然也就难以促成部门、单位间的资产调剂。

---

① 比如以资产调剂的形式来处置资产就包括了九个环节，缺一不可：一是提出调剂申请。调出方要向行政事业资产管理机构和主管部门提交资产调剂处置的申请进行审批。二是登记调剂信息。调出方的资产操作员将审批同意后的调出资产的详细信息在调剂信息管理系统进行登记。三是主管部门审核。主管部门的资产管理员对资产调出方登记的资产调出信息进行审核。四是行政事业资产管理机构审核并发布信息。行政事业资产管理机构对主管部门审核同意后的资产调出信息进行审核，通过后向各部门发布，信息公示期为15个工作日。五是提出调入申请。在信息公示期内，其他单位可根据自身需求，由资产操作员提出资产调入申请，可与资产调出方联系，进一步了解或查看资产详情。六是确定资产调剂方向。信息公示期满后，行政事业资产管理机构根据各部门、单位资产申请情况，结合各部门、单位资产配置情况，综合考虑时间、方式和成本等因素，确定资产调剂方向，并在资产调剂信息管理系统中公布调剂结果。七是出具资产调剂证明。行政事业资产管理机构根据资产调剂结果向调出、调入方出具相应的资产调剂凭证。八是办理资产交接手续。资产调出、调入方根据资产调剂证明办理相应的资产交接手续，并相应调整资产、资金账目。九是登记资产交接信息。资产调出、调入方的资产管理员在行政事业单位国有资产调剂信息管理系统中登记资产的交接日期、交接人等相关信息。办理上述九个环节的手续所需承担的交易成本是显而易见的。

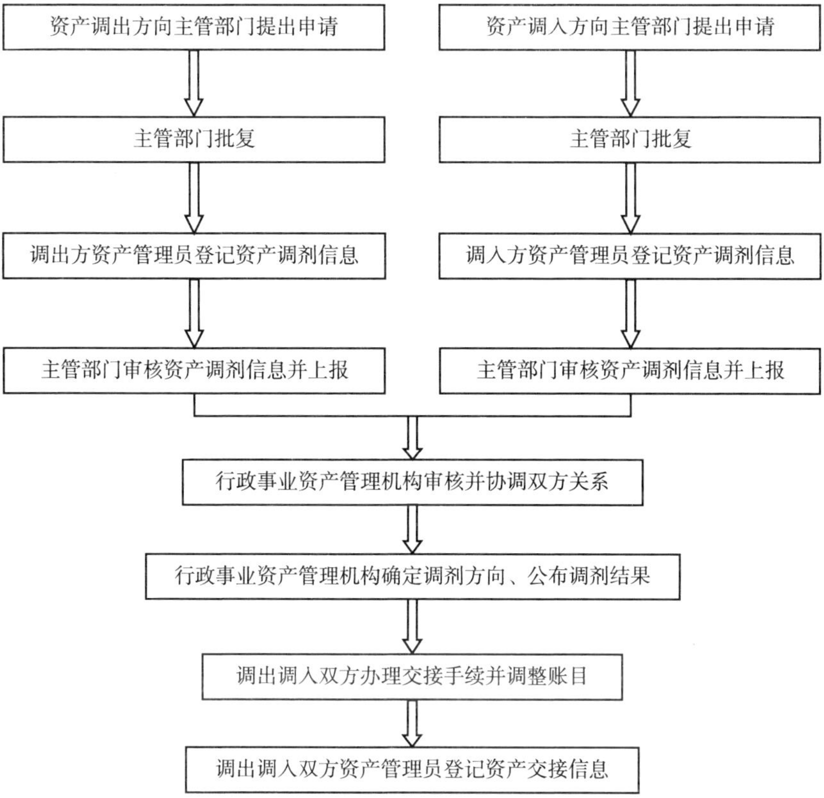

图 4－1　行政事业单位资产调剂流程

2. 增量资产配置预算管理与资产管理脱节的问题一直未能有效解决

相对存量资产的配置管理，增量资产的配置管理情况要好些，但也较为薄弱。比较突出的问题是增量资产配置管理权并没有真正掌握在行政事业资产管理机构手中。从规范的意义上讲，行政事业资产管理机构既然代表政府和财政部门履行行政事业资产管理职能，那么其理应既管行政事业资产的存量配置，又管行政事业资产的增量配置，采取“两手抓、两手都要硬”的方针。但在实践中，根据目前财政部门内部的机构设置及管理权限划分，虽然行政事业资产的存量配置由行政事业资产管理机构负责，但决定行政事业资产增量配置规模及结构的投资性支出的安排却是由预算管理机构负责。这一方面肢解了行政事业资产管理机构的职能，另一方面也降低了行政事业单位投资性支出的分配效率。因为，要合理确定行政事业单位投资性支出的指标，就必须掌握行政事业单位存量资产的规模、结构及现实状态，但预算管理机构并不掌握相关的充分信息；行政事业资产管理机构虽然掌握相对充分的信息，但却并不掌握确定行政事业单位投资性支出指标的权力。这意味着预算管理机构在确定行政事业单位投资性支出指标时往往带有一定的盲目性、随意性。在实践中经常出现且饱受诟病的问题是：有的行政事业单位资产存量规模很大、人均占有资产量远超其他单位，甚至是刚刚配置了新的资产，却在新的预算年度仍然得到了预算管理机构所核定的大笔投资性支出；有的行政事业单位资产存量规模较小、人均占有资产量很低，却难以在新的预算年度得到合适的投资性支出指标，由此导致不同的行政事业单位在资产占有方面苦乐不均，不能做到“同等情况、同等对待；不同情况、不同对待”。由于行政事业增量资产最重要的形成渠道是通过财政部门安排投资性支出来实现，财政部门安排的行政事业单位投资性支出的规模和结构在很大程度上决定了行政事业增量资产配置的规模及结构，因此这种增量资产配置的预算管理与资产管理的脱节所产生的负面影响就较为严重，既违背起码的公平原则，也妨碍行政事业单位职能的顺利实现。总之，这种增量资产配置预算管理与资产管理的脱节，本质上就是行政事业资产存量管理与增量管理的脱节，由此导致预算体系中资产预算难以合理编制，增量资产配置难以优化，财政优化资源配置职能难以顺利实现。具体来说，其所造成的危害体现在以下几个方面：

第一，难以合理确定财政投资性支出指标。确定财政支出指标可以采用基数法和零基预算法。对财政安排的消费性支出来说，这两种方法都可以采用。采用基数法就是要以以前年度的消费性支出作为基数，结合当年的情况加以增减调整。这种方法承认和强调了财政活动是一个连续稳定的过程，有利于保证财政支出安排的连续性和稳定性，而且这种方法比较简单，易于操作，所以在具体财政实践中得到了广泛应用。用零基预算法确定消费性支出指标就不必考虑以前年度安排的消费性支出的数额，而是直接分析影响消费性支出的因素，然后量化加总求和，这种方法的好处是便于克服以前年度影响消费性支出的不合理因素，从而可以相对合理地确定支出指标，但是这种方法工作量大，操作烦琐，难以保证消费性支出指标确定的时效性。由于两种方法各有得失，所以确定消费性支出指标时可相机选择。但是对于财政安排的投资性支出指标的确定，这两种方法的运用就有很大不同。首先，用零基预算法确定投资性支出指标是不合适的，因为投资性支出不同于消费性支出，消费性支出当年就消耗掉，第二年需要重新安排，而投资性支出会形成在多个财政年度连续存在并稳定发挥作用的资产，不考虑以前年度投资性支出所形成的资产状况，而直接分析部门、单位职能实现对资产需求的影响因素，然后量化加总求和确定投资性支出指标，会导致部门、单位最终所掌握的资产远远超过其职能实现对资产的需求，从而降低财政投资资金分配效率和行政事业资产的配置绩效。其次，用基数法确定财政投资性支出指标与确定消费性支出指标也有明显区别。消费性支出由于并不形成资产，所以确定当年的消费性支出可以上年的消费性支出为基础，这不仅能减少工作量，而且可以保证财政消费性支出安排的连续和稳定，但投资性支出由于要形成可在多个财政年度连续存在的资产，所以安排投资性支出就不能以上年的投资性支出指标为基础，能够作为基数的只能是部门、单位存量资产的数量，在此基础上比对部门、单位职能实现对资产的现实需求，进而确定投资支出指标。在财政实践中，预算机构负责确定财政投资性支出指标，但其并不负责管理行政事业资产，对确定投资性支出指标所必须的存量资产信息的掌握并不充分，由此导致其决策自然带有一定的盲目性、随意性。

第二，导致行政事业增量资产配置因逆向选择而难以优化。财政面向行政事业单位安排的投资性支出形成行政事业资产的增量，其合理安排有助于优化行政事业资产的增量配置。但在行政事业资产管理与预算管理脱节的前提下，要优化行政事业资产的增量配置是非常困难的。原因如下：需要配置资产的行政事业单位是以无偿方式获取行政事业资产。作为利己的经济人，其会倾向于尽可能多地占有行政事业资产。因此，部门、单位呈报的投资性支出指标往往是夸大的。如果预算机构能充分掌握部门、单位的存量资产信息，那么其可以相对容易地判断部门、单位呈报的投资性支出指标的真实程度，进而可以对部门、单位的投资性支出指标进行增减调整，但是在预算机构并不掌握行政事业单位存量资产信息的条件下，各部门、单位夸大投资性指标会使预算机构面临巨大的平衡收支的压力。为实现收支平衡，其必须压缩部门、单位的投资性支出指标。由于没有信息优势，采取“一刀切”的压缩方式往往是最终选择，由此导致越是相对如实呈报信息的部门、单位越是吃亏，而越是夸大资产需求信息的部门、单位越能在指标确定中居于有利位置，这会导致如实呈报资产需求信息的部门、单位越来越少，而夸大资产需求信息的部门、单位越来越多，从而出现了所谓的逆向选择。因此，在预算机构并不掌握部门、单位存量资产信息的前提下，要实现增量资产配置优化是不可能的。

第三，丧失通过增量资产的合理配置来优化存量资产配置的可能。行政事业资产的配置可以分为存量配置和增量配置两个方面，存量资产配置是增量资产配置的基础，要优化增量资产配置必须以掌握存量资产配置信息为前提。由于预算机构确定投资性支出指标并不掌握存量资产信息，这种预算管理与资产管理的脱节对资产管理所产生的影响集中体现为资产存量管理与增量管理相互脱节。从理论上讲，行政事业资产存量配置即便在初始环节是合理的，随着时间的推移，以及部门、单位所处环境约束条件及职能实现所要履行的职责和任务的变化，资产的存量配置客观上也需要优化调整。从理论上讲，财政部门行政事业资产管理机构代表政府可以在不同部门、单位甚至不同级次政府之间调剂资产余缺，毕竟行政事业资产的所有权属于国家，管理权属于政府，部门、单位只是享有占有、使用权。若特定资产在一些部门、单位出现闲置，而另一些部门、单位存在同类资产短缺，则应在不同部门、单位之间实现资产调剂。但是在实践中，这种资产调剂却很少发生。问题的关键在于这种资产调剂通常采用无偿划拨的形式。对于调出资产的部门、单位，其利益不仅难以得到增进，还要承担办理资产划拨手续所必须付出的成本，因而没有积极性将闲置资产划拨出去；对于需调入资产的部门、单位，通过资产调剂调入的资产是二手的旧资产，而通过增量资产配置所形成的资产则是一手新资产，既然新资产和旧资产都是无偿获取，那么作为理性的经济人，其更有积极性通过增量资产配置获取新资产。由于部门、单位相对于行政事业资产管理机构具有信息优势，存在资产闲置的部门、单位可以利用自己的信息优势，不呈报闲置资产的信息；资产短缺的部门、单位也可以利用自己的信息优势，表明调剂的资产并不能完全满足本部门、单位的资产需求。这就导致虽然理论上可行的部门、单位之间的资产余缺调剂，在具体的行政事业资产管理实践中却极少出现。因此，现实中部门、单位若出现资产短缺，通常通过增量资产配置予以满足。而增量资产配置则需要以掌握存量资产配置信息为基础和前提，而我国预算机构掌握资产增量配置权，却不负责存量资产管理，由此所导致的资产增量管理与存量管理的严重脱节，事实上造成了不可能通过增量资产配置来弥补、调整和纠正存量资产配置问题。

针对这种现象，近年来不少地方政府采取了旨在实现行政事业资产管理与预算管理相结合的改革措施。对行政事业单位来说，其新增资产需求指标首先要经过行政事业资产管理机构审查，然后才能报预算管理机构申请投资性支出指标。这虽然在一定程度上缓解了资产管理与预算管理脱节所导致问题的严重程度，但却使本来是完整统一的一项资产管理工作被人为地割裂为两个环节，本来应由一个机构负责的事情变为由两个机构负责，由此必然加大制度运作成本，同时也带来了新的问题。因为在这种制度安排下，预算管理机构仍然不能掌握行政事业单位存量资产的信息，其只能相信行政事业资产管理机构的审核是合理的。而行政事业资产管理机构虽负责审核行政事业单位新增资产的需求信息，却并不负责安排投资性支出，因而也就可以不考虑平衡预算收支的压力，该压力完全由预算管理机构承担。对行政事业资产管理机构而言，行政事业单位投资性支出规模偏大对其只是带来好处，而没有什么坏处，这可以使其管理更多的行政事业资产，从而使其自身的地位和权力得到更为充分的尊重和体现。因此对行政事业单位的新增资产需求信息不进行严格审核，从而使行政事业单位能够安排规模更大的投资性支出，这对行政事业资产管理机构来说是理性选择。其可以在不增加自身支出压力的前提下，更好地协调自己与行政事业单位的关系。因此，作为理性的经济人，行政事业资产管理机构在并不掌握确定行政事业单位投资性支出指标权力的前提下，其放松审核力度，把平衡收支的压力甩给预算管理机构则是有助于实现其自身利益最大化的做法。而预算管理机构在不掌握充分信息的前提下，面对收支平衡的压力，只能“一刀切”地压缩行政事业单位的投资性支出指标。在信息不对称的情况下，逆向选择就是必然出现的结果。因为预算管理机构“一刀切”式的压缩会使如实呈报资产需求信息的行政事业单位吃亏，而虚报资产需求信息的行政事业单位却可以得到额外利益，由此会导致如实呈报资产需求信息的行政事业单位越来越少，而虚报资产需求信息的行政事业单位会越来越多，这会进一步加大审核、确定行政事业单位投资性支出指标的难度。因此，从经济学的角度看，当前实现资产管理与预算管理相结合的制度改革，只能是在目前的机构设置和管理权限划分的制度约束下缓解问题严重程度的权宜之计，而不是治本的办法。为了强化行政事业资产管理，解决目前行政事业增量资产管理与预算管理脱节的问题，提高资产配置效益，需要在考虑行政事业资产管理机构资产管理职能被肢解问题的基础上，实现制度创新。

3. 资产配置方式单一

从理论上讲，行政事业单位面向社会提供的公共产品和服务通常难以定价收费，或者即便可以收费但收费标准也往往偏低，所以其资产需求通常由政府财政拨款解决。但是通过财政拨款满足行政事业单位的资产需求并不等于一定要形成由政府代表国家行使所有权的行政事业资产。行政事业单位所需资产由政府提供并不等于政府提供的资产所有权一定归属于政府。政府可以通过财政拨款形成行政事业资产的方式满足行政事业单位的资产需求，也可以通过租赁等方式借助非政府资产来满足行政事业单位的资产需求。到底采用哪种方式应取决于哪种方式能降低费用开支，提高财政资金使用效益。在实践中，行政事业单位履行职能所需资产一般都由政府财政部门免费配置，这已是习以为常、司空见惯的事情。一些部门、单位并不经常使用的资产也通过资产购置形成行政事业资产，结果导致资产闲置，即便可以进入公物仓提高使用率，如果总体使用频率不高，那么通过租赁（尽管租赁费用相对较高）来满足这种临时性的资产需求仍然不失为理想选择。即便是一些经常性使用的资产，如车辆、房产，通过租赁的方式来满足资产需求也可纳入考虑范围。虽然从表面上看，租赁车辆和房产的费用较高，但综合权衡，成本可能相对更低。行政事业单位购置公务用车，要付出的费用不仅是车辆购置费、燃油费，还需承担维修保养费、保险费以及司机的工资和福利开支等各项费用，这些费用加起来通常远超车辆租赁费。近年来推行的车改本质上是满足行政事业单位资产需求的资产供给方式的根本变革：由政府直接提供行政事业资产转向费用包干使用的资产租赁。办公用房的资产需求也带有类似性质。通过政府投资建办公楼满足资产需求，需要一次性支付巨额投资支出，还需承担维修管理费用，很多行政事业单位还因此形成规模庞大的后勤服务集团，较之租赁办公用房，费用可能更高。但是过去传统体制的长期推行，使得行政事业单位资产需求的满足带有明显的“路径依赖”，即习惯于通过财政拨款形成行政事业资产来满足资产需求而不是借助成本更低的市场渠道。

4. 资产配置集权管理与分权管理的关系尚待协调

从提高资产配置管理效率的角度考虑，资产集权配置有其有利的一面，但也存在一定的缺陷和弊端；分权配置有其有利的一面，但也存在一定的不足和局限。无论集权配置还是分权配置都是瑕瑜互见的，这意味着二者都有其适用的领域并且都存在保持合适程度的量的界限。超出其适用的领域和合理的程度，无论集权配置和分权配置，都会对行政事业资产管理造成负面影响。在行政事业资产配置实践中，有些应该实行集权管理的却实行了分权管理。比如，不少地方政府行政机构办公用房的管理明显过于分权。在国家规定行政人员办公用房面积标准、禁止办公用房面积超标后，很多政府职能部门的办公大楼出现房屋闲置，合并办公场所应是加强行政机构房产管理的当务之急。尽管政府机关事务管理局名义上掌握行政机构房产管理权，但房产在配置到政府各职能部门后，占有、支配、使用权就掌握在各个职能部门手中，这种行政机构办公用房的分权管理导致合并办公场所操作起来困难重重。一些可以共用但使用频率并不高的大型设施和设备也可以实行集权管理，比如有些地方政府投资建设的大学城项目，在一个区域集中了多所高等院校，每所院校都投资建设自己的体育馆、游泳馆，但这些设施往往不能得到充分利用，教育主管部门如果能在合适位置建设体育馆、游泳馆，面向各个高校提供服务，则可以有效提高设施利用率。有些大型设备，由主管部门集中购置然后面向各单位提供服务，较之由各个单位自行购置，资产管理效率会更高。

5. 公物仓制度作用发挥有限

在实际调查中发现，这种在理论上看来非常有效率的制度安排，在实践中却并不能充分发挥作用。主要原因如下：一是公物仓人手少，难以做到对资产进行分类细化管理，管理人员自身就难以充分掌握公物仓资产的详细信息，这给部门、单位申请使用资产带来很大麻烦。二是公物仓仓库容量有限，大量闲置资产并不能做到在公物仓有序摆放、随用随取。三是一级政府行政事业资产管理机构设置一个公物仓，导致公物仓资产种类繁多，给资产管理及部门、单位领用临时性资产带来很大不便。四是部门、单位没有积极性把闲置资产缴存公物仓。《驻马店市市级政府公物仓管理暂行办法》于 2011 年 7 月颁布实施后一年多的时间，由于受各方面条件的制约，市级政府公务仓并没有真正运行起来，公物仓资产的归集、使用或处置都是空白。行政、事业单位出于部门利益考虑，不愿将本单位闲置、淘汰、超标准配置、罚没及涉案物品等资产主动缴入公物仓管理，致使市级政府公物仓没有归集到一件物品（赵振，2013）。

4.2.5 行政事业资产运营管理存在的问题

1. 行政事业单位举办经营实体而使资产处于生产经营领域存在的问题

行政事业单位举办经营实体现象的出现与改革开放以来财政职能弱化和预算外资金规模膨胀有内在联系。我国渐进式的改革思路采取了“放权让利”由政府承担改革成本的办法，以尽可能减轻改革的阻力。在收入筹集上，政府降低了财政集中度，使收入分配向企业、个人倾斜，由此导致财政收入占 GDP 比重下降；同时为保证改革按照“帕累托增进”标准进行，政府对改革中的利益受损者安排了大量的财政补贴，由此加重了财政负担。于是，财政面临收入量相对减少和财政支出压力不断加大的局面，财政资金供给能力弱化。在政府各职能部门包括事业单位难以得到足够政府财力支持的情况下，政府被迫明确了预算外资金的地位和各部门、各单位筹集预算外收入和安排预算外支出的权力。于是行政事业单位举办经营实体①就成为筹集预算外收入的一个重

① 根据陈百平（2017）的划分，行政事业单位举办的经济实体主要包括与行政单位尚未脱钩的经济实体、事业单位创办的具有法人资格的企业以及实行企业化管理并执行企业财务会计制度的事业单位三大类。王春鸥（2018）将行政事业单位所属企业划分为四种类别，即主管部门直属企业、事业单位投资设立企业、企业化管理事业单位以及文化事改企单位。

要来源。虽然2015年《预算法》已取消了预算外资金范畴，但是行政事业单位举办的经济实体仍然大量存在，其运营管理存在的问题主要包括以下几个：[①]

第一，管理体制难以理顺。这些经济实体隶属于行政事业单位，从行政隶属关系的角度看，其资产属于行政事业资产，理所当然地应纳入行政事业资产管理的范围，但是从资产性质分析，其资产属于生产经营性资产，又应纳入国资委或国资局管理的范围，由此导致这些资产处于两大政府资产管理机构管理的交叉地带，从管理权限划分角度看，难以协调行政事业资产管理机构与国资委的关系。

第二，形式上从属于行政事业单位但实质上却在从事经营活动的特殊性质，决定了行政事业资产运营难以受到有效监管。[②] 一方面，这些用于运营的资产对行政事业单位具有从属性质，使之可以很容易地藏身于行政事业单位体系之中，从而难以成为管理经营性资产的国资委的主要监管对象。与一般国有企业相比，对这些用于运营的行政事业资产健全内部管理制度和操作规程难度相对较大，或虽有相关制度，但多数内容涵盖不全，加之监督不到位，制度往往变成空文。另一方面，其资产的经营性质和企业组织形式，又使之可以在很大程度上躲避来自行政事业资产管理机构的监管，虽然行政事业资产管理机构对事业单位举办经济实体所需资产强调严格审批，控制非主业投资，但是在实际操作中，一些专业性、行业性、技术性较强的事业单位的投资到底是否符合主业发展要求，比较难以界定。事业单位对外投资虽然规定不许使用财政专项资金，但其他资金哪些可用、哪些不能用，规定并不明确。

---

① 山东省科学院：《事业单位所办企业存在的问题及其对策》，引自《思考　创新发展——山东省行政事业资产管理征文获奖作品集》，经济科学出版社2014年版，第373~374页。

② 这有着较为深刻的历史原因，根据王春鸥（2018）的分析，在20世纪90年代的发展进程中，行政事业单位兴起了“三产”之风，许多企业在进行注册时是以行政事业单位的名义进行的，但是具体的出资人为经营者，这些企业也就称为“红帽子”企业。在这一过程中，企业的管理就会出现混乱的情况，产权不分问题的存在使得许多工作无法得到有效的落实。这些企业的法人尽管是由事业单位的负责人来兼任，但是从实际的经营情况来看，出资人占据着主导地位，整个生产经营已经实现了完全市场化，很难按照以往的方式来进行产权确认（王春鸥：《行政事业单位所属企业国有资产监管策略研究》，载于《经贸实践》2018年第9期）。

第三，所属经济实体难以形成有效法人治理结构。行政事业单位所属经济实体有的虽然采取了公司制的企业组织形式，成立了由股东大会、董事会、监事会和经理层组成的法人治理结构，但其中很多实体的法人代表就是事业单位领导，甚至董事长和总经理由一人担任，经营层失去有效制衡与监督，监事会形同虚设。在行政事业单位领导和经济实体领导合二为一的条件下，行政事业单位业务开展和实体运营当然会被单位领导统筹考虑，由此导致政企不分、事企不分。[①] 即便经济实体领导和行政事业单位领导形式上分开，但经济实体领导毕竟由行政事业单位领导任命，直接对行政事业单位领导负责，这种形式上的分离并无多大实际意义。

第四，公有产权性质决定了行政事业单位所属经济实体无法发挥比较优势。公有产权的比较优势是生产提供公共产品，满足公共需要，实现公共利益；私有产权的比较优势是生产提供私人产品，满足私人需要，实现私人利益。而行政事业单位所属经济实体处于市场有效作用领域，生产提供私人产品、满足私人需要，明显是在用自身的比较劣势与私有产权的比较优势竞争。加之相对于一般国有企业其所具有的特殊性质，使之更难受到有效监管，所以行政事业单位所属的经济实体的资产运营效果相对于受到国资委监管的国有企业通常不是更好，而是更差。从规范的意义上讲，行政事业资产本应处于市场失效或部分失效的领域，在一定程度上远离商品生产和商品交换，从而避免在交易过程中容易出现的资产流失，但是行政事业单位所属经济实体所掌控的资产毕竟处于严格意义上的市场有效作用的领域，其资产运营直接涉及商品和服务的交换，因此在交易过程中出现资产流失、损害政府利益的风险会加大。很多的现实例子表明：不仅用于运营的行政事业资产增值目标实现不了，实现资产保值亦较为困难。这成为强化行政事业资产运营管理所亟待解决的现实问题。

---

① 据浙江省财政厅资产处统计，至 2012 年底，浙江省级单位所属 468 家一级企业中，企业主要负责人由主管单位人员兼职的企业有 328 家，占 70%。这种企业领导由主管单位领导兼职的方式，很大程度上存在政企不分、事企不分的问题，既制约了企业的自主权，又造成决策链条过长，决策往往跟不上市场的变化，尤其在经济不景气的情况下，企业经营受到的冲击更为严重（浙江省财政厅资产处：《行政事业单位所属企业资产管理中存在的问题及对策》，载于《行政事业资产与财务》2014 年第 6 期）。

案例：

浙江省行政单位所属企业运营情况分析[①]

浙江省2015年度企业决算报表显示，全省行政事业单位所属一级企业户数共1856户，企业资产总计24823亿元，负债合计14076亿元，所有者权益合计10747亿元，营业总收入3218亿元，利润总额233亿元。其中省本级企业（不含省国资委监管企业）资产总计1328亿元，负债合计382亿元，所有者权益合计945亿元，营业总收入439亿元，利润总额82亿元。浙江省行政事业单位所属企业主要由各级财政部门负责监管，形成了“财政部门—主管部门—行政事业单位”三个层次的监管模式，对这些企业涉及国有权益变动的事项，由财政部门负责审批，其他重大事项包括企业管理者的选择、行业管理、经济责任考核等主要由各主管部门和出资单位负责。从总体情况看，负有监管责任的各主管部门和出资单位基本能履行企业监管职责，也有一些资产管理和经济责任考核的监管制度；通过人事任命和经济责任考核，直接管理部门直属的企业，或者委托事业单位管理下属企业；对下属企业诸如重大投资、大额资产处置、担保等重大事项也有报告报批要求；部分单位能通过内部审计和中介审计获取考核数据，基本能实现国有资产保值增值。但由于行政事业单位所属企业的情况非常复杂，管理层级多，职责分工不清，监管制度不全，造成行政事业单位所属企业在运行、监管等方面还存在诸多问题：

一是数量多、规模小、分布散、效益差。从资产规模和职工人数看，这些企业绝大多数是小企业。从行业看，种类繁多，涉及各行各业，如后勤服务类的宾馆、招待所、培训中心等，还有就技术业务相关或相近而设立的校办企业、卫生医疗企业、农业企业、水利企业、科技企业等。从营业收入看，经营状况不理想，营收小、收益差、资产保值增值能力低。

① 陈百平：《行政事业资产所属企业国有资产监管的问题及对策》，载于《行政事业资产与财务》2017年第28期。

二是制约多、决策慢、管理乱、经营风险难管控。由于历史原因，行政事业单位所属企业很大程度上存在“政企不分、事企不分”问题，往往缺乏市场经营理念和管理手段，习惯于依靠政策优势获得项目与资源，不按市场规律办事。行政事业单位作为举办者或出资人，也习惯于采用行政管理的方式，对企业给予过多的行政干预和不专业的指导，制约了企业的自主经营权，造成了经营管理上的混乱；同时，由于决策链条过长，跟不上瞬息万变的市场变化，使这些企业越来越缺乏竞争力。由于“政企不分、事企不分”，很多企业未实行公司制改造，其法律风险、经营风险、财务风险、行政风险都很难防控。

三是法人治理结构不完善，举办者或出资人监管不到位。行政事业单位所属企业特别是企业化管理事业单位往往是双重法人，既是事业法人又是企业法人，两块牌子一套人马。所用房产大多又属于主管部门，产权无法分割，有些与举办单位之间还有很多往来款项、债权债务没有理清，待处理的盘盈盘亏事项多，企业的股权结构也不清晰，还存在很多历史遗留问题。一些后勤服务单位名义上实行企业化管理，但内部管理上仍沿袭事业单位管理模式，未建立法人治理结构，经营决策仍按以往事业单位决策程序进行，单位负责人的薪酬按事业单位绩效工资标准发放。举办单位也没有对单位负责人进行经营业绩考核和薪酬管理，国有资产保值增值考核更无从谈起。即使以企业身份存在的经营实体，法人治理结构也不完善，有的虽已成立股东会、董事会、监事会，但运作存在缺陷，有名无实，更多的是听命于举办者或出资人，董事会和管理层没有获得相应的权利。举办者或出资人囿于自身党政机关和事业单位的特定属性，无暇顾及企业的运营，监管缺位，没有建立有效的企业负责人业绩考核与评价机制。有的尽管也有一些经济责任考核制度，但没有建立完整的国有资产保值增值考核机制，导致国有资产管理混乱，保值增值率低。“内部监管不到位、外部监管缺失”等问题严重。

2. 行政事业单位通过出租、出借的方式将资产用于运营目前存在的问题

有的行政事业单位利用自己的信息优势，擅自将资产用于出租、出借而不经过行政事业资产管理机构审批。资产出租、出借过程透明度不够，资产出租、租借的价格也不采取公开招标的办法，甚至不经集体讨论或虽经集体讨论但流于形式，主管领导说了算；租期、租金确定随意，租金明显低于市场价格；租金不能按时收缴，存在“暗箱操作”，加大了出现各种消极腐败现象的可能性；资产出租、出借收益不按照规定上缴国库实行“收支两条线”管理，而是坐支收益或者以各种费用冲抵资产出租、出借收益。出现上述现象的原因有以下几种：

第一，行政事业资产管理机构受人员编制及岗位设置制约，人手有限，而行政事业资产管理工作千头万绪，行政事业资产出租、出借及收益管理仅是其工作的一个方面，在“一对多”的监管模式下，不可能掌握行政事业资产出租、出借的充分信息。

第二，行政事业单位能用于出租、出借的资产规模一般不会太大，通常不会引起足够重视；掌握资产控制权的个人通过暗箱操作攫取个人私利，其他人员一般不能掌握其谋取私利的证据，单位内部人员即便知道有人从中攫取私利，存在腐败行为，也难以举报，或虽然举报但通常查无实据；资产出租、出借收益与谋取小集团利益有关，单位内部所有人都是受益者，对明显违规违纪的资产出租、出借行为选择“视而不见”；单位资产出租、出借行为虽然并不规范，存在违规、违纪问题，但并未严重到让掌握资产控制权者下台的程度，单位内部人员即便了解情况，也会惧于被“穿小鞋”受到不公平对待而不敢、不愿披露信息。

4.2.6　行政事业资产处置管理存在的问题

1. 资产不能及时处置的问题

行政事业资产除土地外都有一定的使用年限，达到规定使用年限，需要报废或者事实上已经处于报废状态的资产需要及时办理资产处置手续，以做到资产账实相符。但是在实际调研中发现，不少行政事业单位存在事实上已处于报废状态的资产却长期未办理资产处置手续的现象，究其原因，大致可概括为三个方面：一是资产处置手续办理较为烦琐[①]，

---

① 季虹在发表于《行政事业资产与财务》2014 年第 4 期的《建立政府公务仓　开创行政事业资产管理新局面》文章中指出：“以我市（马鞍山市，引者注）某省级示范高中为例，由于资产处置手续烦琐且对计算机、打印机、复印机等电子类设备处置方式没有明确规定，其历年更新淘汰的电脑、办公设备、实验设备、桌椅板凳堆满了一个 200 平方米的大教室，校方表示闲置下来的资产既占据办学空间，又造成浪费，迫切需要找到资产出口。”

需要有关机构、人员承担一定交易成本而资产处置本身并不能为其带来直接收益。二是资产处置管理和资产配置管理衔接不紧。对于行政事业单位的重置资产，严格说来，应强调新资产配置管理与旧资产处置管理紧密结合，旧资产没有处置，就不能配置新资产。但在实践中，一方面，行政事业单位资产的更新、购置都是由单位提出申请，报财政部门预算管理科室同意后配置（需政府采购的报政府采购部门批准），不管单位旧资产是否处置，都不影响该单位配置到新的资产。这种财政资产管理部门与财政预算和政府采购管理部门的工作脱节,[①] 使旧资产的处置对新资产的配置没有实质影响，部门、单位都没有积极性处置旧资产。另一方面，要求新资产配置到位前必须办理完旧资产的处置手续，或者要求新资产配置到位的同时，旧资产必须同步办理相应处置手续，在实践中也的确有一定难度，二者之间客观上存在时间差。于是经常出现的情况是：新资产已经配置到位，但旧资产处置手续迟迟未能办理或未能办理完毕。由于新资产已经配置到位，旧资产是否处置以及处置手续是否办理对新资产的获取已没有多大实际影响，这就不能不影响到行政事业单位及时办理资产处置手续的积极性。三是重置资产配置与新增资产配置未能实现分开管理。行政事业单位提交的资产预算实际包括两部分：其一是资产达到规定使用年限需要实现资产重置的预算；其二是由于单位人员增加、工作量加大或为提高工作效率而需要新增资产配置的预算。这两种资产配置所对应的资产管理方式是不同的，重置资产的管理需要与资产处置管理结合起来，而新增资产的管理则不涉及相应的资产处置问题。因此，行政事业单位上报的资产预算所对应的这两部分资产应分开列示。但行政事业单位资产预算的编制往往是按照资产的具体性质进行分类，对每类资产并没有按照重置资产和新增资产性质的差别进行区分。因此，对每类资产来说，行政事业资产管理机构只是进行了总量管理（根据资产存量判定其资产预算的合理性），而没有进行严格的分类管理以做到不同情况区别对待。这事实上丧失了借助行政事业资产预算的编制、审批来强化行政事业单位资产处置管理的机会。

---

① 陈爱国、祁望海：《孝感市级行政事业单位国有资产处置的调研》，载于《孝感财政》2015 年第 2 期。

2. 行政事业资产处置不当问题

第一，能调剂的资产采用了处置的方式。行政事业单位需要处置的资产并不一定就是需要报废的资产，也可能包括一部分闲置资产。闲置资产处置的审批相对报废资产更为重要。对于报废资产的审批更多地体现为一种手续、程序，经济意义不大，但是闲置资产的报批则完全不同。因为对于一个部门、单位而言是闲置的资产，对另一个部门、单位可能就是急需的资产。从这个角度讲，建立资产处置报批制度有利于把资产处置与资产调剂结合起来，做到能调剂的资产不处置，这对于提高资产使用效益具有重要意义。因此，行政事业单位处置资产首先需要向主管部门报批，主管部门若能在本部门内实现资产调剂，就不需该单位再处置资产。若本部门没有资产调剂余地，则报行政事业资产管理机构审批，若行政事业资产管理机构能在不同部门之间实现资产调剂，也就不涉及资产处置问题。从理论上讲，即便行政事业资产管理机构在一级政府内部各个部门之间都难以实现调剂的资产，还存在在不同级次政府之间实现资产调剂的可能。因此，所谓的闲置资产在不同的单位之间、不同的部门之间、不同级次政府之间实现资产调剂的余地是很大的，建立不同层次的资产处置报批制度不仅有助于加强行政事业资产处置管理，而且有助于把资产调剂工作做到位。

第二，资产处置的方式、过程不规范。① 一是有的单位对规定限额内的自行处置资产处置起来主观随意性大，把在规定限额内的自行处置理解为可以随意处置，内控机制不健全，不走必要的内部审批程序，不进行资产处置价格评估，存在明显漏洞；二是对规定限额以上的资产处

---

① 据陈爱国、祁望海在湖北孝感市的调研：市直某单位 2007 年不通过审批直接将本单位总建筑面积 164.7 平方米的房产和 95.3 平方米的房产，按 152.877 万元的价格与房产开发商签订了转让协议，事后没有办理资产核销手续，导致资产账实不符，直到 2011 年审计发现问题后，才于 2014 年到财政部门补办了资产处置审批手续。市直某单位在单位脱钩业务中的部分资产处置中，没有按照财政部门批复文件进行公开拍卖，而是直接通过协议转让方式对资产进行了转让。2013～2015 年 4 月底，受理的房产处置业务中有 4 家单位其实是已经私自将本单位的房产卖给本单位新进人员，由于不能办理房产过户手续而来补办审批手续的（陈爱国、祁望海：《孝感市级行政事业单位国有资产处置的调研》，载于《孝感财政》2015 年第 2 期）。

置不按规定报批，比如擅自拆除、出让房屋，擅自变卖处置车辆，越权报废资产等；三是处置资产的过程规范性、公开性、透明度不够，资产处置的暗箱操作、私下交易导致资产处置价格偏低，明显低于相同或类似资产的市场交易价格；四是资产处置收益不能及时足额上缴国库问题突出，有的单位私设小金库，将资产处置收益挪作他用，导致资产处置收益流失。①

4.3 “如何管”方面存在的问题

4.3.1 对资产管理假设有所忽视

行政事业资产要配置于政府的各个部门，各个部门的资产要配置于各个单位，各个单位的资产又要配置于不同的机构并为特定的人员所占有、使用。因此，这些占有、使用行政事业资产的部门、单位及有关人员的行为目标及行为方式选择，对行政事业资产管理工作有着至关重要的影响，做好行政事业资产管理工作需要对这些掌握资产占用、使用权的部门、单位以及个人的属性有一个基本的判定，即要有一个基本假设前提。这对于分析、理解这些部门、单位及有关人员的行为目标和行为方式不可或缺。

对行政事业资产管理工作而言，把这些部门、单位和个人看成利他的政治人还是看成利己的经济人，会对应完全不同的管理方式和管理方法。长期以来，经济人假设往往用于对私人经济部门的企业和家庭的行为进行分析，将其视为在特定约束条件下追求自身利益最大化的经济主体。而在分析公共经济部门及有关主体的行为时，总是有意无意地采用政治人假设，把各级政府、政府的各个部门、各个单位以及政府部门的从业人员看成是追求公共利益的。实践证明，这种假设前提与现实相去甚远，依据这样的假设前提已经很难对行政事业资产管理工作实践中面临的诸多问题给出合乎逻辑的理论解释。比较典型的表现是：很多部

① 明德兵：《浅议如何改进行政事业资产处置工作》，引自《思考　创新　发展——山东省行政事业资产征文获奖作品集》，经济科学出版社 2014 年版，第 188 页。

门、单位存在大量闲置资产，而另一些部门、单位急需这些闲置资产，但行政事业资产管理机构却很难在部门、单位间实现资产调剂。造成这种现象的一个重要原因就是行政事业资产管理机构并不能准确掌握各个部门、单位闲置资产的有关信息，因为资产到底是否处于闲置状态，部门、单位最有发言权，其若不把闲置资产的信息上报行政事业资产管理机构，行政事业资产管理机构就难以判断部门、单位的资产到底是否处于闲置状态。如果政府部门、单位是追求公共利益最大化的，那么存在闲置资产的部门、单位应该会积极主动地呈报闲置资产的有关信息并配合行政事业资产管理机构办理资产划拨手续。尽管由此并不能为本部门、本单位带来利益增进，但只要有利于实现公共利益，追求公共利益最大化的部门、单位就会有积极性将本部门、本单位的闲置资产划拨出去；而急需新增资产配置的部门、单位也会有积极性接受这种调剂过来的二手资产。虽然新增一手资产也是通过财政拨款解决，并不需要增加部门、单位的经济负担，但作为追求公共利益最大化的部门、单位为实现公共利益的增进，会尽其所能为政府排忧解难，想方设法减轻财政负担，进而会乐于接受这种二手资产调剂。但是在现实中，部门、单位之间的资产调剂很少发生，即便发生也带有很大的偶然性。究其原因，这与我们长期以来对部门、单位性质的基本假定偏离客观实际有直接关系。本来是作为利己经济人的部门、单位被假定为追求公共利益最大化的政治人，由此会导致行政事业资产管理的现实与根据理想假定所进行的理论推演严重脱节。依据利他政治人假设推演出的应然结论与实然结果不可能保持一致。

另外，信息方面的假设也至关重要。如果行政事业资产管理机构掌握充分的信息，并且在行政事业资产管理机构、部门、单位、个人之间并不存在信息的不对称，那么行政事业资产管理也就不难达到理想状态。但现实中，行政事业资产管理机构并不掌握充分的信息，而且信息在不同主体之间是不对称的。一般来说，行政事业资产管理机构要面对多个政府部门，其所掌握的资产信息来自各个部门的汇总上报，而各个部门作为利己的经济人，在汇总上报资产信息时总会或多或少地对信息进行筛选，对自己有利的信息会尽可能多报，对自己不利的信息则尽可能少报，甚至对信息进行修改，这导致行政事业资产管理机构难以掌握充分、真实的信息。换言之，政府各个部门所掌握的本部门的资产信息相对于行政事业资产管理机构要更为充分。同样的道理，部门所掌握的资产信息来自单位的汇总上报，各个单位所掌握的本单位的资产信息要比部门更为充分。在单位内部，资产管理机构所掌握的资产信息也没有具体占有、使用资产的机构或人员充分。总之，行政事业资产管理事实上面临着信息不充分、不对称的制约。根据信息经济学的基本原理，在信息不对称的情况下，拥有信息优势的一方会利用信息优势侵犯没有信息优势一方的利益，从而出现各种机会主义行为。比如在呈报资产需求信息时，需用资产的机构和个人会向单位、单位会向部门、部门会向政府财政部门夸大资产需求信息。因为对这些部门、单位、机构、个人而言，资产既然由政府财政免费提供，那么自己对资产的占有、使用通常是多多益善，夸大资产需求信息以尽可能多地得到资产配置有利于实现其自身利益最大化。这同私人经济部门对私人产品需求信息的表达完全不同。因为私人产品具有可分割性、竞争性和排他性，其可以定价，私人产品的需求者需要根据价格支付费用，即私人消费私人产品要付出代价，私人产品并不是免费提供，这就决定了需求者不会夸大自己的需求信息，其会根据自己消费私人产品得到的边际效用和产品价格水平的对比来确定购买量，保证自己消费最后一个单位的产品所得到的效用和满足正好等于价格。但对行政事业单位而言，其面向社会提供公共产品和服务客观上需要一定数量的资产，这是其提供公共产品和服务不可缺少的基本条件。由于公共产品和服务难以定价，通常免费提供，因此行政事业单位所需资产通常也就由政府财政通过预算拨款予以购置配备。这在理论上讲得通，在实践上也形成了较为固定的相关制度及操作规程，但并不利于提高公共产品和服务的供给效率。因为对提供公共产品和服务的政府各职能部门和单位来说，提供公共产品和服务需要掌握一定数量的资产虽然确定无疑，并有充足的理由要求政府财政部门为其配置相应资产，但在资产由财政部门无偿提供的条件下，作为经济人，其会夸大资产需求，要求财政部门配置数量尽可能多、质量尽可能高的资产。虽然行政事业资产管理机构和预算机构可以对其资产需求信息进行审核，但部门、单位在提供公共产品和服务方面所具有的信息优势使其夸大的资产需求信息并不容易被财政部门识破。从理论上讲，行政事业资产既然由政府免费提供，即其价格是零，那么作为理性的经济人，其会加大资产需求，直到资产给其带来的边际收益为零为止。行政事业单位面对本单位各机构和有关人员、部门面对各单位、政府财政部门面对各部门夸大的资产需求信息，通常难以准确判定这些信息到底在多大程度上是真实的，到底包含了多少水分。在不掌握充分信息的条件下，其只能“一刀切”地压缩资产需求指标，由此就会导致所谓的“逆向选择”。由此可见，在行政事业资产“如何管”方面强调明确基本假设前提的重要性对做好行政事业资产管理工作有重要意义。

4.3.2　资产管理目标不够全面

财政部2015年发布的《关于进一步规范和加强行政事业单位国有资产管理的指导意见》（以下简称《指导意见》）把规范和加强行政事业单位国有资产管理的目标明确为“保障履职、配置科学、使用有效、处置规范、监督到位”五个方面，但是参照上述行政事业资产管理“管什么”问题的论证，本书认为这样的目标概括虽然明确了行政事业资产管理的主要目标，但仍不全面，已不适应当前强化行政事业资产管理的客观实际，也不能体现《指导意见》所提出的构建从“入口”到“出口”全生命周期的行政事业资产管理体系的要求。《指导意见》把资产配置视为行政事业资产管理的起点和入口，这并不能反映行政事业资产管理的全过程。因为要配置行政事业资产首先得有资产，而资产的形成要通过投资实现货币向资产的转化。因此，行政事业资产管理首先得解决融资问题，融资问题不解决，行政事业单位投资没有相应的资金来源，也就不能形成相应的资产。而不同的资产往往需对应不同的融资手段和途径，不同的融资手段和途径往往对应不同的管理手段和管理方式。因此，明确行政事业资产管理目标，在配置科学前面还应加上融资合理。其次，在资产配置主要采用价值形式而不是实物形式的前提下，行政事业资产管理还必然要包括行政事业资产的投资管理。通过强化投资管理，保证行政事业单位按照资金规定用途从事特定项目的投资，防止投资的“越位”和“缺位”，做到精准投资，保证所形成的资产都能服务于满足行政事业单位履职尽责的需要。在保证正确的投资方向的同时，还需确保在投资过程中有较高的资金使用效益，这可概括为“投资到位”。行政事业资产管理的目标在《指导意见》中被概括为五个方面，没有涉及“融资合理、投资到位”的内容，行政事业资产管理在融资和投资环节出现的亟待解决的现实问题与此有一定关系。

4.3.3 资产管理重点把握不准

行政事业资产管理是政府资产管理的重要组成部分，而政府资产管理又是政府财政管理的重要组成部分，从整个财政管理的视野来考察行政事业资产管理工作，不难发现，我国的行政事业资产管理工作一直没有解决好管理重点的把握问题。这体现在以下几个方面：

一是财政管理重收支管理，轻资产管理。长期以来，无论是财政理论界还是财政实际工作部门在财政管理工作中都是重视收支管理，对财政投资性支出所形成的资产管理并没有给予足够重视。出现这种情况的原因估计与财政界对财政概念的界定与理解有关。在我国，国家分配论对财政概念的界定一直占主导地位。按照国家分配论的观点，财政是以国家为主体的分配，包括收入筹集和支出安排两个方面，筹集上来的财政收入安排了支出，财政活动即宣告结束。至于财政投资性支出所形成的政府资产显然也就不属于财政管理范围。但事实上，政府资产管理与政府财政收支管理关系极其密切。从应然角度分析，资产管理是政府财政管理不可或缺的重要组成部分。因为政府财政的投资性支出要形成资产，这些资产通常可以在多个财政年度稳定存在并发挥特定作用，因此财政投资性支出的安排必须考虑存量资产的状况，在存量资产已能满足行政事业单位职能实现需要的前提下，财政再安排投资性支出显然会导致部门、单位行政事业资产的闲置，这会导致投资性支出的浪费。因此，从提高财政支出效率角度分析，也必须把行政事业资产管理纳入财政管理范围。

二是资产管理重生产经营性资产管理，轻非生产经营性资产管理。由于传统体制的推行，我国在历史上投资建立了大量国有企业，形成了巨额的生产经营性国有资产。在政府资产总量中，生产经营性资产占有很高的比重，相对非生产经营性政府资产管理，生产经营性资产管理与国计民生关系更为密切，基于抓主要矛盾的思路，政府以生产经营性国有资产的管理为资产管理工作的重点具有必然性、合理性。但是，随着我国经济体制的转轨和国有企业改革的深入，越来越多的国有企业从市场有效作用领域退出，特别是 20 世纪 90 年代随着国有企业“抓大放小”改革思路的实施，生产经营性国有资产在国有资产总量中所占比重下降，非生产经营性国有资产在政府资产总量中所占比重上升。这意味着我国政府资产管理的重点也需要相应调整。但是，非生产经营性国有资产的管理却没有引起足够重视。从管理机构设置看，对生产经营性国有资产，县级以上各级政府都成立了国有资产管理委员会或国资局进行管理。这些机构与财政部、财政局在行政上是平级的，即生产经营性国有资产的管理主体与财政部门平级，而非生产经营性国有资产则由财政部门的下属机构进行管理，比如财政部设资产管理司、财政厅设行政事业资产管理处代表财政部门管理行政事业资产。作为管理机构，其与生产经营性资产管理机构并不平级，这表明非生产经营国有资产的管理至少在目前并没有摆到与生产经营性国有资产同等重要的位置。

三是行政事业资产管理重存量资产管理，轻增量资产管理。为了加强行政事业资产管理，各省行政事业资产管理机构一般都设立了行政事业资产管理信息系统。行政事业资产管理机构通过掌握较为充分的行政事业存量资产信息，加强了对行政事业资产的产权管理，但是对于行政事业资产的增量管理却成为薄弱环节。因为行政事业资产的增量要通过财政投资性支出的安排形成，而财政投资性支出指标的确定和审核由预算机构负责。这意味着行政事业资产管理机构对行政事业资产增量的配置规模及配置结构事实上并无决定权，由此导致行政事业资产存量管理与增量管理的脱节。行政事业资产管理机构只管理了存量资产，增量资产事实上并没有纳入行政事业资产管理机构的管理范围。

四是行政事业资产的增量管理存在的问题集中体现为没有认识到增量管理的实质是预算管理，存在资产管理与预算管理的脱节。从应然的角度分析，行政事业资产的增量管理必须与预算管理紧密结合，或者说二者就是一个问题的两个方面。从财政预算管理的角度分析，投资性支出与消费性支出在性质上的差别使二者成为财政预算管理的两大块内容，二者有着明显区别：消费性支出主要体现为行政事业单位的公用经费和人员经费，当年消耗完毕，每年都需要安排。因此确定收支指标一般采用基数法，即根据上年的支出指标结合当年的情况相机调整，由此可以保证消费性支出安排的连续性和稳定性。而投资性支出的安排由于可以形成在多个财政年度连续稳定存在的资产，所以确定支出指标就不能采取基数法，即根据上年度投资性支出指标来确定当年的支出指标，而必须根据部门、单位存量资产状况来相机确定。因此，从财政预算管理的角度分析，行政事业资产管理与投资性支出的预算管理是不可分割的。从行政事业资产管理的角度分析，行政事业资产的增量管理作为与行政事业存量资产管理并列的重要工作，其顺利开展必须以掌握投资性支出指标的确定权为基本手段，不能确定投资性支出的规模和结构事实上也就不能对行政事业资产增量进行管理。因此，无论从财政预算管理还是从行政事业资产管理角度分析，投资性支出的预算管理与行政事业资产管理都不可分割，二者必须紧密结合。但从实然角度考察，我国行政事业资产管理与预算管理严重脱节。行政事业资产管理机构负责管理行政事业资产，掌握较为充分的行政事业资产存量信息，因而也就能相对准确地判断部门、单位对增量资产需求信息的真实性、合理性，但其并不负责编制投资性支出预算，无权决定部门、单位的投资性支出指标；预算机构负责投资性支出预算的编制，可以确定投资性支出的规模和结构，有权审核确定部门、单位的投资性支出指标，但并不负责管理行政事业资产，因而并不掌握部门、单位的存量资产信息，也就无法对部门、单位对增量资产需求信息的真实性、合理性做出判断。这种行政事业资产管理与预算管理的严重脱节是当前我国财政预算管理与行政事业资产管理工作亟待解决的现实问题。

4.3.4　资产管理模式有待完善

行政事业资产管理涉及从资产形成到资产处置的整个资产生命周期的管理，是严格意义上的复杂系统工程。受机构设置和人员编制等诸多因素的制约，仅仅依靠行政事业资产管理机构要把行政事业资产管好、用好有很大难度，客观上需要财政部门内部与外部诸多机构和部门的协调配合，形成行政事业资产联动管理局面。但受种种因素的制约，这种资产联动管理还很不到位。

比如，融资管理是行政事业资产管理的初始环节。有些部门、单位没有经过行政事业资产管理机构审批，就通过银行或其他渠道以有偿方式筹措资金，从而形成了沉重的债务负担，这表明行政事业资产管理机构与政府债务管理机构、银行信贷部门的联动管理还有待加强。

在投资环节，为保证在耗费财政资金数量一定的条件下尽可能多地形成行政事业资产，提高投资效率，行政事业资产管理机构应和政府采购机构、招投标机构、财政投资评审机构、政府审计部门联动管理，但目前行政事业资产管理机构对行政事业单位的投资过程基本没有参与管理，只是在资产形成以后，纳入存量资产管理范围。

在运营环节，有的行政事业单位在没有经过行政事业资产管理机构审批的情况下即办理了营业执照和税务登记，由此导致行政事业资产管理机构对行政事业单位到底有多少资产用于运营、资产运营效益如何都不甚清楚，从而难以保证资产运营收益及时足额上缴国库和实行严格的“收支两条线”管理。这表明行政事业资产管理机构在资产运营环节与工商、税务、财政预算机构、国库机构的联动管理还有待加强。

在配置环节，行政事业资产管理机构实际上主要掌握存量资产配置权，增量资产配置权即行政事业单位的资产投资、购置预算主要由预算机构掌管。由此带来的问题是：行政事业资产管理机构虽然掌握行政事业单位存量资产信息，但是并不掌握行政事业单位资产增量预算的审批权，预算管理机构掌握行政事业单位资产增量预算的审批权，但并不掌握存量资产信息，由此导致行政事业单位存量资产管理和增量资产管理脱节。近年来，各地财政部门虽然针对如何实现预算管理和资产管理有效结合相继出台了一些规定和办法，但行政事业资产管理和预算管理脱节的问题一直没有得到彻底解决。如何实现行政事业资产管理机构与预算管理机构的有效联动仍然是行政事业资产管理工作亟待解决的现实问题。

在资产处置环节，为保证资产处置的及时性，客观上需要行政事业资产管理机构与有关部门实现联动管理。比如土地房屋处置需要土管、房管部门协调配合，车辆处置需要公安车辆管理部门协调配合。在行政事业资产处置实践中，很多资产不能得到及时处置与资产处置涉及多个部门而部门之间协调沟通渠道不畅导致效率低下有直接关系。

4.3.5 资产管理手段尚需强化

1. 信息化管理手段尚需强化

鉴于行政事业资产规模庞大、种类繁多，做好行政事业资产管理工作所需要的信息量超乎想象。因此如何以较低成本获取相对充分准确的信息就成为制约行政事业资产管理水平的重要因素。近年来，各个地方政府行政事业资产管理机构大多都推出了行政事业资产管理信息系统，在信息化管理手段运用方面取得了很大成绩，但仍然存在不少亟待解决的问题：

一是信息化管理手段的运用并不充分。经济发达地区一般都建立了自己的行政事业资产信息管理系统，但在经济相对落后的中西部地区，信息化管理手段的运用仍待加强。采用现代化的信息管理手段是提高资产管理水平、减轻监管工作量、提高资产使用效益的重要保证。但是有资料表明，有的地方政府在行政事业资产信息化管理方面还处于起步阶段。比如丁小生（2014）指出：新疆维吾尔自治区区本级行政事业资产监管存在的主要问题体现为技术手段比较落后，主要依靠原始人工操作，信息化手段应用很不充分，制约着行政事业资产管理改革向纵深推进。2013 年，新疆财政部门已启动资产配置预算工作，并选择了部分单位开展改革试点，但在信息化管理手段严重滞后的条件下意味着每年需在短短的半个月时间内对 1000 多个单位几十万条信息进行审定核实，工作量之大可想而知，传统的监管技术力量显然无法满足工作正常开展的需要。[①] 在自治区本级资产管理信息化手段的运用尚且如此，基层政府的情况显然就更不乐观。

二是信息化管理人才队伍建设需要加强。总体看，在资金有保证的情况下，资产管理信息系统的硬件、软件建设可以及时到位，但是再先进的资产管理信息系统，也需要人来操作维护。目前，行政事业资产信息化管理存在的突出问题是：不少部门、单位的资产管理人员不是专职而是兼职，对行政事业资产管理信息系统的操作维护并不熟练，对资产

① 丁小生：《以创新的理念推动行政事业资产管理创新实践》，载于《行政事业资产与财务》2014 年第 2 期。

信息难以有效利用，也难以保证有足够的时间来及时更新资产信息。

三是即便建立了行政事业资产管理信息系统，仍然难以保证信息的真实、充分、完整。××省作为东部经济发达省份，早在 2009 年就建立了资产管理信息系统并得到了长足发展，但多年实践表明，其在信息化管理手段的运用方面仍有不足之处，亟待改进，在如何保证行政事业资产信息的真实、充分、完整方面仍然任重道远。下面的调研材料可以在一定程度上揭示这方面的问题。

调研材料：

基层财政行政事业资产信息难以做到真实、完整

基层行政事业单位资产年报工作作为行政事业资产管理的一项重要工作，原则上于每年年底由财政局统一安排部署，各单位财务人员负责填报××省行政事业单位国有资产信息系统（系统由××软件公司出品并负责后续维护），再由财政局指定会计师事务所进行审计并出具审计报告，财政局具体科室审核后再上报地市综审。但在实际工作中，各单位财务人员流动性大，专业知识匮乏，对于国有资产年报工作无力承担，由事务所全权代理系统填报已成为惯例，而会计师事务所因工作量大、数据繁杂、收取费用低，经常安排实习人员进行系统填报，具体内容错误百出，资产类型、品牌、编号、数量等填写随意，仅追求资产金额与当年批复资产金额加上年年末资产金额相等。××县甚至以每年三万元的费用聘请××公司软件工程师驻点，全权负责各单位资产年报的填报、审核工作。这种工作态度及工作方式严重影响了数据质量，形成了大量历史遗留问题，使行政事业单位国有资产管理绩效大打折扣。

2. 资产绩效评价手段尚需强化

近年来，财政支出绩效评价工作受到足够重视，成为财政改革的热点和难点，有的地方政府还成立了专门的财政绩效评价机构。2018 年 9 月 25 日，中共中央、国务院发布《关于全面实施预算绩效管理的意见》，要求力争用 3 ~5 年时间基本建成全方位、全过程、全覆盖的预算绩效管理体系，提高财政资源配置效率和使用效益，推动政府效能的提

升，加快实现国家治理体系和治理能力现代化。与之相适应，行政事业资产绩效评价工作也必须提上议事日程，事实上有些先进地区的行政事业资产管理机构早已对行政事业资产绩效评价应如何开展进行了初步探索，积累了一定经验。[①] 但总体来看，行政事业资产绩效评价还处于起步阶段，工作开展面临一定困难，究其原因，主要是行政事业资产绩效评估面临诸多制约因素，至少包括以下几个方面：

一是行政事业单位性质差别的制约。开展行政事业资产使用绩效评估的目的归根结底是要通过比较见异同，通过比较分优劣，通过比较出真知，从而为优化行政事业资产存量和增量配置、提高资产使用效益奠定基础。但是现实中行政事业单位性质的巨大差别为评估行政事业资产使用绩效造成了严重障碍。这是因为作为公共经济部门主要组成部分的行政事业单位，虽然从整体上讲都服务于公共产品的提供和公共需要的满足，但是它们提供的公共产品的具体性质却有很大差别。比如，从总体上讲，行政机构（广义的行政机构包括立法、司法、党派、社会团体）提供的公共产品更多地具有纯公共产品的性质，而事业单位提供的产品更多地具有准公共产品的性质。纯公共产品通常无法收费（现实中规费的收取主要是为了提高公共产品和服务的使用效率而不是为了抵补公共产品和服务的生产成本），从而为把其掌握的资产作为投入、把其提供的公共产品和服务作为产出进行对比分析造成严重困难。事业单位由于提供的产品和服务更多地具有准公共产品的性质，所以通常可以收费。这在某种程度上为把其掌握的资产作为投入、把其提供的公共产品和服务作为产出进行对比分析提供了有利条件。从这个角度讲，事业资产使用绩效评价比行政资产使用绩效评价相对容易。但是，这仅是相对容易而已，因为事业单位本身是一非常庞大的系统：从大的方面，其可以分为科学、教育、体育、文化、卫生等不同类型的事业单位。不同类型的事业单位提供的准公共产品的具体性质有着巨大差别，这意味着把资产作为投入而把提供的准公共产品和服务作为产出进行对比分析的思路对不同类型的事业单位难以适用。即便是同一类型的事业单位，比如

① 2012 年山东省财政厅行政事业资产处与山东财经大学联合成立课题组就山东省省属高校资产的绩效评价进行了实地调研，撰写了《行政事业资产使用绩效评价研究》报告，并以此为基础申请了国家社会科学基金项目“行政事业资产管理绩效评价体系及其应用研究”（课题编号：13BJY017；课题负责人为刘兴云教授）。

教育事业单位，基础教育、职业教育、高等教育等事业单位性质差别也很大，采用统一的指标体系来对它们的资产使用绩效进行评估，得出的结论是难以有说服力的。如果把考察的范围再缩小，比如对同为高等教育事业单位的资产使用绩效进行评估似乎有着更高的可比性，但实际上在高等教育事业单位中，理工科院校和文科院校差别非常明显，如果采用统一的指标体系来对这两类高等教育事业单位进行资产绩效评估也难以保证结果具有说服力。退一步讲，如果单纯进行文科院校或理工科院校资产使用绩效评估，虽然相对具有更高的可比性，但是学校与学校之间具体性质的差别也会使资产使用绩效评估面临一定困难。比如，同是文科院校，研究型院校和教学型院校性质差别很大，如果采用统一的指标体系进行评价，结果也难以有说服力。就行政单位来说，不同的行政单位担负着不同的职责，事实上在向社会提供不同的公共产品和服务，因而在占有、使用的国有资产的种类、数量方面自然存在巨大差别。不考虑这种差别的客观存在，采用统一的指标体系对行政单位资产使用绩效进行评价结果也难以有说服力。对于一级政府而言，行政机构的设置往往具有垄断性，即通常一级政府都是设置一个机构来提供特定的公共产品和服务，所以对一级政府不同行政机构资产使用绩效进行评价难度很大，可比性难以保证。但是，不同级次政府的同一行政机构，由于提供的公共产品和服务的性质是统一的，区别只在于提供的公共产品和服务的受益范围存在差别，所以在考虑到这种差别并进行适当调整的情况下，对不同级次同一行政机构资产使用绩效的评价可以具有更多的可比性和可操作性。

二是行政事业单位资产性质差别的制约。通常，一个行政事业单位总是要占有、使用一定数量的国有资产。这些国有资产可按一定标准分为若干大类，每类资产都为该行政事业单位履行提供公共产品（包括准公共产品）和服务的职责发挥着重要作用。因此，要对一个行政事业单位的资产使用绩效进行评估，那么就资产评估的范围看应该涵盖其所占有、使用的全部资产。如果只对其占用、使用的部分资产比如固定资产进行评估，那么这种评估就是不全面的，并不能对该单位的资产使用绩效进行准确的量化评价。如果对每类资产的使用绩效都进行评估，然后在此基础上对该单位的资产使用绩效进行总体量化评价，那么应该如何赋予不同类别资产的使用绩效以合适的权重？

三是行政事业资产使用绩效内涵的制约。行政事业资产使用绩效的内涵有广义和狭义之分。狭义的资产使用绩效指的是资产使用效益，归根结底其取决于资产投入和服务产出之间的对比关系。广义的行政事业资产使用绩效除了包括狭义的资产使用绩效含义之外，还至少应包括资产配置绩效（用来考察一级政府、一个部门、一个单位是否把行政事业资产在不同的使用方向加以合理的分配和使用）、管理绩效（行政事业资产管理活动本身的有效性）。因此，要考核量化行政事业资产绩效，至少应从配置绩效、管理绩效和使用效益三个方面入手进行综合评价。这就使绩效评价工作面临一个难题：如果只考核一个方面，固然可以使问题简单化，但这会使资产绩效评价工作犯以偏概全的错误；如果要对三个方面的资产使用绩效都进行量化考核，如何对资产使用绩效所包含的这三个大的方面赋予合适的权重？不同的政府、不同的部门、不同的单位可能在资产使用绩效所涵盖的三个方面各有不同的优劣表现，如果不能以合适的权重来对这三个方面的资产使用绩效进行加总，那么所得到的结果就缺乏科学性、合理性和公平性，也很难为评价对象所理解和接受。

四是行政事业单位资产管理主体利己动机的制约。第一，任何一级政府都是自利的，如果要以政府为单位对行政事业资产使用绩效进行总体评估，那么政府的利己动机会促使其利用自身的信息优势采取机会主义行为。如果把行政事业资产使用绩效作为考察政府绩效水平的一项指标，那么为了取得理想成绩从而能在政府竞争中胜出，任何一个政府都有缩小行政事业资产存量而夸大行政事业资产提供的公共产品和服务的数量、质量的倾向，因为评估一级政府的行政事业资产使用绩效所需要的信息毕竟需要该级政府自己提供。第二，一级政府要对其不同部门的行政事业资产使用绩效进行评估则受部门利己动机的制约。通常，每个部门都倾向于更多地占有、使用国有资产，毕竟国有资产的占有、使用是无偿的。因此，只要资产占有、使用给部门带来的边际效用为正值，作为理性的经济人，部门都会倾向于多占有和使用国有资产。如果要对部门的资产使用绩效进行评估，那么部门对评估结果对自身占有、使用国有资产的行为或活动的影响是心知肚明的。非常显而易见的可预期结果是，资产使用绩效低的部门在增量资产分配中将会处于不利地位，甚至其存量资产都有可能面临再分配。那么，在评估部门资产使用绩效需要部门提供有关信息的时候，部门会利用自身的信息优势，尽可能缩小自身所占有、使用的资产数量，即便被发现呈报的数据与事实有差距，其也可以以统计疏忽、遗漏为借口来进行解释。而对于其所提供的产出和服务则倾向于夸大。部门与部门之间的竞争会促使这种机会主义行为变得相当严重而影响到评估结果的真实性和有效性。第三，一个部门要对其下属单位的行政事业资产使用绩效进行评估则受单位利己动机的制约。通常，行政事业单位都要设置相应的资产管理机构、配备相应的人员来专门管理单位所占用、使用的国有资产。而对该单位资产使用绩效所进行的评估，结果的好坏在一定程度上反映了资产管理机构和人员工作绩效的高低。毕竟，广义的资产使用绩效事实上涵盖了资产管理绩效。因此，作为利己的经济人，资产管理机构和资产管理人员为了实现自身利益最大化，从主观上会倾向于本单位的资产使用绩效评估能取得理想成绩。而问题的关键在于，一旦要评估一个单位的行政事业资产使用绩效，所需要的信息往往依靠该单位的资产管理机构和资产管理人员提供，由评估对象本身来提供评估所需信息，在评估主体和评估对象存在信息不对称的情况下，评估对象利用自身所具有的信息优势来采取机会主义行为往往就成为理性选择。特别是某些需要由资产管理机构和资产管理人员自身做出判断的评估项目和指标，其在利己动机的趋势下，做出不准确、不客观、与实际并不相符的评估是完全可能的。第四，一个单位要对下属机构及具体占有、使用国有资产者进行资产使用绩效评估也要受后者利己动机的制约。具体占有、使用国有资产的机构或个人对资产使用情况及绩效水平掌握着最为充分的信息，但如果进行资产使用绩效评价要求其提供有关信息，为了自身利益最大化，其会对信息进行筛选，对自己有利的信息尽可能充分上报，而对自身不利的信息则是想尽办法予以截留或调整。这显然会对资产绩效评估结果的真实度和有效性产生影响。

4. 3. 6　资产管理制度尚待健全

行政事业资产管理的法律、法规及各项制度规定是行政事业资产管理的基本行为依据。规章制度健全是保证行政事业资产管理工作正常有序规范开展的必要条件。财政部高度重视行政事业资产管理工作，已出台一系列规章制度（见表4－1）。各级地方政府财政部门也依据财政部出台的各项规章，结合当地实际情况制定、出台了地方性行政事业资产管理规章。这为做好行政事业资产管理工作、解决工作中遇到的各种实际问题提供了基本依据。但是目前总体来看，我国的行政事业资产管理制度仍然是财政管理制度建设的薄弱环节，尚待健全，存在的问题表现在以下方面：

表4－1　财政部资产管理司在其网站的国有资产管理法规制度栏目列出的部分法规

制度规定名称	施行日期
行政单位国有资产管理暂行办法	2006年7月1日
事业单位国有资产管理暂行办法	2006年7月1日
中央垂直管理系统行政单位国有资产管理暂行实施办法	2008年1月1日
驻外机构国有资产管理暂行实施办法	2008年1月1日
全国政协行政单位国有资产管理暂行实施办法	2008年1月1日
全国人大行政单位国有资产管理暂行实施办法	2008年1月1日
中央级事业单位国有资产使用管理暂行办法	2009年9月1日
中央级事业单位国有资产处置管理暂行办法	2008年3月15日
财政部关于将中央单位土地收益纳入预算管理的通知	2007年1月1日
事业单位及事业单位所办企业国有资产产权登记管理办法	2012年8月5日
财政部关于进一步规范和加强行政事业单位国有资产管理的指导意见	2015年12月23日

资料来源：财政部网站。

第一，立法层次有待提高。严格意义上的行政事业资产管理的行为依据应是国家权力机关通过的法律，这可增强行政事业资产管理工作的规范性、权威性和严肃性。但是长期以来，在财政管理工作中“重财务轻资产”的倾向一直存在，在政府资产管理工作中一直较为重视生产经营性国有资产管理，而对非生产经营性的行政事业资产管理重视程度不够。直到目前，可以说行政事业资产管理还处于不断改革探索、总结经验的阶段。在这样的背景下，不盲目提高行政事业资产管理行为依据的法律层次有其必然性、合理性，但目前的立法层次仍然明显偏低。财政部2006年颁布的《行政单位国有资产管理暂行办法》和《事业单位国有资产管理暂行办法》是目前最高层次的管理依据。从名称上看，以暂行办法作为最高层次的管理依据，带有较为明显的权宜之计性质。既然是暂行办法，自然带有临时性质，应该逐步修订完善而不应长期施行，但在长达十多年的时间中暂行办法一直施行，表明管理依据明显不够规范。当然，由于行政事业资产存量规模巨大，[①] 结构复杂，其管理涉及方方面面，要求所有的管理依据都上升到严格的法律层面是不现实的，事实上也没有必要，但即便考虑到管理依据不宜盲目提高法律层次，多数意见还是认为，以最高行政机关国务院颁布的条例作为管理活动的基本依据应是起码要求。目前主要的管理依据一般都是以暂行办法、暂行实施办法、通知、指导意见等作为具体体现形式，这表明管理依据的权威性、规范性、严肃性没能得到充分体现。

第二，作为行为依据的各项规章并未能涵盖行政事业资产管理的方方面面。目前，从中央到地方各级财政部门普遍建立了资产配置管理、使用管理、处置管理、收入管理、产权管理、信息化管理等制度性文件，以及与事业单位改革、文化体制改革、司法体制改革、行业协会商会脱钩等重点改革配套的资产管理办法，从而为强化资产监管提供了有力的制度保障。但是，这距离建立覆盖资产全生命周期的完整的制度体系，实现从“入口”到“出口”全过程资产监管的目标要求还有一定距离。目前的各项规章只是涵盖了行政事业资产管理工作所涉及的主要方面，对行政事业资产管理的某些环节和方面并未涉及。在这些环节和方面，要么行政事业资产管理机构没有进行管理，导致行政事业资产管理出现真空地带，要么虽然进行管理，但由于没有明确管理依据而出现工作无法顺利开展的局面。比如，作为行政事业资产“入口”的行政事业单位的融资管理，目前并没有明确的管理依据，[②] 由此导致行政事业单位的资产管理与债务管理脱节。不掌握行政事业单位的负债情况，

---

① 山东省为例，截至2017年底，山东省（不含青岛，下同）行政事业单位国有资产总额11859.61亿元，负债总额3385.12亿元，净资产总额8474.49亿元，分别比上年增长7.81%、3.93%、9.44%。资料来源：山东省财政厅：《关于2017年度山东省国有资产管理情况的报告》。

② 财政部《关于进一步规范和加强行政事业单位国有资产管理的指导意见》指出：资产配置是行政事业单位资产形成的起点，各级财政部门、主管部门和行政事业单位应当严控资产配置“入口关”。显然这把行政事业资产的融资管理和投资管理排除在管理范围之外，这是导致行政事业资产融资管理和投资管理缺少管理依据的直接原因。

就资产论资产，无法做好行政事业资产管理工作，事实上难以保证行政事业资产的安全、完整。

第三，目前的规章规定得过于粗略，可操作性不足。财政部发布的《行政单位国有资产管理暂行办法》包括总则、管理机构及职责、资产配置、资产使用、资产处置、资产评估、产权纠纷调处、资产统计报告、监督检查及法律责任、附则，共十章五十六条，但不足5000字，只是对行政事业资产管理所涉及的几个主要方面做出了原则性规定。即便考虑到作为面上的规定只能对行政资产管理的共性问题进行规范而不宜过于细化，但作为一个涵盖行政资产管理方方面面的基本规章，不足5000字的篇幅还是显得过于粗略，存在明显的可操作性不足的问题。比如关于资产配置，该办法第十三条规定："对有规定配备标准的资产，应当按照标准进行配备；对没有规定配备标准的资产，应当从实际需要出发，从严控制，合理配备。财政部门对要求配置的资产，能通过调剂解决的，原则上不重新购置。"这样的要求明显是原则性规定，实际操作中回旋余地极大，基本相当于没有依据。财政部发布的《事业单位国有资产管理暂行办法》也存在类似问题。财政部发布的《关于进一步规范和加强行政事业单位国有资产管理的指导意见》关于资产配置给出的意见是："各级财政部门要按照'先易后难、分类实施、逐步推进'的原则，分类制定资产配置标准。明确各类资产的配置数量、价格上限和最低使用年限等，并根据物价水平和财力状况等因素变化适时调整，为预算编制提供科学依据。通用资产配置标准由财政部门组织制定，专用资产配置标准由财政部门会同有关部门制定。对已制定资产配置标准的，应当结合财力情况严格按照标准配置；对没有规定资产配置标准的，应当坚持厉行节约、从严控制的原则，并结合单位履职需要、存量资产状况和财力情况等，在充分论证的基础上，采取调剂、租赁、购置等方式进行配置。"这样的规定只是对地方政府行政事业资产管理机构提出了原则性要求，而没有明确具体的工作任务。地方政府行政事业资产管理机构出台的各项制度规章在很大程度上是参照中央出台的各项规章，结合当地实际稍加调整，可操作性不足的问题体现得比较明显。

第5章 加强行政事业资产管理总体思路选择及对策建议

5.1 强化行政事业资产管理的总体思路选择

5.1.1 明确“谁来管”，优化调整管理体制

明确行政事业资产管理的主体是强化行政事业资产管理总体思路的首要环节。管理主体不明确，管好、用好行政事业资产是不可能的。行政事业资产管理的理论分析和具体实践都表明，行政事业资产管理主体应具有统一性。多头管理、各自为政极易导致行政事业资产管理的混乱，不利于强化管理。但行政事业资产管理主体的统一性并不等于行政事业资产主体的唯一性。在明确一个机构代表国家履行行政事业资产管理职能的情况下，由于政府实行分级管理制度，所以每级政府都会有自己的行政事业资产管理机构。这就需要在不同级次政府的行政事业资产管理机构之间本着集权与分权相结合、规范性与灵活性相结合、公平与效率相结合的原则构建、完善行政事业资产管理体制，以解决行政事业资产体制存在的现实问题，调动、发挥各级政府行政事业资产管理机构的积极性、主动性。另外，行政事业资产主体的统一性只是表明有一个主体代表国家行使行政事业资产管理职能，但是这并不意味着行政事业资产管理工作事无巨细全部由该机构承担。事实上，一级政府的各个职能部门、每一部门的各个单位都在

一定程度上接受该级政府行政事业资产管理机构的委托，履行特定的资产管理职能。因此，明确行政事业资产“谁来管”，不仅需要合理划分不同级次政府行政事业资产管理机构的管理权限，还需要协调行政事业资产管理机构—部门—单位的关系，明确彼此的职责权限划分，调动各相关主体的积极性。

5.1.2 明确“管什么”，界定细化管理客体

顾名思义，行政事业资产管理的对象就是行政事业资产。因此，明确行政事业资产“管什么”首先需要界定行政事业资产的范围，划清行政事业资产与非行政事业资产的界限。其次，应对行政事业资产的整个生命周期进行全方位管理。第一，应做好行政事业资产的融资管理。行政事业单位提供产品和服务的公共性决定了税收在行政事业资产融资体系中的地位。但是，为了保证利益获取与成本分担对称公平原则的实现，对可以在长时期为公共产品和服务供给发挥作用的行政事业资产，不应排斥通过债务形式融资的必要性、合理性，需要做好的工作是要根据资产使用年限，合理确定债务还本付息的时间跨度；同时需要强化对部门、单位通过债务形式筹资的监管，防范因公有产权委托代理链条过长所可能带来的逆向选择和道德风险。第二，应做好行政事业资产的投资管理。行政事业单位的投资是行政事业资产的形成过程，要实现货币向资产的转化。强化投资管理，一方面要保证行政事业单位的投资领域应符合行政事业单位自身性质的要求，即服务于公共产品和服务的供给，因此应避免在市场有效作用领域进行竞争性项目投资，即行政事业单位不能通过投资去从事营利性的生产经营活动；还应避免在市场部分失效领域从事基础性项目投资，也就是说，即便投资不以营利为目的，但形成的资产具有生产经营性也不符合行政事业资产性质的规定和要求。另一方面，强化投资管理要求提高投资效益，即在耗费资金数量一定的条件下，要形成尽可能多的保质保量的行政事业资产。第三，做好行政事业资产的配置管理。首先，要做好行政事业资产的存量配置，实现行政事业资产在不同级次政府、同一政府级次的不同地方政府、同一政府的不同部门、同一部门的不同单位之间的合理分配和使用。从理论上讲，优化行政事业

资产的存量配置要保证行政事业资产在不同的使用方向上能为公共产品和服务的供给产生相同的边际贡献率。为此，行政事业资产管理机构需要掌握充分的行政事业资产绩效信息，需要了解不同级次政府、同一政府级次的不同地方政府、同一政府的不同职能部门、同一部门的不同单位的行政事业资产的绩效水平。从这个意义上讲，行政事业资产存量配置的优化和行政事业资产绩效评价是联系在一起的。不掌握行政事业资产绩效信息难以实现存量资产配置的优化。其次，要做好行政事业资产的增量配置。行政事业资产增量配置的优化以掌握行政事业资产的存量配置信息为前提，是弥补和纠正存量资产配置存在问题和不足的重要手段。第四，做好行政事业资产的运营管理。从规范意义上讲，行政事业资产用于运营并不符合行政事业单位自身性质要求。特别是行政单位，将资产用于运营极易干扰市场机制的正常运作，而且受公有产权自身性质的制约，资产运营往往难以取得理想收益。因此，行政事业资产运营严格说只是权宜之计。虽然闲置、半闲置的资产用于运营较之资产处于闲置状态总是相对好的一种状态，但行政事业资产管理机构应对行政事业单位用于运营的资产所占比例做出规定，并对资产运营过程进行监管，保证资产运营收益按照适当比例上缴国库，并尽可能采取相对集中的管理方式来实现行政事业单位资产的运营。第五，做好行政事业资产的处置管理。一方面，要防止行政事业单位随意处置资产，加强资产处置的审批管理，保证资产安全、完整；另一方面，又要保证资产处置的及时性、有效性，保证行政事业单位资产账实相符。

5.1.3　明确“如何管”，健全资产管理方式

第一，强调行政事业资产管理的基本假设。行政事业资产管理的各有关主体，包括各级政府、政府财政部门、各行政事业资产管理机构、政府各职能部门、各职能部门所属的各个单位、各个单位的行政事业资产管理机构及具体占有、使用行政事业资产的人员，都是利己的经济人，都会在特定约束条件下追求自身利益最大化；另外，不同级次政府之间、政府与财政部门之间、财政部门与行政事业资产管理机构之间、行政事业资产管理机构与政府各个职能部门之间、各个职能部门与其所

属单位之间、单位与具体占有使用行政事业资产的机构和人员之间存在资产管理信息的不对称，掌握信息优势的一方存在利用信息优势侵害不具有信息优势一方利益的可能性。强调这两大基本假设对加强行政事业资产管理有重要意义。

第二，明确行政事业资产管理的目标。行政事业资产与生产经营性国有资产的一个重要区别是：前者处于非生产经营领域，名义上为资产，实际上为财产，除土地外，多数资产随着时间推移价值量会越来越小，直到报废。因此，对行政事业资产管理而言，实现资产的保值增值并不是管理的主要目标。如何实现存量资产和增量资产的优化配置，做到“物尽其用”，才是行政事业资产管理的主要目标。这一目标可以从横向和纵向分层展开。

第三，把握行政事业资产管理的重点。首先，应正确认识行政事业资产管理的地位。财政管理包括收支流量管理和存量资产管理两大部分。二者相互联系、相互制约、相辅相成，共同构成财政管理活动的整体。做好财政管理工作必须强化行政事业资产管理。其次，应强调行政事业资产的配置管理包括资产存量和增量配置管理是强化行政事业资产管理的重点，而加强资产预算管理、实现资产管理与预算管理紧密结合则是强化行政事业资产管理的重中之重。

第四，确定行政事业资产管理的模式。行政事业资产管理机构代表政府履行行政事业资产管理职能，但是并不意味着所有的行政事业资产管理工作都需要由行政事业资产管理机构独立完成。作为涉及面广、影响因素多的复杂系统工程，做好行政事业资产管理工作客观上还需要政府财政部门的其他机构以及政府有关职能部门予以协调配合，实现行政事业资产的联动管理。

第五，选择行政事业资产管理手段。实现行政事业资产管理目标可用手段较多，每种手段都有自身的比较优势，其中两大手段的重要性尤其需要强调：一是物质利益诱导手段。在行政事业资产管理的各有关主体都是利己的经济人而且事实上存在严重信息不对称的约束条件下，重视物质利益诱导手段的运用，通过机制构建，保证行政事业资产管理要实现的目标恰是各有关主体在特定约束条件下为实现自身利益最大化而进行的理性选择，对于防止各项制度、规定在实践中走样甚至事实上难以推行具有重要意义。二是信息化管理手段。行政事业资产管理是否能做出合理决策在很大程度上取决于是否能掌握相对充分的信息。虽然各有关主体之间客观存在的信息不对称对行政事业资产管理主体掌握资产管理所需信息构成很大限制和约束，但采用现代化的资产信息管理系统仍然有助于行政事业资产管理机构掌握相对充分的信息。这对于提高行政事业资产管理决策的科学性、合理性具有重要意义。

第六，健全行政事业资产管理制度。行政事业资产管理制度是强化行政事业资产管理的行为依据。健全行政事业资产管理制度需要提高行政事业资产管理各项制度规定的立法层次，保证制度规定能涵盖行政事业资产管理的方方面面，形成由不同层次的法律、法规所构成的完备制度体系，并尽可能通过制度规定的细化提高可操作性。

5.2　贯彻总体思路的对策建议

5.2.1　解决“谁来管”的问题，实现行政事业资产管理体制优化

1. 纵向：协调不同级次管理主体的权责关系

首先，通过按照隶属关系进行严格的分级管理协调不同级次行政事业资产管理机构的权责关系。从规范意义上讲，行政事业资产是服务于行政事业单位生产、提供公共产品，满足公共需要的手段。因此，划分不同级次行政事业资产管理机构的管理权限，应根据资产所服务提供的公共产品的受益范围相机确定，做到公共产品的受益范围和政府辖区范围吻合。这既符合效率原则，又符合公平原则。但受公共产品受益范围多样性与政府级次有限性矛盾的制约，我国目前基本上还是按照行政隶属关系来划分政府间事权和支出责任，即由每级政府财政部门的行政事业资产管理机构分别负责管理本级政府所属的各行政事业单位的资产，各司其职、各负其责。同时，上级政府行政事业资产管理机构对下级行政事业资产管理机构进行业务指导、考核和监督，以维护集中统一的行政事业资产管理格局。中央政府行政事业资产管理机构负责制定行政事

业资产管理的大政方针及基本制度，反映、体现在全国范围内行政事业资产管理所应遵循的共性规律的要求，同时赋予地方各级政府因地制宜、因时制宜制定适合当地实际情况的具体规章和措施的权限，做到集权与分权相结合、规范性与灵活性相结合，发挥不同级次行政事业资产管理机构的比较优势，以便相互协调，相互配合，共同完成行政事业资产管理任务，并实现提高公共产品供给效率和增进社会福利的最终目标。

其次，协调好一级政府内部行政事业资产管理机构—主管部门—行政事业单位的权责关系。基本的思路是行政事业资产管理机构应以主管部门作为主要管理对象，主管部门以各行政事业单位为主要管理对象，实行严格的分级管理。一级政府财政部门行政事业资产管理机构对该级政府的行政事业资产管理负总体责任，负责贯彻落实上级政府制定的管理规章并结合当地实际制定该级政府的行政事业资产管理的具体规定，监督各主管部门贯彻、落实各项规章的情况，做好不同部门之间行政事业资产的存量调整和增量配置工作，对各个部门的资产使用、运营、处置情况进行管理、监督；行政事业单位主管部门负责贯彻执行统一的行政事业资产管理制度，结合部门特点制定本部门的资产管理规章，按照财政部门行政事业资产管理机构的授权全权负责本部门的资产管理工作。主管部门作为一级政府内部行政事业资产管理框架的中间层次，是联系资产宏观管理和微观管理的桥梁，发挥着承上启下的重要作用，需强化其责任意识，激发其管理的主动性和积极性。在整个资产管理框架中，应将主管部门作为落实行政事业资产管理制度的着力点，将其履行资产管理职责的情况作为财政监督和审计监督的重点。行政事业单位作为行政事业资产管理的微观主体，负责完善资产管理内控制度，按规定做好各项基础性管理工作，将具体的管理责任落实到位，对资产的安全完整和高效使用承担直接责任，向主管部门报告工作，对主管部门负责（张鹏、藏传荣、孔凡彪，2015）。在实践中，行政事业资产管理机构向部门、单位适当授权，[①]

① 新疆维吾尔自治区根据本级财政行政事业资产管理的实际情况，授予主管部门一次性处置200万元资产（不含房、地、车）审批权限。地州（市）财政部门可比照自治区的做法，结合本地实际情况扩大对主管部门的资产监管权限（丁小生：《以创新的理念推动行政事业资产管理创新实践》，载于《行政事业资产与财务》2014年第2期）。

不仅有助于行政事业资产管理机构从大量事务性工作中解放出来，从而可以有较多时间、精力去提升政策研究分析能力、制度制定完善能力、工作推动开展能力、改革深化攻坚能力，而且能够有效调动主管部门的积极性、主动性、创造性，充分发挥其管人、管事、管单位的职能优势。这是个双赢的结果，有利于提高行政事业资产管理效率。

2. 横向：明确行政事业资产管理机构的主导地位，协调各有关主体的权责关系

财政部 2015 年发布的《关于进一步规范和加强行政事业单位国有资产管理的指导意见》明确指出：各级财政部门、主管部门和行政事业单位要各司其职，各负其责，齐抓共管，进一步理顺和巩固“国家统一所有，政府分级监管，单位占有、使用”的管理体制，完善“财政部门—主管部门—行政事业单位”三个层次的监督管理体系，强化财政部门综合管理职能和主管部门的具体监管职能，进一步落实行政事业单位作为占有、使用国有资产经济主体的管理责任，实现对行政事业单位国有资产的有效管理。参照该指导意见，当前从横向健全行政事业资产管理体制应着力解决好以下几个问题：

一是理顺行政事业资产管理机构与国资委（国资局）的关系。在清产核资、分类定位的基础上，深化行政事业单位体制改革，尽可能将经营性资产剥离，纳入国资委（国资局）的管理范围；国有企业中相对独立的和成建制的非经营性资产，如厂办学校、厂办医院等；从国有企业中逐步剥离，明确其事业身份，从而将其资产纳入行政事业资产管理范围，协调国资委（国资局）与行政事业资产管理机构的权责关系。

二是理顺财政部门与其他政府职能部门的关系。一级政府财政部门代表本级政府对行政事业资产履行管理职能，实施综合管理，制定规章制度并组织实施，划分各层次职权关系，负责重大事项管理、监督检查和指导，向本级政府报告资产管理工作。工商登记、不动产登记、机动车登记等部门以及审计、监察等相关职能部门是行政事业资产管理架构的重要成员，应按照各自的职责分工，配合和监督资产管理制度的贯彻执行，协助财政部门行政事业资产管理机构对资产产权变动等相关资产管理行为审查把关，查处资产管理违规违纪行为，共同维护国有资产安全、完整。它们之间是协作配合关系。财政部门负主体监管责任，制定相关资产管理制度并征求相关职能部门的意见，相关职能部门应把好资产管理制度的落实关，形成联动管理效应（张鹏、藏传荣、孔凡彪，2015）。财政部《关于进一步规范和加强行政事业单位国有资产管理的指导意见》要求：各级主管部门应当切实承担好本部门和所属行政事业单位国有资产的组织管理职责，认真组织实施资产管理规章制度；进一步加强本部门国有资产配置、使用、处置等事项的审核和监督管理；督促本部门所属行政事业单位按照规定缴纳国有资产收益；组织实施对所属行政事业单位资产管理情况的考核评价。各级行政事业单位承担本单位占有、使用国有资产的具体管理职责，应当严格执行《行政事业单位内部控制规范（试行）》，在资产管理岗位设置、权责分配、业务流程等方面建立决策、执行和监督相互分离、相互制约、相互监督的机制，完善内部管理制度，强化资产管理与财务管理、预算管理的衔接，构建起既有机联系又相互制衡的内部工作机制，提升管理效能。对国有资产配置、使用、处置等事项，应当按照有关规定报经主管部门或同级财政部门审批，并加强对资产出租、出借、对外投资的专项管理。

三是理顺财政部门内部各有关机构之间的关系。财政部《关于进一步规范和加强行政事业单位国有资产管理的指导意见》指出："明确财政部门内部资产管理职责分工，加强对资产管理制度、规则、标准、流程等制定、管理与控制。"行政事业资产管理机构代表财政部门履行行政事业资产管理职能，其他机构应予以协调配合，这是协调财政部门内部各有关机构之间关系的基本定位。为此，需要实现行政事业资产管理与预算管理、国库集中收付、政府采购、收支两条线的对接（李占刚、何成忠、徐程，2012），其中难度最大的也是最为关键的是实现资产管理与预算管理的对接。这种对接的本质是要通过对增量资产的预算控制来实现对存量行政事业资产配置的优化调整，这实际上是机制设计问题。如何根据现代经济学的基本理论和分析工具，结合中国现实制度安排，设计激励相容的行政事业单位预算与资产管理机制，是行政事业资产管理机制创新的重点和难点（张青，2016）。本书认为，首要的前提是要把行政事业存量资产和增量资产管理权统一于行政事业资产管理机构，可考虑通过细化一般公共预算编制来实现，即将一般公共预算分为经常预算和资产预算两部分：经常预算安排消费性支出，主要包括公用经费和人员经费，由预算管理机构负责编制；资产预算安排投资性支出，由行政事业资产管理机构负责编制。这就既有利于协调预算管理机构与行政事业资产管理机构的关系，发挥二者的比较优势，使二者各司其职、各负其责，又避免了资产管理与预算管理的脱节，实现了存量资产管理和增量资产管理的统一。

5.2.2　解决“管什么”的问题，实现资产管理客体准确界定且细化

1. 做好行政事业资产融资管理

（1）转变对行政事业资产融资管理的认识。传统行政事业资产管理把行政事业资产形成过程中的融资管理排除在行政事业资产管理工作范围之外，这种做法并不合适，应充分认识到行政事业资产融资管理是强化行政事业资产管理的首要环节。不能把行政事业单位资产融资管理看成仅仅是预算管理机构的事情，或者看成仅仅是行政事业单位自身的事情。作为政府行政事业资产管理机构，如果只负责管理行政事业单位已经形成的资产，这是对行政事业资产管理的狭隘理解，会导致实践中行政事业资产管理缺乏良好的基础。

（2）转变行政事业资产融资只能以税收形式来实现的传统观念。行政事业单位特别是行政单位，其提供的产品和服务更多地具有公共产品属性，这就决定了税收在解决行政事业单位费用开支资金来源体系中所处的地位。但是，行政事业单位的投资性支出和消费性支出的差异决定了仅仅依靠税收来解决行政事业单位投资的资金来源，会导致公共产品和服务的供给在利益获取和成本分担方面出现代际不公平，因为行政事业单位的资产会长期存在并服务于公共产品和服务的供给，所以其资产成本的分担应根据资产使用年限在不同时间区间合理分配，由此才能充分体现利益获取和成本分担对称的公平原则。

（3）对行政事业单位以债务形式融资来解决投资的资金来源必须加以严格管理和控制，必要时推行债务限额管理制度。行政事业单位资产的形成不宜完全依赖税收，在特定条件下还需要以债务筹资来实现成本在代际间的合理分担。但是，这并不意味着债务需要由行政事业单位来承担，以债务形式筹资仍然需要由政府财政部门来运作。财政部门负责确定举债规模及形式，根据利益获取与成本分担对称的公平原则，设计债务的还款期限及不同时期的还本付息额。行政事业单位是广义政府体系的组成部分，虽然单个的行政事业单位都可以是法人，独立享有民事权利并承担民事责任，但事实上任何一个行政事业单位的决策者都是代理人而不是真正意义上的所有者。其负责融资、负责投资但最终可以不承担偿债责任。这样的制度约束极易导致行政事业单位债务规模失控和债务风险程度加大，并最终需要由政府来承担兜底责任。因此，实现行政事业资产融资管理机制的创新，强化对行政事业单位的债务监管应是一项不可忽视的重要内容。

2. 做好行政事业资产投资管理

（1）严格界定行政事业单位投资领域。投资表现为货币向资产转化的过程。行政事业单位资产的形成往往要通过投资来实现。财政部《关于进一步规范和加强行政事业单位国有资产管理的指导意见》明确提出，行政事业单位资产配置的范围要符合公共财政的要求。这意味着行政事业单位的投资领域必须明确限定，即其投资项目只能是公益性项目，而不能是带有生产经营性特征的竞争性项目和基础性项目。这两类投资项目形成的资产都是生产经营性资产，这与市场经济条件下行政事业单位所应履行的职责不符，也不符合公共财政的基本要求。

（2）转变行政事业单位使用的资产只能以政府作为投资主体的传统观念，实现行政事业单位资产供给方式多元化。行政事业单位使用的资产并不一定必须是政府资产。比如，通过租赁私人资产的形式完全可以满足行政事业单位的资产需求。如果资产租赁比资产投资成本更低的话，从经济角度分析，就应选择资产租赁而不应选择资产投资。如果选择资产租赁，则资产所有者确定资产租赁价格时除了要收回资产折旧成本，还需要获取一定的盈利，这较之由政府直接投资形成行政事业资产而言是要额外付出代价。但是若由政府直接投资，首先涉及投资过程的监管，如果监管不到位，在投资环节就会导致额外成本付出，即掌握投资权的机构、单位会利用权力获取私利；其次，在投资完成后，行政事业资产本身的维修养护费用也颇为昂贵。一般的行政事业单位都需要成立相应的后勤保障机构，配备后勤人员，付出大量的机构运转费用和人员费用。所以，综合起来考虑，采用资产租赁替代政府投资来满足行政事业单位的资产需求，往往可以相对提高效率。

（3）可以借助 PPP 模式来减轻行政事业资产投资压力。规模庞大的行政事业单位会形成庞大的资产占有、使用需求，如果完全通过政府投资来形成所谓的行政事业资产，无疑会给政府财政支出带来巨大压力。而政府财政支出若不能到位，则行政事业单位会因资产需求得不到满足而影响公共产品和服务供给的数量和质量。此时，采用 PPP 模式，由私人资本来进行投资并解决投资的资金来源，政府行政事业单位可以和私人投资者签订资产租赁合同。行政事业单位每年用财政拨付的资产租赁费支付租金，由此可使行政事业单位节约后勤部门的费用开支，实现真正意义上的而不是形式上的后勤服务社会化。形式上的后勤服务社会化往往表现为后勤部门虽然财务独立核算，但仍然为原隶属的行政事业单位提供服务，且服务费收取标准可能比市场收费标准还要高，行政事业单位支付的费用甚至高于比没实现后勤服务社会化改革之前的费用。当然，采用 PPP 模式本身也会带来一定的制度运作成本。设计的方案需要对公私双方都有利，实现双方利益兼顾，这本身就有一定难度。对私人资本给予过于优惠的条件，则政府和公共利益就得不到保障；而过于向政府倾斜，私人资本无利可图，公私合作就不可能成功。如何在二者之间实现恰当的均衡是考验当事人智慧的事情。PPP 方案若能设计成功付诸实施，还要付出合同实施、监督的交易成本。将所有这些成本都考虑进去，如果 PPP 模式运作成本仍然低于政府直接投资形成行政事业资产所需成本，则运用 PPP 模式减轻行政事业资产投资压力就具有经济上的可行性。

（4）有些行政事业资产确实需要通过政府投资形成，那么政府财政安排投资性支出应和政府采购制度、国库集中支付制度结合起来，通过公开招标的方式，提高投资过程的透明度，做到公开、公平、公正，以提高投资效率。

3. 做好行政事业资产配置管理

（1）明确行政事业资产配置的原则。行政事业资产配置应遵循两大原则：

一为公平原则。因为从理论上讲，行政事业资产的配置要涉及不同级次政府、同一政府级次的不同地方政府、同一政府的不同职能部门、同一部门不同行政事业单位之间关系的处理和协调。从根本上讲，实际是要协调、处理不同利益主体之间的关系，因此需要遵循公平原则。虽然不同的社会成员，由于所处地位不同、价值观不同，对公平标准的理解也不会相同，但是仍然可以从不同社会成员对公平标准的千差万别的理解中，抽象出大多数社会成员所能接受的公平标准，即所谓“同等情况、同等对待”和“不同情况、不同对待”，前者称为横向公平，后者称为纵向公平。公平原则要求行政事业资产的配置，无论是增量资产配置还是存量资产配置，对不同级次的政府、同一级次的不同地方政府、政府的不同部门、部门的不同单位要做到横向公平和纵向公平。那么如何判定其情况相同还是不同？由于行政事业资产要服务于公共产品和服务的提供，那么在判定情况相同还是不同时，需要根据资产需求主体所承担的公共产品和服务的供给责任来合理配置。[①] 承担较为繁重的公共产品和服务供给责任，就理应得到更多的资产配置，承担相同的公共产品和服务供给责任，就应得到相同的资产配置。

二为效率原则。经济学通常用“帕累托最优”作为资源配置是否优化的判定标准。所谓资源配置的“帕累托最优”是指资源配置状态

① 这与行政事业资产的本质属性有内在联系，从根本上讲，行政事业资产就是行政事业单位所掌握的服务于公共产品和服务提供的手段。基于这种认识和理解，行政事业资产在不同部门、单位之间的配置就需要与部门、单位所担负的公共产品和服务的供给责任挂钩。这类似于税收公平原则中的受益准则。由于税收本质上是私人经济部门为了消费公共产品而向政府支付的特殊“价格”，所以税收负担的分配就必须考虑特定的企业、个人在消费政府提供的公共产品和服务时所得到的效用满足程度。得到较大的效用满足，就应多缴税；得到较小的效用满足，就应少缴税；没有得到效用满足，就不缴税。

的任何重新调整，已经不可能在不减少一个人福利的情况下，去增加其他人的福利。如果可以在不减少一个人福利的情况下去增加其他人的福利，那么目前的资源配置状态肯定就没有达到“帕累托最优”，因而对这种资源配置状态的调整就是必要的，这被称为“帕累托增进标准”。“帕累托增进标准”所要求的条件十分严格，现实中资源配置状态的重新调整往往在增加一个人福利的同时，通常会导致其他人福利的减少，这就不符合“帕累托增进标准”。但是，若资源配置状态调整所增加的福利大于减少的福利，则总体上所得大于所失，则这种资源配置状态的调整也应是可行的，这被称为“卡尔多—希克斯改进”。按照这一标准，只要交易成本不是太高，利益增进者对利益受损者给予足够补偿而有剩余，则“卡尔多—斯克斯改进”都可以调整为“帕累托增进”。按照这样的标准，行政事业资产在不同级次政府、同一政府级次不同地方政府、同一政府的不同部门、同一部门的不同单位之间进行配置，在不减少一个主体利益的情况下可以增进其他主体的利益，那么这种调整就是必须要进行的，因为其符合“帕累托增进标准”。若资产配置状态的重新调整，在带来有关主体利益增进的同时，导致了其他主体利益的减少，但只要增进的利益大于减少的利益，则这种调整仍然是可行的，因为其符合“卡尔多—希克斯改进标准”。在资产配置已不存在实现“帕累托增进”和“卡尔多—斯克斯改进”的任何余地，即资产配置的任何重新调整，都已经不可能再对公共产品和服务供给数量的增加和质量改进做出任何贡献时，资产配置就达到了最优。

（2）明确资产配置标准。财政部《关于进一步规范和加强行政事业单位国有资产管理的指导意见》明确要求资产配置标准应科学合理。财政部发布的于2016年7月1日起施行的《中央行政单位通用办公设备家具配置标准》对资产品目、配置数量上限、价格上限、最低使用年限和性能要求等做了明确规定（见表5-1和表5-2），相对2011年发布的《中央行政单位通用办公设备家具购置费预算标准（试行）》这一老标准，明显是根据经济社会发展水平、市场价格变化等因素进行了必要的调整和完善，既保证了行政单位正常开展工作对资产的需求，又考虑到了单位性质差别对资产需求的影响。

表 5－1　　　　中央行政单位通用办公设备配置标准

<table>
<tr><th colspan="3">资产品目</th><th>数量上限（台）</th><th>价格上限（元）</th><th>最低使用年限（年）</th><th>性能要求</th></tr>
<tr><td colspan="3">台式计算机（含预装正版操作系统软件）</td><td>结合单位办公网络布置以及保密管理的规定合理配置。涉密单位台式计算机配置数量上限为单位编制内实有人数的150%；非涉密单位台式计算机配置数量上限为单位编制内实有人数的100%</td><td>5000</td><td>6</td><td rowspan="12">按照《中华人民共和国政府采购法》的规定，配置具有较强安全性、稳定性、兼容性，且能耗低、维修便利的设备，不得配置高端设备</td></tr>
<tr><td colspan="3">便携式计算机（含预装正版操作系统软件）</td><td>便携式计算机配置数量上限为单位编制内实有人数的50%。外勤单位可增加便携式计算机数量，同时酌情减少相应数量的台式计算机</td><td>7000</td><td>6</td></tr>
<tr><td rowspan="5">打印机</td><td rowspan="2">A4</td><td>黑白</td><td rowspan="4">单位A3和A4打印机的配置数量上限按单位编制内实有人数的80%计算，由单位根据工作需要选择配置A3或A4打印机。其中，A3打印机配置数量上限按单位编制内实有人数的15%计算。原则上不配备彩色打印机，确有需要的，经单位资产管理部门负责人同意后根据工作需要合理配置，配置数量上限按单位编制内实有人数的3%计算</td><td>1200</td><td rowspan="2">6</td></tr>
<tr><td>彩色</td><td>2000</td></tr>
<tr><td rowspan="2">A3</td><td>黑白</td><td>7600</td><td>6</td></tr>
<tr><td>彩色</td><td>15000</td><td>6</td></tr>
<tr><td colspan="2">票据打印机</td><td>根据机构职能和工作需要合理配置</td><td>3000</td><td>6</td></tr>
<tr><td colspan="3">复印机</td><td>编制内实有人数在100人以内的单位，每20人可以配置1台复印机，不足20人的按20人计算；编制内实有人数在100人以上的单位，超出100人的部分每30人可以配置1台复印机，不足30人的按30人计算</td><td>35000</td><td>6年或复印30万张纸</td></tr>
<tr><td colspan="3">一体机/传真机</td><td>配置数量上限按单位编制内实有人数的30%计算</td><td>3000</td><td>6</td></tr>
<tr><td colspan="3">扫描仪</td><td>配置数量上限按单位编制内实有人数的5%计算</td><td>4000</td><td>6</td></tr>
<tr><td colspan="3">碎纸机</td><td>配置数量上限按单位编制内实有人数的5%计算</td><td>1000</td><td>6</td></tr>
<tr><td colspan="3">投影仪</td><td>编制内实有人数在100人以内的单位，每20人可以配置1台投影仪，不足20人的按20人计算；编制内实有人数在100人以上的单位，超出100人的部分每30人可以配置1台投影仪，不足30人的按30人计算</td><td>10000</td><td>6</td></tr>
</table>

注：价格上限中的价格指单台设备的价格。

表 5－2　　　　中央行政单位通用办公家具配置标准

<table>
<tr><th colspan="2">资产品目</th><th>数量上限</th><th>价格上限（元）</th><th>最低使用年限（年）</th><th>性能要求</th></tr>
<tr><td colspan="2">办公桌</td><td rowspan="2">1 套/人</td><td>司局级：4500；
处级及以下：3000</td><td rowspan="2">15</td><td rowspan="15">充分考虑办公布局，符合简朴实用、经典耐用要求，不得配置豪华家具，不得使用名贵木材</td></tr>
<tr><td colspan="2">办公椅</td><td>司局级：1500；
处级及以下：800</td></tr>
<tr><td rowspan="2">沙发</td><td>三人沙发</td><td rowspan="2">视办公室使用面积，每个处级及以下办公室可以配置 1 个三人沙发或 2 个单人沙发，司局级办公室可以配置 1 个三人沙发和 2 个单人沙发</td><td>3000</td><td rowspan="2">15</td></tr>
<tr><td>单人沙发</td><td>1500</td></tr>
<tr><td rowspan="2">茶几</td><td>大茶几</td><td rowspan="2">视办公室使用面积，每个办公室可以选择配置 1 个大茶几或者 1 个小茶几</td><td>1000</td><td rowspan="2">15</td></tr>
<tr><td>小茶几</td><td>800</td></tr>
<tr><td colspan="2">桌前椅</td><td>1 个/办公室</td><td>800</td><td>15</td></tr>
<tr><td colspan="2" rowspan="2">书柜</td><td>司局级：2 组/人</td><td>2000</td><td>15</td></tr>
<tr><td>处级及以下：1 组/人</td><td>1200</td><td>15</td></tr>
<tr><td colspan="2">文件柜</td><td>1 组/人</td><td>司局级：2000；
处级及以下：1000</td><td>20</td></tr>
<tr><td colspan="2">更衣柜</td><td>1 组/办公室</td><td>司局级：2000；
处级及以下：1000</td><td>15</td></tr>
<tr><td colspan="2">保密柜</td><td>根据保密规定和工作需要合理配置</td><td>3000</td><td>20</td></tr>
<tr><td colspan="2">茶水柜</td><td>1 组/办公室</td><td>1500</td><td>20</td></tr>
<tr><td colspan="2">会议桌</td><td>视会议室使用面积情况配置</td><td>会议室使用面积在 50（含）平方米以下：1600 元/平方米；50～100（含）平方米：1200 元/平方米；
100 平方米以上：1000 元/平方米</td><td>20</td></tr>
<tr><td colspan="2">会议椅</td><td>视会议室使用面积情况配置</td><td>800</td><td>15</td></tr>
</table>

注：（1）配置具有组合功能的办公家具，价格不得高于各单项资产的价格之和。（2）价格上限中的价格指单件家具的价格。

（3）设立存量资产调剂基金，优化行政事业单位存量资产配置。行政事业资产在不同的行政事业单位之间应保持合适的配置比例，以便做到物尽其用。从理论上讲，不同行政事业单位掌握的行政事业资产对公共产品和服务的边际产出率若相等，则行政事业资产在不同行政事业单位之间的配置比例就达到最佳，行政事业资产的存量配置优化目标就得以实现。但是，即便行政事业资产在部门、单位之间的初始配置比例是合适的，随着时间的推移，行政事业单位所处的社会经济环境会发生变化，所担负的职责及所要完成的工作任务也会相应变化，行政事业资产的存量配置结构自然也就需要调整。行政事业资产管理机构客观上需要把一些部门、单位闲置的资产调剂给急需这些资产的部门、单位，但由于部门、单位之间的资产调剂一直采用无偿划拨方式，所以在现实中行政事业资产调剂在部门、单位之间很少发生，即便发生往往也带有一定的偶然性。出现这种现象，关键还是因为行政事业资产管理机构没有充分认识到部门、单位的经济人性质，没有通过合适的机制设计来提高双方的积极性。合适的做法应是设立行政事业资产调剂基金。该基金来自行政事业单位投资性支出因资产调剂而节约的财政资金的一部分，比如可占节约的财政资金的2/3。该基金主要用于两个方面：一是奖励给调出闲置资产的部门、单位，这样其就有积极性呈报闲置资产信息，并积极配合行政事业资产管理机构把闲置的资产调剂给资产短缺的部门、单位；二是用于对调入闲置资产的部门、单位的奖励，由其支配使用，以提高这些部门、单位调入二手资产的积极性。尽管行政事业资产管理机构把节约的财政资金的2/3都分配给了资产调出或调入的部门、单位，但相对通过资产配置预算安排投资性支出给资产短缺部门、单位提供资产而言，仍然节约了1/3的支出。这无论是对调入、调出资产的部门、单位，还是对政府财政部门，都是件好事，一举三得。本书认为，除非设立行政事业资产调剂基金，通过物质利益诱导来提高有关部门、单位调剂闲置资产的积极性，否则行政事业资产调剂工作在实践中难以开展。毕竟部门、单位相对行政事业资产管理机构在掌握闲置资产信息方面具有比较优势，在资产调剂不能带来利益增进的条件下，其完全可以发挥自己的比较优势来避免资产调剂。

（4）改变公物仓设置方式，充分发挥其提高行政事业资产使用效率的作用。近年来，不少地方政府财政部门设置了公物仓，收存临时性使用的资产，一些部门、单位需要临时性使用资产，就到公物仓办理领用手续，使用完毕后再交回公物仓。从理论上讲，相对每个部门、单位都去购置这些只是临时性使用而日常大部分时间并不需要使用的资产，显然可以大大减少部门、单位闲置资产数量，提高资产使用效率。但从各地公物仓设置及运作状况看，效果并不理想。

为进一步提高公物仓制度的运作效率，可以考虑以下几种方式：

一是可考虑设置虚拟公物仓。虚拟公物仓的本质是闲置行政事业资产的信息化管理。在这种管理模式下，行政事业资产管理机构虽然并没有把部门、单位闲置的资产集中到公物仓实行集中统一管理，但是掌握部门、单位详细的闲置资产信息，随时可以办理闲置资产的调拨手续。从这个意义上讲，这些存在于部门、单位的闲置资产与集中到公务仓的资产只是资产存放地点不同，而在性质上并没有本质区别，所以被称为虚拟公物仓。相对于真实的公物仓，虚拟公物仓可以有效节约公物仓实际占用空间，闲置资产取用也相对方便，不失为一种能促进行政事业资产调剂工作顺利开展的行之有效的方式。

二是公物仓的设立应该注意实现规模收益。公物仓规模过小，不变成本在其总成本中所占比重会过大，而适度扩大公物仓规模，有助于降低公物仓运作的平均成本，从而实现规模收益。但公物仓规模绝非越大越好，达到一定规模后，其平均成本不但不能随着规模扩张而降低，反而会提高，出现规模收益递减。合理控制公物仓的规模意味着对部门、单位闲置的资产到底是否适合纳入公物仓管理需要具体问题具体分析。一些濒临报废、使用价值不大的资产与其纳入公物仓，不如直接进行资产处置效率更高。对公物仓的管理而言，其自身在履行资产调剂职能的同时，还应履行资产处置职能。一些长期没有被领用、难以调剂的资产应果断进行资产处置，这有利于公物仓保持合理的资产规模，提高公物仓制度运作效率。

三是公物仓的设立还应做到集权与分权有机结合，即公物仓可以考虑分层设立、分级管理。首先，一级政府行政事业资产管理机构可以在政府层面设立一级政府财政的公物仓，面向政府的各个部门提供资产调剂和资产领用服务，其管理的资产主要应是政府各个部门都需要的通用性强的资产。其次，政府的各个部门也可以在部门层面设立部门公物仓，面向该部门的各个单位提供资产调剂和资产领用服务，其管理的资产主要应是该部门所属各单位都需要的、在部门内通用性强的资产。最后，部门内部的各个单位，如果单位组织结构较为复杂，下属机构较多，资产规模较大、种类较多，比如高等院校的资产管理，就可以考虑设置单位的公物仓，面向单位内部的各个机构提供资产调剂和领用服务。这三个层次的公物仓若都能设立起来，就有助于实现公物仓集权管理和分权管理的有机结合。政府层面的公物仓由财政行政事业资产管理机构直接管理，权力集中，规模较大，便于在不同部门之间调剂资产，实现规模收益；部门公物仓由部门资产管理机构负责管理，同时接受财政行政事业资产管理机构的指导，发挥部门在行政事业资产管理方面的积极性、主动性，充分考虑不同部门占有、使用的行政事业资产在性质上所存在的差别，发挥部门在资产管理方面所具有的信息优势；单位公物仓则由各个单位负责管理，同时接受部门资产管理机构的指导，发挥单位在行政事业资产管理方面的积极性、主动性，充分考虑不同单位所占有、使用的行政事业资产在性质上存在的差别，发挥单位在资产管理方面所具有的信息优势。从理论上讲，如果闲置资产的规模较大而且该资产在各个部门之间具有较强的通用性，则该资产应集中到一级政府所设立的公物仓进行集中管理。各个部门临时性、一次性的资产需求，若不存在明显的个性差异，应由一级政府公物仓予以满足。闲置资产规模不大，且资产在部门间呈现较为明显的个性特征，则应纳入部门公物仓管理，部门内各个单位的临时性、一次性资产需求如果并不具有明显的个性特征，就应由部门公物仓予以满足。零星闲置资产则可纳入单位公物仓，由各个单位负责管理，满足单位内部不同机构的临时性、一次性资产需求。

对公物仓的管理来说，如何实现闲置的资产集中统一管理是重要的工作内容。比如一级政府的公物仓需要把各个部门的闲置资产集中起来；各个部门的公物仓需要把本部门各个单位的闲置资产集中起来；单位公物仓需要把所属机构的闲置资产集中起来。从理论上讲，行政事业资产的国有性质以及一级政府行政事业资产管理机构、部门、单位在资产管理方面所具有的职责、权限，表明对闲置资产实行集中管理不成问题，但是如果对闲置资产的集中采取无偿方式，考虑到部门、单位、单位所属机构以及资产具体占有、使用人员所具有的信息优势及其经济人属性，这种对闲置资产的集中通常会遇到很大障碍，除非对部门、单位、单位所属机构以及具体占有、使用闲置资产的人员来说，闲置的资产已不可能有任何用处，但通常情况并非如此。毕竟，长期的闲置不等于永久闲置，很大程度上的闲置不等于绝对闲置，只要闲置的资产在理论上还具有带来效用和满足的可能性，以无偿的方式集中闲置的资产都会遇到一定困难。因此，对公物仓的管理来说，如何通过机制设计来提高有关主体把闲置资产送交公物仓的积极性也是一个需要认真研究的课题。

案例1：

葫芦岛市公物仓的构建与运行①

辽宁省葫芦岛市于2012年11月19日出台的《葫芦岛市市级公物仓管理暂行办法》规定，葫芦岛市级公物仓是指市财政局对市级行政事业单位下列资产进行接收和保管的实物仓库：行政事业单位长期闲置的资产，机构分立、撤销、合并、划分移交的国有资产以及政府、部门规定上交的资产和经有关部门批准处置的闲置国有资产；经市委、市政府批准，成立临时机构和行政事业单位使用财政性资金举办的大型会议、大型活动购置的资产；执法（执罚）机关依法没收的资产及充抵费款、罚款的物品；行政事业单位置换出来的资产等。《葫芦岛市市级公物仓管理暂行办法》明确财政部门是公物仓管理的行政主管部门，所属行政事业资产管理中心具体负责日常管理工作。该办法还明确公物仓资产处置实行“收支两条线”管理，并对公物仓的资产接受、资产管理的周转使用做出了明确规定。其中明确了各行政事业单位需要购置资产，首先由公物仓予以调剂，不得重新购置；公物仓不能满足的，由政府统一采购。公物仓资产的处置应当遵循公开、公平、公正的原则，委托具有资质的拍卖机构按国家、省有关规定进行拍卖。不具备拍卖条件的资产，统一以竞价或协议的形式进行处理。没有使用价值且按规定应报废的公物仓资产，由具有专业报废回收处理资格的回收企业进行回收处理。自公物仓建立以来，收缴闲置房屋1户和以房抵费房屋15户，收

① 柴占贤：《公物仓：市级行政事业资产改革形式》，载于《管理观察》2015年第7期。

缴罚没车辆13台，收缴清理超标车11台、超编车辆3台，公开拍卖和处置各类资产收入总额达498万元，收入全部上缴国库，为6个急需用车的单位办理了车辆借用手续，收取租金6万元，若按购置新车每台车18万元计算，共节约财政资金108万元。这既解决了单位急用，又节省了财政开支，显现了政府公物仓的调剂作用。

案例2：

公物仓为无锡省钱添财①

江苏省无锡市通过设立公物仓制度，规范了行政事业单位公物处置行为，加强了对罚没物资的监督管理，确保了行政事业资产的保值增值。2009年，公物仓的拍卖、变价收入达到173万元，而通过调剂和重复利用节约的财政资金则达到400多万元，不仅为无锡财政省了钱，而且添了财。无锡市财政局行政事业资产管理处处长施国伟回忆，20年前他刚从企业考入机关工作时，对行政事业单位资产的管理使用效率与企业的差距感受很深。在企业，大到生产设备，小到针头线脑，全部登记在册，一目了然。连用一个计算器都得办理借用手续，而且用完即还。而那时候在机关事业单位，由于缺乏必要的管理意识、管理机制和统一的配置标准，资产管理和使用过程中存在着苦乐不均和损失浪费的现象。有的单位人均占有办公用房达到几百平方米，而有的单位仅为几平方米。有的单位一台老式电脑能用上十年、二十年，而有的单位只要有新机型出来，不管工作是否需要，立刻以旧换新，旧的设备即便性能再好，也是一扔了之，无人问津。为了改变这一现象，2005年，无锡财政出台了公物仓管理暂行办法，要求凡使用财政性资金一次性安排的大型活动的公物、被撤销单位和临时机构的资产，以及多余、闲置和罚没的资产必须纳入公物仓管理范围；由财政一次性安排的专项经费所添置的公物，原则上通过公物仓调剂安排解决，如果公物仓确实没有，才能由单位通过政府采购购置。公物仓设立后，既让无锡财政省了钱，而且

① 吴红萱、孙昂：《公物仓为无锡省钱添财》，载于《中国财经报》2010年9月18日第2版。

增加了财政收入。2007年，无锡市开展青少年文明上网活动，要为各社区配电脑，一下子需要50～60台，而当时公物仓里刚好有几十台性能完好的旧电脑，立马派上了用场，仅这一笔，就为财政省下几十万元。同时，一些单位退下来的旧汽车到了公物仓经过评估拍卖，一部车能赚几万元。江苏省财政厅厅长潘永和专门提出，要“像抓资金管理一样抓资产管理”。为进一步强化行政事业单位的资产管理，《江苏省行政事业单位国有资产管理办法》于2010年9月1日开始实施，办法强化了行政事业单位国有资产的配置和使用管理、处置管理、收益管理，使资产信息化管理、绩效管理水平明显提高、管理纪律得到加强，对行政事业单位国有资产管理做出了进一步的明确规定。此外，江苏省财政厅行政事业资产管理处处长王卫星还表示，除了设立实体的公物仓，该市还借助信息化手段，设立虚拟的公物仓，对适用的行政事业单位资产实行统一调配和使用，进一步提高了行政事业单位资源配置的效率。

案例3：

环翠区行政事业单位国有资产公物仓管理初见成效①

山东省威海市环翠区国有资产管理局为全面加强对行政事业单位国有资产的有效监管，充分提高办公物资使用效率，节约办公经费，于2010年10月11日根据环翠区各行政事业单位资产运行状况，在全市范围内率先制定了《环翠区行政事业单位公物仓管理暂行办法》。该办法规定：各单位将不需用、闲置的资产统一集中到国资局设立的公物仓中，在全区范围内统筹使用，对申请财政资金购置资产的单位，优先通过公物仓仓内资产予以调剂解决，公物仓内资产无法满足需要时，方可由各单位通过政府采购进行购置。截至当年12月，环翠区国资局严格按照工作程序，已将公物仓中收缴的电脑、空调、会议桌等3批15件资产调拨给相关需求单位。通过对行政事业单位实施公物仓管理，不仅

① 宋江威：《环翠区行政事业单位国有资产公物仓管理初见成效》，载于《行政事业资产与财务》2011年第1期。

进一步加大了对闲置资产的盘活力度，提高了办公物资使用效率，也有效改善了相关单位的工作条件。据统计，该办法实施两个多月来，通过对公物仓仓内资产统一进行调配，共计节省财政资金 15 万余元，较好地实现了国有资产的共享和共用，降低了行政运行成本，使环翠区国有资产管理工作迈上了一个新台阶。

（5）改革行政事业资产预算管理制度，由行政事业资产管理机构负责编制行政事业资产预算，理顺行政事业资产管理机构与预算管理机构之间的关系，做到分工明确、各司其职、各负其责。长期以来，行政事业单位的支出预算包括经常性支出和投资性支出都由预算机构负责管理，这对于加强预算集中管理自然有不可否认的意义。但是，这样的制度安排却不利于加强行政事业资产管理。因为预算管理机构并不掌握行政事业单位资产存量信息，不能判断行政事业单位的资产需求信息的合理性，进而也就无法合理确定、安排行政事业单位投资性支出指标。为解决这一问题，近年来各地推行的实现行政事业资产管理和预算管理相结合的改革办法，要求行政事业单位提出的资产需求信息首先要由行政事业资产管理机构审核调整，符合规定要求再报预算管理机构。[①] 这一方面需要行政事业资产管理机构与预算管理机构相互协调配合，另一方面对行政事业单位来说，其投资性支出事实上就面临多头管理，拉长了投资性支出预算编制时间。为提高工作效率，协调行政事业资产管理机构和预算管理机构的关系，简化行政事业单位投资性预算支出指标的审核程序，可考虑将行政事业单位经常性支出和投资性支出预算分别由预算管理机构和行政事业资产管理机构分工负责。进行这样的制度改革和调整主要是基于以下几个方面的考虑：

一是消费性支出和投资性支出在性质上区别明显。消费性支出包括人员经费和公用经费，当年消费掉，需要每年连续、稳定地安排，其确

① 2013 年，新疆维吾尔自治区财政厅已将开展资产配置预算试点工作列入年度重点工作范畴。财政资产管理部门制定资产配置预算编审规程。总体编审规程与部门预算编审规程基本一致。主要的区别在于，资产配置预算较部门预算早一个月进行，财政资产管理部门主要负责审核单位资产配置标准是否合规，财政业务处室主要负责审核能否安排资产购置资金，单位提出的资产购置计划主要由资产管理信息系统自行审核完成，经财政预算管理部门认定后再导入部门预算编审系统（丁小生：《以创新的理念推动行政事业资产管理创新实践》，载于《行政事业资产与财务》2014 年第 2 期）。

定支出指标的方法主要是基数法；投资性支出形成资产，这些资产可以在多个财政年度为提供公共产品和服务发挥作用，所以对部门、单位来说，投资性支出没有必要连续、稳定地安排，其确定支出指标的方法就不能采取基数法，而需要根据资产存量确定。正是考虑到这种性质上的差别，西方国家编制复式预算通常把预算分为两部分：一是经常预算；二是资本预算。我国 2015 年 1 月 1 日起实施的《预算法》把我国的复式预算分为一般公共预算、国有资本预算、社会保障基金预算和政府基金预算四部分，没有按照经常预算和资本预算进行结构划分。因此，参照国际通行的复式预算划分方法，可考虑把一般公共预算再细分为经常预算和资产预算①两部分。经常预算由预算管理机构负责编制；资产预算由行政事业资产管理机构负责编制。

二是简化行政事业单位预算编制程序、减轻工作量。在行政事业资产管理机构只负责资产管理而不负责预算管理的制度下，事实上存在资产管理与预算管理工作的脱节。为解决这一问题，应让行政事业资产管理机构与预算管理机构相互协调以实现资产管理与预算管理的结合，但这种结合不可能是有机结合，而只能是板块式结合，行政事业资产管理与预算管理的脱节问题难以彻底解决。对预算管理机构来说，确定行政事业单位投资性支出指标，不仅需要和部门、单位打交道，还需要和行政事业资产管理机构沟通、协调；对行政事业资产管理机构来说，也需要做同样的工作；对行政事业单位来说，确定投资性支出指标，既要和预算管理机构打交道，又要和行政事业资产管理机构打交道，由此导致行政事业单位投资性指标的确定环节增多、程序烦琐、工作量加大。

三是实现行政事业资产管理机构与预算管理机构的合理分工，各司其职、各负其责。资产管理是一项技术性、专业性强的工作，既包括存量资产的管理，也包括增量资产的管理，况且行政事业资产规模庞大、种类繁多、形式多样，因此客观上需要由专门的机构来负责管理。行政事业单位投资性支出直接决定行政事业资产的增量，属于增量资产配置管理的一项重要内容，理应纳入行政事业资产管理机构的职能范围。如果行政事业单位投资性支出由预算管理机构负责，则会在事实上导致行政事业资产管理机构只负责存量资产的管理，而增量资产配置主要由预

① 这里用的名称是资产预算而不是资本预算，主要是要区别于反映生产经营性投资的国有资本预算。

算管理机构管理的现象，由此导致资产管理与财务管理、预算管理脱节，从而在事实上肢解了行政事业资产管理机构的职能，出现了行政事业资产的多头管理局面。

(6) 合并办公场所，对办公用房采取集权管理，提高行政事业单位房产使用效率。近年来，随着对行政事业单位办公用房实行严格的标准化管理，很多行政事业单位的办公用房出现大量闲置，甚至出现了一个办公楼原来一个单位使用面积尚且不够，现在两个单位使用面积仍绰绰有余的情况。如果不合并办公场所，大量的房产会处于闲置状态。而要合并办公场所，就必然触动有些单位的既得利益，作为行政事业资产管理机构，自身的行政级别决定了合并办公场所这样的事情明显超出其行为能力，需要政府通过顶层设计，政府机关事务管理局加大协调配合工作力度，下定决心克服困难和阻力，促成这件事情。

4. 做好行政事业资产运营管理

(1) 严控行政资产运营，直至取消行政资产运营范畴。行政资产服务于公共产品和服务的提供，远离市场有效作用领域。从理论上讲，行政资产用于运营即意味着行政部门涉足市场有效作用的领域，这不利于协调市场与政府的关系。但现实中，很多行政单位掌握的资产超过其正常职能实现所需掌控的资产数量，存在资产闲置。此时将闲置资产用于运营，一方面可以取得一定的资产收益，另一方面从社会角度看也实现了资产的充分利用，提高了资源配置效率。因此，很多行政单位存在资产运营活动是客观存在的事实，但由于公有产权自身性质的局限，行政单位的资产运营往往存在监管不到位、资产运营效益差等弊端，甚至成为滋生腐败的温床。因此，实现行政事业资产运营管理机制的创新需要严格管控行政资产运营，提高透明度，强调行政资产运营收益的收支两条线管理；同时，应与行政资产配置机制的创新结合起来，逐步调剂行政单位闲置资产，或者剥离其经营性资产，使之成为自主经营、自负盈亏的企业。《国务院关于改革和完善国有资产管理体制的若干意见》明确指出："按照依法依规、分类推进、规范程序、市场运作的原则，以管资本为主，稳步将党政机关、事业单位所属企业的国有资本纳入经营性国有资产集中统一监管体系，具备条件的进入国有资本投资、运营公司。”改革方向已经明确：最终取消行政资产运营范畴。

（2）事业单位资产运营应区别对待。一种情况是有的事业单位提供的产品和服务更多地具有私人产品属性，这样的事业单位可以推行“事转企”改革，明确其企业性质。这就可以把此类资产运营从事业资产运营中剥离出去，其资产相应就由行政事业资产管理机构管理转为由专门管理生产经营性国有资产的国资委或国资局管理。另一种情况是有的事业单位提供的产品和服务整体上具有较多的满足公共需要的性质，即较为接近公共产品，但其部分资产具有明显生产经营性特征，提供的产品和服务更多地具有满足私人需要的性质，此时应剥离经营性资产，使之成为独立企业法人，转由国资委或国资局管理；对于生产经营性资产规模较小、独立成为企业法人条件不充分的，可考虑通过资产处置或资产调剂的方式实现事业资产从生产经营领域退出。还有一种情况是规模较大的事业单位确需掌握一定数量用于运营的资产，应通过公开招标的方式出让经营权，行政事业资产管理机构强化监管，对资产运营收益实行严格的收支两条线管理。

（3）作为权宜之计，应尽可能实现资产的集中营运。资产集中营运替代由各行政事业单位分散营运便于强化对资产营运过程的监督，提高营运收益，有利于实现资产的保值、增值目标。在分散营运模式下，对资产营运过程的监管不仅受公有产权委托代理链条长的制约，而且其所对应的监管模式也必然是“一对多”的监管，监管主体掌握的信息很不充分。而实现集中营运虽然仍然要受公有产权自身性质的制约，但其对应的监管模式却是“一对一”或是“多对一”，[①] 信息掌握相对更充分，监管力度相对更大，因此监管效果一般来说会更好。山西省阳泉市采取由政府主导、财政实施的办法，将县区经营性资产进行集中运营，产权全部变更到新注册设立的具有独立法人资格、隶属于财政部门的资产运营中心，由运营中心进行市场化营运，具体开展资产的置换、拍卖、转让、租赁等业务。阳泉市郊区根据资产管理的实际，资产办成立了国有资产运营公司，专门负责行政事业经营性资产向资本运营的转变，积极探索与社会资本合作的PPP模式，为基础设施建设等公益项目

① 对集中营运的资产不仅行政事业资产管理机构要监管，权力机关、财政部门、审计机构、舆论媒体都可以成为监督主体。

提供融资服务，还注册成立了资本金为2100万元的泽丰融资担保公司以及注册资本为500万元茂源农村土地经营公司，为全区中小微和农业企业发展提供了2亿元规模的融资服务。①

5. 做好行政事业资产处置管理

（1）慎重选择资产评估机构，合理确定资产处置价格。合理确定资产处置价格是资产处置工作的重要环节。资产处置价格确定偏低，会导致国有资产流失，损害国家所有者权益；资产处置价格确定偏高，会加大资产处置工作的难度，导致该处置的资产无法及时处置。而资产处置价格的确定是专业性强的技术工作，要合理确定资产处置价格，就必须慎重选择资产评估机构。根据丁小生（2014）的分析，需要解决好两大问题：一是谁来选定资产评估机构的问题。一般来说，资产评估机构的选定权应根据资产处置审批权限的具体划分情况来定，审批权限在财政部门的，应由财政部门来选定，审批权限在主管部门的，应由主管部门来选定，但无论是由谁选定评估机构，都要经过集体研究决定，防止个别人说了算。二是选定什么样的评估机构的问题。财政部门应通过公开招标方式，将那些评估资质高、服务质量优、业内信誉好的评估机构纳入评估中介管理库。具体进行资产价格评估时，就可从中介库中随机抽选评估机构，由此可确保评估机构客观、公正、独立执业，进而合理确定资产处置价格。②

（2）实现行政事业资产及时处置。在调研中发现，行政事业资产处置常常难以做到及时。很多已经处于报废状态的资产没有得到处置，甚至出现账面上有资产，而实际资产已完全报废、踪影全无的账实不符情况。之所以出现这种情况，至少有以下几个方面的原因：一是资产处置手续烦琐，导致行政事业单位无暇报批处置资产；二是资产处置收益实行收支两条线管理，行政事业单位分配到的资产处置收益甚是有限；三是资产处置与新增资产配置没有严格挂钩，不处置旧资产，并不影响通过资产配置预算得到新的资产。针对上述情况，为做到资产处置及时

---

① 郭智杰：《新常态下县区行政事业资产管理的探索》，载于《行政事业资产与财务》2016年第1期。

② 丁小生：《以创新的理念推动行政事业资产管理创新实践》，载于《行政事业资产与财务》2014年第2期。

有效，可采取的对策包括：一是适当简化资产处置报批手续，严格规定资产处置报批限额，限额以上的资产处置严格履行报批手续，限额以下的资产处置权则赋予行政事业单位；[①] 二是资产处置收益较大比例和份额返还行政事业单位，以提高其及时处置资产的积极性；三是把资产处置与新增资产配置紧密挂钩，旧资产没有处置或没调剂，原则上不能通过资产预算配置新资产。

（3）加大资产处置监管力度。行政事业资产管理机构通过加强监管既要避免部门、单位越权胡乱处置资产，又要避免该处置的资产不处置的现象；通过加强监管，做到以公开招标拍卖方式处置资产，提高透明度，实现资产处置的公开、公平、公正。

（4）把资产处置和资产调剂及公物仓制度的构建、完善结合起来。应强调能调剂的资产原则上不处置，[②] 处置的资产基本应为报废资产，处置目的是为了收回资产残值；能转入公物仓的资产原则上不处置。[③]

---

① 各国政府都比较重视行政事业资产处置管理的统一性以及对市场机制的运用。通常由行政事业资产管理机构直接负责，或者处置事项由资产管理机构负责审核决定。如日本的《国有资产法》就授权财务省大臣掌握行政事业资产的统一管理和处置审批权；加拿大则规定联邦政府及各部门闲置资产，必须交公共工程与政府服务部集中统一处理，其他任何部门不得擅自出售，政府不需要的动产，一般通过市场化方式集中处理或以旧换新；巴西政府规定公共资产出售前，要先由联邦资产秘书处组织专业人员评估底价，然后通过拍卖的方式公开处置（明德兵：《浅议如何改进行政事业资产处置工作》，引自《思考 创新 发展——山东省行政事业资产征文获奖作品集》，经济科学出版社2014年版，第185页）。考虑到我国的大国国情，行政事业资产处置规模大、任务重，设置处置限额，赋予行政事业单位限额以下资产的处置权是比较合适的选择，但即便是限额以下资产的处置，行政事业资产管理机构也应规定相应的管理制度，强化行政事业单位内控制度建设。

② 从行政事业资产管理所涉及的几个环节看，资产调剂处于资产处置之前，资产处置是资产管理的最后一个环节，从这个角度讲，资产闲置并不是资产处置的充分条件，闲置的资产首先需要考虑资产调剂。因为一旦能实现资产调剂，则节省了购置新资产所需要安排的财政资金，这笔资金通常远大于资产处置收益。

③ 对于部门、单位闲置的资产，一时难以调剂到其他部门、单位，即实现“横向调剂”（空间维度）有困难，可考虑实现所谓的“纵向调剂”（时间维度），即将其纳入政府公物仓管理，这样做的依据是暂时的闲置并不等于永远闲置，随着时间的推移，这些闲置的资产就可能派上用场，进而可以节约大笔财政资金，这会远超资产处置收益。当然，对于有效使用年限较短的资产，需要在实现资产及时处置与纳入公物仓管理之间合理权衡。纳入公物仓管理的目的是为了将来实现资产调剂而节约财政资金。若将来能实现资产调剂的概率较低，等待的时间较长，而资产有效使用年限较短，此时及时实现资产处置、获取资产处置收益或许是更为理性的选择。

5.2.3 解决“如何管”的问题，实现行政事业资产管理方式健全

1. 强调经济人和信息不充分两个基本假设前提的重要性

长期以来，行政事业资产管理工作没有明确基本假设前提。这导致在行政事业资产管理实践中，对有关的部门、单位、机构、人员的行为难以给出合理解释，难以做出合理的预测和判断，进而导致很多行政事业资产管理目标无法实现，很多行政事业资产管理制度事实上无法顺利推行。比如，行政事业资产管理所涉及的有关经济主体习惯上被认为是追求公共利益最大化的，行政事业资产管理的信息是充分的。按照这样的假设前提，行政事业资产管理的理想目标就应该很容易实现：行政事业资产管理机构可以根据自己所掌握的充分信息在不同部门、单位之间合理配置资产，实现资产配置的边际收益相等；部门、单位为实现公共利益最大化，会做到物尽其用，尽可能提高资产使用效益；对于闲置的资产，则会及时通报信息，以便行政事业资产管理机构在不同部门、单位之间实现资产调剂。但现实中存在的诸多亟待解决的现实问题表明，关于行政事业资产管理主体的利他假设及行政事业资产管理信息充分假设缺乏现实基础。总结行政事业资产管理的经验、教训不难发现：行政事业资产管理的有关主体更符合利己的经济人假设，而行政事业资产管理的信息也是不充分的，在不同主体之间是不对称的。按照经济人假设和信息不充分、不对称假设来分析行政事业资产管理的手段选择，显然就需要强调物质利益诱导手段的作用。因为作为利己的经济人，其会在特定约束条件下做出实现自身利益最大化的选择，会充分利用自身所具有的信息优势。行政事业资产管理机构在并不能准确掌握各个政府部门、单位资产的使用情况特别是资产是否处于闲置状态的信息的情况下，要通过无偿划拨的办法在部门、单位间调剂资产就面临很大困难。尽管从理论上、法律上讲，其代表政府行使管理权的地位使其完全可以这样做，但在实践中却很难做到。因为作为利己的经济人，部门、单位都要追求自身利益最大化。自己的闲置资产被无偿划拨，不仅不能给其带来收益，而且还要承担资产划拨的成本（办理划拨手续所付出的代

价），其所失大于所得，因此自然会倾向于利用自己的信息优势来回避资产的无偿划拨。要达到这一目的相当简单，只需要隐藏资产闲置信息就可以了。虽然行政事业资产管理机构借助资产管理信息系统可以掌握部门、单位存量资产的状况，但通常仅涉及资产的种类、性质、购进时间和价格等基本信息，至于资产的具体使用情况特别是资产是否处于闲置状态的信息，只有具体使用资产的部门、单位甚至是具体使用资产的有关人员才能掌握。行政事业资产管理机构是否能掌握此类信息完全取决于部门、单位是否把信息及时上报。如果部门、单位把此类信息上报能为其带来利益增进，作为利己的经济人，其当然会有积极性及时、准确上报信息。如果上报此类信息不仅不能带来利益增进，而且还会使其遭受额外损失，那么作为利己的经济人，其当然会发挥自己的信息优势隐瞒信息。当然，若隐瞒信息的行为会遭受惩罚而需付出代价，其会慎重选择，但事实上其天然具有的信息优势使其隐瞒信息的行为只给其带来好处而不是损失。因此对部门、单位来说，隐瞒闲置资产的信息就是其理性选择。行政事业资产管理机构既然不能掌握部门、单位闲置资产的信息，自然也就难以在部门、单位间实现资产调剂。对于需要新增资产配置的部门、单位来说，资产无论新旧都由政府无偿提供，那么作为利己的经济人，其当然更倾向于配置到新资产而不是接受调剂过来的二手资产。① 因此，其会有积极性利用自己的优势向行政事业资产管理机构表明调剂过来的二手资产由于种种原因并不能满足本部门、单位的新增资产需求。② 这就是现实中行政事业资产管理机构通常难以在部门、单位之间实现资产调剂的根本原因。因为资产调剂要受到两方面的限制和约束：一方面，从闲置资产供给角度看，由于部门、单位为实现自身利益最大化拒绝提供闲置资产信息，管理机构无法掌握闲置资产的供给状况；另一方面，从闲置资产需求角度看，由于部门、单位为实现自身利益最大化会想方设法要求配置一手新资产而拒绝接受二手资产，管理机构也无法掌握闲置资产的需求信息。供求两方面的信息都不能掌握，所以行政事业资产管理机构虽然拥有在部门、单位间调剂资产的权力，但

① 喜新厌旧是人们的惯常心理。对部门、单位来说，新资产无论从性能还是从观感及使用过程所带来的心理满足程度看都远胜于二手的旧资产。

② 除非通用性很强的资产，行政事业资产管理机构很难对部门、单位拒绝接受二手调剂资产理由的合理性作出准确判断。

实践中却难以调剂资产就不足为怪了。① 同样的道理，部门和其所属的各个单位之间信息也是不对称的，部门难以准确了解和掌握资产在各个单位之间的具体使用状态，采用无偿划拨的办法，存在资产闲置的单位没有积极性把闲置资产调拨出去，其会隐藏资产闲置的有关信息，需要新增资产配置的单位也没有积极性接受调入的二手资产，其会向部门传递调入的二手资产并不能满足本单位资产需求的有关信息。所以，即便在一个部门内部不同单位之间调剂资产通常也难以做到。由此导致的后果是：一方面，一些部门、单位存在大量闲置资产；另一方面，另一些部门、单位却急需这些闲置资产，但在部门、单位利己动机和具有信息优势的条件约束下，资产调剂事实上却难以实现。可行的办法和出路只能是承认部门、单位的经济人属性及其所具有的信息优势，通过机制设计，用物质利益诱导的办法提高部门、单位调出闲置资产和调入二手资产的积极性。这就需要改无偿划拨为有偿划拨。政府财政部门应设立资产调剂基金，可以从每年安排的行政事业投资性支出中按一定比例提取。该基金用于奖励调出闲置资产和调入二手资产的部门、单位。对调出闲置资产的部门、单位来说，严格意义上闲置的资产并不能为其带来利益，但调出这些闲置的资产，却可以从财政部门得到一定的利益补偿（比如说资产购置价格的1/3），使其调出闲置资产的所得大于所失，作为利己的经济人，其会有积极性调出闲置的资产，从而形成行政事业闲置资产的供给方；对调入闲置资产的部门、单位来说，因为其接受了调剂的二手资产，为财政部门节省了资金，所以也给予物质奖励，比如资产购置价格的1/3。这样一来，其也有积极性接受调剂的二手资产。虽然财政部门付出了资产购置价格2/3的代价，但是相对购置新资产来满足部门、单位的新增资产需求而言，仍然节约了1/3的财政资金。因此，总体来看，设立资产调剂基金一举三得，是用物质利益诱导的办法强化行政事业资产管理的具体实现形式。当然，在具体推行过程中，行政事业资产管理机构需要加强监管，核实部门、单位闲置资产调剂信息

---

① 在有关部门、单位都是利己的经济人且具有信息优势的条件下，无偿的资产调剂难以进行带有必然性。在私人经济部门，在有关主体都是经济人且存在信息不对称的条件下，二手资产交易也难以顺利进行，比如二手车市场存在的信息不对称所导致的“逆向选择”就是典型例子。但由于私有产权毕竟不同于公有产权，所以私人部门二手资产的交易虽然不顺畅，但毕竟还达不到难以实现的程度。

的真实性。因为作为利己的经济人，部门、单位存在通过合谋来谋取奖励的可能性，即部门、单位可以把本不闲置的资产调剂出去，在办理完资产调剂手续，得到财政的奖励资金后，在合适的时机，把资产再调剂回来，进而再次申请财政奖励。对于这样的机会主义行为，行政事业资产管理机构需要对部门、单位间的资产调剂信息进行动态监管，对调剂出特定资产的部门、单位，应规定在特定时间范围内不能再调入或申请配置同一资产；对调入特定资产的部门、单位，应规定在特定时间范围内不能再调出同一资产。

2. 明确行政事业资产管理目标

一是保障履职。行政事业资产管理要围绕保证行政事业单位正常履行职能而展开。作为行政事业单位履行职能不可或缺的物质手段，行政事业单位自身的性质决定了这种物质手段需要由政府财政负责提供和管理。因此，充分发挥行政事业资产在单位履行职能方面的物质基础作用，有效保障政权运转和提供公共服务的需要，就成为行政事业资产管理的首要目标。

二是融资合理。行政事业资产的形成需要有资金来源渠道。行政事业单位自身及其提供的产品和服务的性质决定了税收在解决行政事业资产资金来源问题方面的地位。但是，根据利益获取与成本分担对称的公平原则，可以长期存在并在公共产品和服务供给过程中持续发挥作用的行政事业资产，通过税收筹资并不一定就是最为理想的选择。在特定条件下，通过债务筹资，使债务还本付息的时间跨度与资产的使用年限保持一致，反倒可以更好地体现效率和公平原则。因此，做好行政事业资产管理工作应选择合理的融资渠道和方式。

三是配置科学。行政事业单位资产配置的范围要符合公共财政的要求，不能在市场有效作用领域配置资产；资产配置标准要科学合理，既要能节约资产配置，又要能保证行政事业单位顺利实现其职能；要根据行政事业单位职能、资产配置标准、资产存量情况以及资产使用绩效情况来细化资产配置预算，实现存量和增量资产配置优化。

四是投资精准。投资表现为货币向资产转化的过程。各部门、单位通过资产预算所掌握的资金只有严格按照资产预算要求实现货币向资产的转化，行政事业单位才能掌控合适的行政事业资产进而顺利实现其职能。因此，行政事业资产管理应实现投资精准的目标，避免从事竞争性和基础性项目投资，保证资产预算正确的资金使用方向，实现公益性项目投资目标并提高投资效益，在使用资金数量一定的条件下，形成尽可能多的资产。

五是使用有效。行政事业单位资产日常管理制度的健全，部门、单位资产的有效维护，行政事业资产绩效评价体系的完善，资产共享共用机制的构建以及对资产出租、出借和对外投资行为及其收益的有效监管，对实现资产使用效益最大化目标具有重要意义。

六是处置规范。应有效遏制随意处置资产的行为，防止处置环节国有资产的流失；建立完善资产处置交易平台和重大资产处置公示制度，引入市场机制，实现资产处置的公开化、透明化；规范资产处置收入管理。

七是监督到位。建立财政部门、主管部门和行政事业单位全方位、多层次的行政事业单位资产管理监督体系，完善行政事业资产融资、投资、配置、使用、处置等全过程的监督机制，实现单位内部监督与外部监督相结合、财务监督和审计监督相结合，事前监督与事中、事后监督相结合，日常监督与专项监督相结合。

3. 抓住行政事业资产管理的重点

由于行政事业资产管理从属于政府资产管理，而政府资产管理又从属于政府财政管理，因此从逻辑上讲，要抓住行政事业资产管理的重点，首先需要抓住政府资产管理的重点，而要抓住政府资产管理的重点，首先需要抓住财政管理的重点。为此，需要强调以下几点：

第一，转变重收支管理、轻资产管理的倾向。在财政收支关系较为紧张，收不抵支压力较大，而政府资产存量较少，几乎不存在闲置资产的情况下，通过政府资产管理工作的改进，挖掘潜力的余地并不大，而想方设法发展经济、广开财源，增加收入，协调财政收支关系，对于保证政府职能顺利实现则具有举足轻重的意义。从这个意义上讲，在传统体制下，甚至改革开放以来相当长的时期，我国财政管理工作以收支管理为重点无可厚非。但是随着时间的推移、改革的深入，财政收支规模不断扩张，虽然财政赤字规模也在不断扩大，但赤字类型已发生了明显变化，由过去的被动赤字逐渐转变为主动赤字，即财政收支之所以出现赤字，更多的是出于政府发挥财政宏观调控功能，通过赤字扩张需求、拉动经济增长的需要，而不是或主要不是单纯因为收不抵支，收入增加不了、支出压不下去而被动出现的结果。因此，在新的历史时期，协调紧张的财政收支关系、保证政府职能顺利实现的压力大大减轻。与此同时，政府资产的规模越来越大，而且出现了越来越多的闲置资产。在这样的背景下，强化资产管理、提高资产使用效益，尽可能减少资产闲置自然就成为政府财政管理工作的重点，即资产管理调整为政府财政管理工作的重点应是市场经济发展到一定阶段、财政收支管理达到一定水平后的必然结果。

第二，转变重生产经营性资产管理、轻行政事业资产管理的倾向。传统体制下，政府既要配置资源，生产提供公共产品，满足公共需要，还要配置资源，生产提供私人产品，满足私人需要。因此政府必须投资建立大量的国有企业，以分门别类地生产各种私人产品，由此导致生产经营性资产在政府资产总量中占有很高比重。基于抓主要矛盾的管理思路，生产经营性资产自然就成为政府资产管理工作的重点，非生产经营性的行政事业资产的管理也就从属于生产经营性资产的管理。但是随着改革的深入，关于产权性质与产业定位关系的研究日趋深入，越来越多的研究者认为，公有产权相对于私有产权，其比较优势集中体现为满足公共需要，实现公共利益，而私有产权的比较优势则集中体现为满足私人需要，实现私人利益。也就是说，在市场有效作用的领域，如果从事私人产品的生产，追求利润最大化目标，公有产权难以竞争过私有产权。但在市场失效的领域，在满足公共需要、生产提供公共产品方面，私有产权则难以与公有产权相提并论。因此，按照比较优势原理进行的“抓大放小”的国有企业改革，最终使国有企业逐步地、有计划地从市场有效作用领域推出，转向市场失效和部分失效的领域，国有资产日益体现为弥补和纠正市场失效的手段，由此导致政府资产结构出现重大调整，非生产经营性的国有资产占比逐步上升，生产经营性国有资产占比逐步下降，[①] 这意味着政府资产管理的重点需要转向非生产经营性的行政事业资产。

① 从新中国成立到 20 世纪 90 年代中期，行政事业性国有资产年均增长都要低于同期国有资产总量的增长，自 1996 年以来我国行政事业性国有资产就以高于同期国有资产总量和 GDP 增长率的速度保持了连续高增长（谭静，2013）。

第三，转变重行政事业资产存量管理、轻增量管理的倾向。由于长期以来对行政事业资产管理工作的忽视，行政事业资产管理欠账严重。在过去若干年，做好行政事业资产管理工作相对强调要加强存量资产管理，通过清产核资、摸清家底，做到账实相符、账账相符。这构成了做好行政事业资产管理工作的基础和前提。从逻辑上讲，存量资产管理做不好，增量资产管理工作就无法开展。因为要合理确定增量资产配置方向首先需要了解存量资产的配置情况，否则增量资产的配置必然带有盲目性。经过多年的努力，行政事业资产存量管理已经取得了很大成绩。不少地方政府都建立了较为完备的行政事业资产管理信息系统。虽然存量资产工作的改进仍然有很大余地，但增量资产管理日益成为行政事业资产管理工作的重点，这意味着长期存在的重行政事业资产存量管理、轻增量管理的倾向需要调整、扭转。

第四，把完善行政事业资产预算管理制度作为强化增量资产管理的突破口。增量资产的管理问题本质是资产预算的编制问题。针对目前我国行政事业资产管理与预算管理的脱节问题，本书认为必须完善一般公共预算复式预算体系，实现经常预算与资产预算分开编制是根本出路。我国 2015 年实施的《预算法》要求我国预算按复式预算编制，但我国的复式预算体系很不完善。这首先体现为我国复式预算体系所包括的四大组成部分即一般公共预算、国有资本经营预算、社会保险基金预算和政府基金预算并不是按照统一的标准进行分类，所以在预算科目设置和指标统计口径方面必然存在严重的交叉重叠，进而导致逻辑混乱。其次，就涉及行政事业资产管理的一般公共预算而言，其并没有强调按复式预算编制，这不便于对两类不同性质的公共预算支出即消费性支出和投资性支出实行分门别类的管理。同时，在预算机构掌握预算编制权的制度安排下，还导致了行政事业资产管理与预算管理即事实上的行政事业资产存量管理与增量管理的脱节。本书认为，解决这一问题的根本出路是将一般公共预算也按复式预算编制，将其分为两大部分：一部分为经常预算，主要反映一般公共预算的消费性支出；另一部分为资产预算，主要反映一般公共预算的投资性支出。经常预算和资产预算分别由不同机构负责编制。预算机构负责编制经常预算。由于该预算安排消费性支出，确定消费性支出指标并不需要掌握部门、单位的存量资产情况，由预算机构负责编制并不影响行政事业增量资产配置。资产预算则由行政事业资产管理机构负责编制。由于该预算安排投资性支出，合理确定投资性支出指标需要以掌握较为充分的部门、单位的存量资产信息为前提，由行政事业资产管理机构负责编制，可以充分发挥其掌握部门、单位较为充分的存量资产信息的比较优势。由此可以做到让行政事业资产管理机构与预算机构各司其职、各负其责，并通过二者的相互协调、相互配合，共同完成合理编制一般公共预算的任务。这样的预算管理制度改革不仅有助于高效地分配消费性支出，而且也有助于高效地分配投资性支出，既完善了一般公共预算体系，还解决了长期存在的行政事业资产管理与预算管理脱节、存量资产管理与增量资产管理脱节的问题。

实现经常预算与资产预算分开编制、完善一般公共预算体系需要解决以下三个问题：一是要克服既定权力划分关系的制约。目前的制度安排是预算机构负责安排消费性支出和投资性支出，一般公共预算都由其负责编制。一般公共预算如实行复式预算，其只负责编制经常预算，资产预算将由行政事业资产管理机构负责编制。对预算机构来说，这事实上导致其职权范围缩小，在某种程度上侵犯其既得利益，有可能会导致预算机构的抵制。因此，要从根本上解决行政事业资产管理与预算管理的脱节，实现经常预算与资产预算分开编制，完善一般公共预算体系，需要克服既定权力划分关系的制约，需要进行改革方案的顶层设计。二是要从总体上协调经常预算与资产预算的资金分配关系。一般公共预算分为经常预算和资产预算两部分，经常预算安排消费性支出，资产预算安排投资性支出。这就需要财政支出的安排首先要从总体上确定消费性和投资性支出的比例关系，然后由预算机构和行政事业资产管理机构分别负责编制经常预算和资产预算。这一比例关系能否合理确定会对政府公共经济部门的资源配置效率产生基础性影响，需要由国家权力机关、政府宏观经济管理部门、政府财政部门慎重抉择。较为谨慎的做法是采用基数法，即根据上年度财政支出中消费性支出和投资性支出的比例关系，结合当年的具体情况酌情调整。在消费性支出和投资性支出这一基本比例关系保持稳定的前提下，实现支出结构的优化调整。三是要对一般公共预算收支合理分类。适应一般公共预算按照复式预算进行编制的要求，应将一般公共预算收支分别编入经常预算和资产预算两个收支对照表。支出划分较为简单，消费性支出列入经常预算，投资性支出列入资产预算。收入划分可参照其他国家复式预算的编制经验，将税收收入列入经常预算，将资产运营收入、资产处置收入、公债收入、经常预算结余等列入资产预算。

4. 构建合理的资产管理模式

行政事业资产管理是一项涉及面广、影响因素多的复杂系统工程，行政事业资产管理机构作为行政事业资产管理主体代表政府履行行政事业资产管理职能，但是这并不意味着行政事业资产管理的所有事务都需要由行政事业资产管理机构承担、完成，客观上需要财政部门内部其他机构以及其他政府职能部门予以协调配合，实现财政部门内部各机构以及财政部门与政府其他部门联动管理的格局。

首先，要实现财政部门内部行政事业资产管理机构与其他机构之间的联动管理。

一是在融资环节，资产管理机构与预算机构、债务管理机构应建立联动机制。长期以来，在行政事业资产管理实践中，虽然对资产管理与预算管理的脱节问题给予了足够重视，对如何实现资产管理与预算管理的有机结合进行了卓有成效的理论和实践探索，但是对资产管理与债务管理的脱节问题则一直没给予足够关注。① 事实上，资产与债务是紧密相关的。从资产管理角度看，不掌握资产所对应的债务状况，就难以把握所管理的资产到底有多少是净资产，进而难以判断资产所对应的偿债压力；从债务管理角度看，不掌握债务所对应的资产状况，就难以对特定规模债务所对应的风险程度有准确判断，因此资产管理与债务管理理应紧密结合起来，或者说二者本应是一个问题的两个方面。但是目前政府财政部门债务管理机构对行政事业单位以债务形式融资所进行的投资没有给予足够关注，认为其从属于行政事业资产管理，应纳入行政事业资产管理机构的管理范围；行政事业资产管理机构侧重资产管理，而对资产所对应的债务没有给予足够重视，在很大程度上将其视为政府债务管理机构的管理范围，由此导致行政事业单位资产所对应的债务成为管

① 这与行政事业资产的形成在很大程度上是通过财政预算拨款形成而通常不借助债务形式筹资有关。但随着经济体制转轨、事业单位体制改革的深入以及财政职能实现方式的转变，部分行政事业资产的形成采取了债务筹资形式，这就把行政事业资产管理与政府债务管理交织在一起，客观上需要建立资产与债务的联动管理机制。

理的真空地带。事实上，作为行政事业资产管理与政府债务管理的交叉地带，债务管理本应是行政事业资产管理机构与政府债务管理机构相互协调、相互配合，齐抓共管的领域，但在实践中却成为管理的薄弱环节，对行政事业资产管理和政府债务管理都造成了不利影响。因此，需要构建资产管理机构与预算管理机构、债务管理机构的联动管理机制。资产管理机构要与预算管理机构相互协调，根据行政事业单位资产的具体性质来确定其合适的资金来源渠道，到底应由预算拨款解决还是应借助债务形式融资或者是有多大比例需要借助债务形式融资。在此基础上，资产管理机构、预算管理机构要与债务管理机构相互协调，确定举债形式、资金使用方式以及具体的偿债计划和方案，从而把资产管理与债务管理结合起来，避免行政事业单位累积债务风险，对资产管理乃至政府职能实现造成不利影响。

二是在投资环节，资产管理机构、预算机构要与财政部门的投资评审中心建立联动机制。行政事业资产有的可直接通过资产购置形成，过程相对简单，涉及环节较少，但有的则需要通过投资形成，在一定时间期限内，通过“在建工程”安排资金投入，并最终通过工程验收、决算等较为复杂的程序才能形成相应的行政事业资产。这个过程较为复杂，涉及环节较多，需要资产管理机构与财政部门的投资评审中心协调配合，做好投资计划，还需与监理机构、验收机构、审计机构协调配合，保证投资过程公开、透明、规范，在安排的投资性支出规模一定的条件下，尽可能多地形成高质量的行政事业资产，提高投资效率。

三是在购置环节，资产管理机构、预算机构要与国库部门、政府采购机构建立联动机制。首先，行政事业资产管理机构要与预算机构协调配合，把存量资产管理与增量资产管理结合起来，核定部门、单位的投资性支出指标进而保证部门、单位预算编制合理。其次，根据部门、单位预算的具体执行计划，与政府采购机构、国库部门协调配合，做好资产的公开招标采购和采购资金的集中支付工作。

四是在配置环节，资产管理机构要与预算机构及相关职能科室结合部门预算的编制合理确定行政事业单位增量资产配置指标。财政资金在不同政府部门之间的配置是技术性强的复杂工作，仅仅依靠资产管理机构与预算机构的协调配合还是不够的，一级财政面向本级政府所对应的行政、立法、司法、党派、社会团体、科学、教育、文化、卫生、体育等事业单位及国有企业分配资金，为做到合理分配资金、提高资金使用效益，其成立了相应的对口管理机构，如省级财政通常就设有农业处、教育事业处、科技文化处、环境资源处、企业处、政法处、行政群团处等职能处室分别负责对不同政府职能部门的资金分配与管理，而行政事业资产管理机构和预算管理机构则相当于对政府各个职能部门的资金、资产配置负总的管理责任的综合管理机构。因此，本着协调好财政综合管理与专门化管理关系的要求，行政事业资产管理机构包括预算管理机构需要协调好与财政部门内部各职能科室的关系，形成行政事业资产联动管理格局。

五是在资产运营环节，资产管理机构要与预算机构及国库部门建立联动机制。行政事业资产所有权属于国家，管理权属于政府，政府各个部门、单位只是享有占有使用权，因此行政事业资产运营收益理应上缴国库，纳入政府预算，实行收支两条线管理。为此，行政事业资产管理机构要与预算机构协调，做好行政事业资产运营收益预算编制工作，并与国库部门协调配合，做好行政事业资产运营收益收支两条线管理。

六是在资产处置环节，资产管理机构要与财政部门内部的评审机构、国库部门联动。行政事业资产管理机构要对部门、单位需要处置的大宗资产进行审批，与财政部门内部的评审机构协调配合，估算待处置资产价值，以此为基础本着公平、公开、公正原则通过拍卖完成资产处置任务，并与国库部门协调配合，做好行政事业资产处置收入上缴国库工作。

其次，要实现财政部门行政事业资产管理机构与政府其他部门之间的联动管理。

一是在融资环节，行政事业单位资产管理机构要与银行信贷部门协调配合。行政事业单位通过银行信贷部门获取资金进行投资，必须纳入行政事业资产管理机构的管理范围，否则行政事业资产管理就陷入就资产论资产的境地，会把资产管理与负债管理肢解开来，其结果将会是既不能做好资产管理，也难以做好债务管理。这也是本书把融资管理作为行政事业资产管理首要环节的重要理由。通过与银行信贷部门协调配合，行政事业资产管理机构可以掌握部门、单位通过银行信贷渠道以有偿方式筹集资金的规模、形式及结构，可以对行政事业资产所对应的债务负担有清楚了解，从而有利于采取系列措施加强管理，防范部门、单位的债务风险，保证行政事业资产的安全、完整。

二是在投资环节，行政事业单位资产管理机构要与发改委、规划局、国土房管等政府部门协调配合。行政事业单位的投资是政府投资体系的重要组成部分，而政府投资必须符合和体现国家宏观经济政策要求。比如，在需求过旺、经济过热时，扩大行政事业单位投资规模明显就不合适；而在需求不足、经济衰退时，通过加大行政事业投资规模，以此来扩张需求、拉动经济增长，在私人不愿意投资、不愿意消费的情况下不失为可行选择。为此，行政事业资产管理机构需要与发改委等宏观经济管理部门协调配合，共同做好行政事业单位投资计划，使行政事业单位的投资和资产形成过程能有利于国家宏观调控目标的实现。另外，对行政事业单位的投资特别是房产投资，行政事业资产管理机构就需要与市政规划部门和国土、房管部门协调配合，以保证行政事业单位房产建设能及时纳入市政规划，做好土地征用、房屋产权登记等相关工作。

三是在配置环节，行政事业单位资产管理机构要与文化、体育、卫生、教育等事业单位主管部门及政府行政管理部门协调配合。行政事业资产管理机构要在一级政府内部各个部门之间合理配置资产，则无论是存量资产的调剂还是增量资产的配置，都离不开政府各个职能部门的协调配合。因为政府的每个职能部门都是一个非常复杂的系统，包括众多单位，多数单位还都有下属单位，要在部门内部优化资产配置，行政事业资产管理机构通常没有部门掌握的信息充分。因此，行政事业资产的优化配置事实上具有明显的层次性。行政事业资产管理机构代表政府财政部门在政府各个部门之间配置资产，其主要负责确定资产在不同部门之间的配置比例，归于各个部门的资产如何在部门内部不同单位之间配置以及单位内部的资产配置在很大程度上就需要发挥各个部门、单位的信息优势，由各个部门、单位来完成具体的资产配置工作。从这个意义上讲，行政事业资产的配置实际上是由行政事业资产管理机构、各个部门、各个单位共同完成的。因此行政事业资产管理机构在资产配置环节必须与各个部门、单位协调配合，共同完成不同层次行政事业资产的配置任务。

四是在资产营运环节，行政事业单位资产管理机构要搞好与工商、税务部门的协调配合。行政事业资产用于运营意味着行政事业资产将处于市场有效作用领域，提供类似私人产品的服务，为强化对用于运营的行政事业资产的管理，行政事业资产管理机构就需要与主要在市场有效作用领域发挥职能作用的工商、税务部门协调配合，这便于行政事业资产管理机构及时掌握行政事业单位用于运营的资产的规模、所处的具体领域及营运状况，从而便于加强对行政事业资产运营的管理，以便合理确定用于运营的资产的规模、结构及收益上缴国库的比例。

五是在资产处置环节，行政事业单位资产管理机构要与国土部门、房管部门、公安交警部门协调配合。对于行政事业单位房地产的处置，行政事业资产管理机构要与国土部门、房管部门协调配合，及时办理房地产过户手续；对于车辆的处置则需与公安交警车管部门协调配合，做好车辆过户或报废手续办理工作，以保证行政事业资产管理能做到账实相符。

此外，行政事业资产管理作为复杂的系统工程，仅仅在财政部门内部以及在财政部门与政府有关部门之间建立联动机制仍然是不够的。目前，我国行政事业资产管理各项政策规定的执行并不到位，令行不止的问题屡见不鲜。比如有的单位处置资产不按规定报批、擅自处置；有的单位不经批准擅自出租（出借）资产、擅自对外投资，不按规定上缴资产运营收益。面对这样的局面，要强化行政事业资产管理，保证各项制度规定措施落实到位，除构建财政部门内部以及财政部门与政府相关部门的联动机制外，还需要发挥纪检（监察）、审计部门的职能作用及社会中介机构的专业优势和服务优势，建立起以财政部门主导、纪检监察审计机关联动参与的政策落实督查体系，切实增强政策贯彻落实的威慑力和推动力。财政部门每年应联同纪检监察审计部门定期或不定期地对资产管理政策执行情况进行抽样检查，对于政策性强、工作量大的专项检查可聘请社会中介机构参与进行。对查出的问题尤其是重大问题，该处罚的要坚决处罚，收到处罚一个、教育一片的效果；对政策执行到位的部门、单位，要通过新闻媒体加强宣传，表彰其模范带头作用。通过加强正反两方面的教育，确保行政事业资产管理的各项政策规定落实到位。①

① 丁小生：《以创新的理念推动行政事业资产管理创新实践》，载于《行政事业资产与财务》2014 年第 2 期。

5. 强化资产管理手段

（1）有序开展资产绩效评价工作。开展行政事业资产绩效评价工作是一项复杂的系统工程，不可能一蹴而就。它不仅与私人经济部门企业资产绩效评价完全不同，不可能照抄照搬其绩效评价方法，而且与一般的预算支出绩效评价也有明显区别，必须具体问题具体分析，循序渐进、按部就班、积极稳妥地开展资产绩效评价工作，否则欲速则不达。考虑到行政事业资产绩效评价所面临的现实制约因素，本书认为，行政事业资产绩效评价工作的开展从思路上讲应注意以下几点：

第一，行政事业资产绩效评价可以从“大处着眼”，但必须从“小处入手”。行政事业资产绩效评价具有层次性，最高层次的或称宏观层次的资产绩效评价以政府为评价对象，这包括两方面的内容：首先可以对不同级次政府的资产绩效进行评价，以优化行政事业资产配置的政府级次结构；其次可以对同一级次的不同地方政府的资产绩效进行评价，以便可以鼓励先进、鞭策落后，提高地方政府资产绩效水平。中观层次的资产绩效评价以某一政府所属的各个部门为评价对象，目的是要优化资产的部门配置结构，通过鼓励先进、鞭策落后，提高各个部门的资产绩效。微观层次的资产绩效评价以某一部门所属的单位为评价对象，目的是要优化部门在单位间的配置结构，通过鼓励先进、鞭策落后，提高各个单位的资产绩效。三个层次的资产绩效评价的关系是：行政事业单位资产绩效是其所占有、使用的全部资产的绩效汇总，通过赋予不同种类资产以合适权重加总求和。部门的资产绩效是其所属的各个单位的资产绩效的汇总，通过赋予不同单位以合适权重加总求和。某一政府的资产绩效是其所属各个部门绩效的汇总，通过赋予不同部门以合适权重加总求和。某一级次政府的资产绩效是该政府级次所包括的不同政府的资产绩效的汇总，通过赋予不同政府以合适权重加总求和。显然，宏观和中观的基础是微观，不开展微观层次的资产绩效评价，也就无法开展中观和宏观层次的资产绩效评价。因此，从思路上讲，行政事业资产绩效评价必须从微观入手，首先需要做好一个单位以及单位内部某类资产的绩效评价。

第二，行政事业资产绩效评价需要全面。从大的方面讲，行政事业资产的绩效至少包括管理绩效（或称行政绩效）和使用绩效（或称经济绩效)。因此，无论是以单位为对象进行微观层次的评价，还是以部门为单位进行中观层次的评价，抑或是以政府为单位进行宏观层次的评价，都需要涵盖这两个大的方面，单纯进行管理绩效评价或使用绩效评价，并不能全面反映单位、部门、政府的行政事业资产的绩效水平。这需要对管理绩效和使用绩效赋予合适权重，对不同的政府、不同的部门、不同的单位权重高低需要具体问题具体分析、相机抉择。就管理绩效来说，应该涵盖行政事业资产全生命周期的管理绩效，至少包括融资管理绩效、投资管理绩效、配置管理绩效、运营管理绩效和处置管理绩效五个大的方面。这五个方面的资产绩效评价都要占合适权重，对不同的政府、不同的部门、不同的单位权重高低也需要具体问题具体分析、相机抉择。对资产使用绩效，需要对资产使用的充分程度进行绩效评价；在使用程度一定的前提下，需要对资产所提供的公共产品和服务的数量进行绩效评价；在所提供的公共产品和服务的数量一定的前提下，需要对资产所服务提供的公共产品和服务的质量进行绩效评价，即在提供的公共产品和服务数量一定的条件下，评价其到底在多大程度上满足了公共需要、实现了公共利益。这三个方面的资产使用绩效都需要在资产使用绩效评价中占有合适权重。对不同的政府、不同的部门、不同的单位权重高低也需要具体问题具体分析、相机抉择。

第三，行政事业资产绩效评价必须注意评价结果的可比性。行政事业资产是共性与个性的统一。不同政府、不同部门、不同单位占有使用的行政事业资产在具有个性特征的同时，也具有行政事业资产的共同属性。因此，行政事业资产绩效评价指标的确定也需要设计共性评价指标和个性评价指标两套指标体系。对行政事业资产的管理绩效（行政绩效）相对更适合采用共性评价指标体系；对行政事业资产的使用绩效（经济绩效）相对更适合采用个性评价指标体系。这意味着设计个性评价指标体系是极其繁重的工作。因为对不同的评价对象需要设计不同的评价指标体系，只有这样才能提高评价结果的可比性，做到评价结果公平、公正。比如同样是教育事业单位的资产使用绩效，高等教育事业单位和基础教育事业单位显然不能采用同样的评价指标体系；同样是高等教育事业单位，理工类院校和文科院校不宜采用同样的评价指标体系；同样是理工类院校或文科类院校，教学型院校、研究型院校和教学研究型院校也不宜采用同样的评价指标体系。正确的做法是针对不同的评价对象设计个性化的评价指标体系，同质的评价对象才适用相同的评价指标体系。这可以增强评价结果的可比性，也可以提高行政事业资产绩效评价的公平程度，进而最终有助于提高行政事业资产绩效。

（2）注重信息化手段的运用。

第一，强化行政事业资产管理信息系统硬件建设。为此，一是在省级政府建立统一的资产信息管理系统的基础上，构建覆盖全国的资产管理信息系统。[①] 为资产管理搭建一个统一的管理平台，有利于提高行政事业资产管理效率，保证资产的安全、完整。在各省级政府构建的资产管理信息系统的基础上，通过与中央本级的行政事业资产管理信息系统联网，就可以构建覆盖全国的资产管理信息系统。二是需要不断扩展系统功能。目前不少地方政府的信息系统主要是解决行政事业资产信息的搜集整理问题，功能相对单一。而拓展系统功能作为专业性、技术性强的工作，依靠行政事业资产管理机构自身的力量通常无法完成，需要与软件服务公司通力合作。山东省财政厅行政事业资产处充分发挥山东国子软件股份有限公司的技术优势，对山东省行政事业资产管理信息系统进行了全面升级改造，改造后的系统不仅有助于落实“人人都管物、物物有人管”的理念，实现基层单位资产管理动态化、精细化，在一定程度上满足单位会计核算和财务管理的需求，还通过大数据管理向行政事业资产管理机构提供了资产分析、资产预警、绩效考核、资产监控等多项应用功能，进一步提升了行政事业单位资产管理信息系统的效能、水平。[②] 三是需要提高系统操作的简便程度，解决系统操作过于复杂的问题。在调研中发现，有的基层单位填报系统信息交由事务所代理填报，而会计师事务所因工作量大、数据繁杂、收取费用低，经常安排实习人员进行系统填报，资产类型、品牌、编号、数量填写随意，从而导致资

① 新疆维吾尔自治区行政事业资产管理信息系统采取全自治区集中统一部署的模式构建，全区所有行政事业单位共用一个数据库，利用“金财”工程现有的网络、设备等基础设施，在账实相符的基础上，完成了全区各级行政事业单位资产信息管理数据库的建立，不仅强化了资产管理，也为部门预算的编制提供了基本依据，各级财政及主管部门在系统严格的权限划分下，实现了“财政部门—主管单位—基层单位”的三级管理及各级财政部门的垂直监督管理目标。（新疆维吾尔自治区财政厅资产处：《行政事业资产管理信息化建设的实践与思考——以新疆为例》，载于《行政事业资产与财务》2016年第10期。）

② 山东国子软件股份有限公司：《关于深化行政事业资产管理信息化建设的思考——以山东省为例》，载于《行政事业资产与财务》2017年第13期。

产信息数据失真。这固然与基层单位财务人员人手有限、流动性大、专业知识匮乏有直接关系，但在一定程度上也的确是受系统操作繁杂、不易掌握的影响。因此组织力量研究解决资产系统操作难的问题是必要的。构建资产管理信息系统的根本目的是为了提高行政事业资产管理效率。如果用户感觉资产管理信息系统不仅没有减轻其劳动强度，反而增加了工作量，这就背离了构建信息系统的初衷。因此，采取措施提高系统操作的简便灵活程度是必要的。四是需要加强资产管理信息系统与部门预算管理系统、政府采购系统、国库集中支付系统、非税收入管理系统等的对接，实现信息共享共用，促进资产管理与部门预算管理、政府采购、国库集中支付、非税收入管理的有机结合，[①] 既是完善资产管理信息系统的必然要求，也是构建资产联动管理模式的需要。

6. 健全行政事业资产管理规章制度

健全行政事业资产管理规章制度是一个长期、渐进的过程，不可操之过急，应由易到难、循序渐进，可采取的思路是：

第一，逐步提高行政事业资产管理规章立法层次。首先，在条件成熟时出台《行政事业资产管理法》。财政部发布的《行政单位国有资产管理暂行办法》和《事业单位国有资产管理暂行办法》自 2006 年颁布实施以来，已历时 12 年，应针对实践中出现的问题予以修订、完善。在适当时机可提交全国人大常委会审批，成为行政事业资产管理的基本法，主要是对行政事业资产管理的基本目标、任务、原则、管理机构设置及职责划分、资产融资、投资、配置、使用、运营、处置、评估、产权纠纷处理、资产统计、监督检查及法律责任等做出原则性规定，以便为各项具体规章出台奠定法律基础。其次，对财政部门颁布的实施办法、暂行规定、决定、意见等进行清理，修订完善后提交国务院颁布实施，成为规范性更强的政府条例。

第二，尽快弥补目前行政事业资产管理的制度规章空白。行政事业资产管理的制度规章应该覆盖行政事业资产管理全过程，涵盖行政事业资产从“入口”到“出口”所包括的各个环节。当前急需对行政事业资产的融资管理和投资管理做出明确的制度规定，把行政事业资产的筹

① 丁小生：《以创新的理念推动行政事业资产管理创新实践》，载于《行政事业资产与财务》2014 年第 2 期。

资过程和投资过程纳入行政事业资产管理范围。

第三，充分调动各级行政事业资产管理主体的积极性，由上到下，不断细化制度规章，增强制度规章的可操作性。就不同政府级次的行政事业资产管理机构来说，中央政府的行政事业资产管理机构应从面上对资产管理所涉及的融资、投资、配置、使用、运营、处置等各个环节从管理体制、管理目标、管理原则、管理模式、管理手段等做出一般性规定；地方各级政府在中央政府一般性规定的基础上，结合当地实际情况做出补充性规定。这些补充性规定应是对全国范围内一般性规定的细化，但在地方政府辖区内相对各个部门来说，仍然是面上的一般性规定。因此，要细化制度规章、增强制度规章的可操作性，还必须调动一级政府内部各个部门以及部门内部各个单位的积极性，由各个部门、各个单位的资产管理机构结合部门、单位情况制定实施细则，通过不断细化各项制度规章来增强其可操作性。

参 考 文 献

[1] 安徽省财政厅行政事业资产处:《以清查促管理　行政事业资产管理再出发》, 载于《行政事业资产与财务》2016年第28期。

[2] 柴占贤:《公物仓: 市级行政事业资产改革形式》, 载于《管理观察》2015年第5期。

[3] 曹辉树:《与时代共进　与改革同行——写在财政部35、36号令暨〈行政事业资产与财务〉十周年之际》, 载于《行政事业资产与财务》2016年第22期。

[4] 常丽:《美日政府资产负债信息披露全景图比较研究》, 载于《财政研究》2010年第8期。

[5] 陈小悦、钱苹等:《国有资产管理体制改革研究》, 中国财政经济出版社2004年版。

[6] 代英姿:《国有资产评估管理》, 中国财政经济出版社2005年版。

[7] 丁国春、王灵:《建立联动机制　加强行政事业资产管理工作》, 载于《行政事业资产与财务》2016年第1期。

[8] 丁小生:《以创新的理念推动行政事业资产管理创新实践》, 载于《行政事业资产与财务》2014年第2期。

[9] 樊静、张瑞来:《国有资产分类管理模式探讨》, 载于《现代管理科学》2003年第7期。

[10] 冯秀华:《创新行政事业资产管理机制》, 载于《中国财政》2005年第5期。

[11] 郭复初:《完善国有资产管理体制问题研究》, 西南财经大学出版社2008年版。

[12] 郭智杰:《新常态下县区行政事业资产管理的探索》, 载于《行政事业资产与财务》2016年第1期。

[13] 韩琛:《加快行政事业资产收益管理的实践与思考》, 载于

《行政事业资产与财务》2015年第9期。

[14] 杭州市财政局课题组：《杭州行政事业资产管理调查报告》，载于《中国财经报》2007年第5期。

[15] 季虹：《建立政府公物仓　开创行政事业资产管理新局面》，载于《行政事业资产与财务》2014年第4期。

[16] 孔天舒：《未在账行政事业资产产生的原因及管理对策》，载于《行政事业资产与财务》2016年第10期。

[17] 李斌：《总结经验　努力做好行政事业资产管理工作》，载于《行政事业资产与财务》2008年第8期。

[18] 李敬：《完善行政事业资产科学化精细化管理研究》，载于《行政事业资产与财务》2014年第12期。

[19] 李森：《论行政事业资产管理体制的构建与完善——行政事业资产管理总体思路研究之一》，载于《行政事业资产与财务》2017年第22期。

[20] 李森：《行政事业资产绩效评价的特殊性及层次性探索》，载于《行政事业资产与财务》2012年第8期。

[21] 李森：《试论行政事业资产管理与预算管理相结合的根本出路——分别编制经常预算和资产预算、完善一般公共预算体系》，载于《行政事业资产与财务》2018年第7期。

[22] 李森：《试论行政事业存量资产调剂机制的完善——兼谈设立存量资产调剂基金的构想》，载于《行政事业资产与财务》2017年第1期。

[23] 李森、赵子坤：《文化企业国有资产管理体制改革设计的理论分析》，载于《行政事业资产与财务》2014年第10期。

[24] 李森：《中国基层财政困境问题研究：症结与出路》，上海三联书店2009年版。

[25] 李森：《现代财政制度视阈下财政理论的比较与综合》，经济科学出版社2017年版。

[26] 李森：《试论公共产品受益范围多样性与政府辖区范围有限性之间的矛盾与协调》，载于《财政研究》2017年第8期。

[27] 李松森：《国有资产监督管理理论与政策选择》，东北财经大学出版社2005年版。

[28] 李晓丹:《建立国有资本经营预算制度研究》,中国财政经济出版社 2009 年版。

[29] 李友志:《提高认识、创新机制,做好新时期行政事业资产管理工作》,载于《行政事业资产与财务》2009 年第 8 期。

[30] 李志豹:《产权市场成行政事业资产处置不二选择》,载于《中国企业报》2010 年 7 月 28 日。

[31] 刘兴云、李森:《论行政事业资产绩效评价的制约因素及思路设计》,载于《理论学刊》2014 年第 10 期。

[32] 刘兴云、李森:《论行政事业资产配置的优化》,载于《山东社会科学》2011 年第 11 期。

[33] 刘兴云、马静:《服务型视角下行政事业资产的绩效评价问题探讨》,载于《山东社会科学》2015 年第 3 期。

[34] 陆代森:《齐心协力　扎实进取　努力开创全省行政事业资产管理工作新局面》,载于《财会研究》2008 年第 5 期。

[35] 吕世光:《浅议政府资产绩效管理》,载于《中国行政管理》2007 年第 11 期。

[36] 吕炜:《深化我国财政体制改革的探讨》,载于《管理世界》2005 年第 11 期。

[37] 马骏:《地方政府资产负债表的编制和使用》,载于《中国财政》2014 年第 4 期。

[38] 宁向东:《国有资产须行分类管理》,载于《发展导报》2003 年 1 月 24 日第 003 版。

[39] 钱国玉:《管住、管好、管出效益——河南省财政厅钱国玉厅长 2008 年 8 月 6 日在全省行政事业资产管理工作会议上的讲话》,载于《预算管理与会计》2008 年第 9 期。

[40] 山东国子软件股份有限公司:《关于深化行政事业资产管理信息化建设的思考——以山东省为例》,载于《行政事业资产与财务》2017 年第 13 期。

[41] 任可:《行政事业资产谁来管》,载于《中国经济周刊》2006 年第 6 期。

[42] 史言信:《国有资产产权:中央与地方关系研究》,中国财政经济出版社 2009 年版。

[43] 孙国霞:《行政事业资产管理绩效评价体系理论模式分析》,载于《行政事业资产与财务》2014年第6期。

[44] 孙世强、张少茹:《日本行政事业资产管理经验及启示》,载于《现代日本经济》2014年第2期。

[45] 孙卫国:《加快法制建设　提升行政事业资产监管水平》,载于《行政事业资产与财务》2015年第4期。

[46] 谭静:《行政事业性国有资产管理绩效评价研究》,经济科学出版社2013年版。

[47] 王鸿:《国有资产管理体系构建论》,人民出版社2007年版。

[48] 王晓玲:《我国政府资产管理当前存在的问题及解决对策研究》,载于《行政事业资产与财务》2013年第7期。

[49] 王彦荣:《中国政府资产管理改革》,经济科学出版社2008年版。

[50] 新疆维吾尔自治区财政厅资产处:《行政事业资产管理信息化建设的实践与思考》,载于《行政事业资产与财务》2016年第10期。

[51] 许建勇:《我国国有资产分类管理的思路与对策》,上海交通大学硕士论文,2008年。

[52] 薛小建:《政府资产管理体制改革及检察监督的引入》,载于《人民检察》2008年第7期。

[53] 殷士浩、刘小兵:《政府资产风险:地方财政风险分析的一个新视角》,载于《财贸研究》2004年第4期。

[54] 杨正华:《充分发挥财政职能作用　加强行政事业资产管理》,载于《行政事业资产与财务》2009年第12期。

[55] 张美芳:《创新财政绩效评价和行政事业资产管理工作　推进财政科学化精细化管理》,载于《行政事业资产与财务》2009年第2期。

[56] 张鹏、藏传荣、孔凡彪:《行政事业资产管理体制改革的现实意义及思路探讨》,载于《行政事业资产与财务》2015年第11期。

[57] 张鹏、张磊:《探析科学的行政事业资产管理体制机制构建》,载于《行政事业资产与财务》2012年第4期。

[58] 张效功:《完善政府资产管理体制　提高政府资产利用效率》,载于《财金研究》2009年第16期。

[59] 张青:《行政事业资产管理机制创新的若干问题》,载于《行

政事业资产与财务》2016 年第 25 期。

[60] 赵登华、蓝晖焰:《行政事业资产管理体制改革亟待加快》,载于《经济日报》2005 年 1 月 17 日。

[61] 郑国顺:《力求在行政事业资产管理上实现新突破》,载于《行政事业资产与财务》2006 年第 12 期。

[62] 周顺明:《创新思路探索行政事业资产管理新模式》,载于《中国财政》2009 年第 1 期。

[63] 周学武:《地方行政事业资产分类分层管理的初步探讨》,载于《行政事业资产与财务》2010 年第 2 期。

[64] 陈百平:《行政事业资产所属企业国有资产监管的问题及对策》,载于《行政事业资产与财务》2017 年第 28 期。

[65] 王春鸥:《行政事业单位所属企业国有资产监管策略研究》,载于《经贸实践》2018 年第 9 期。

[66] 浙江省财政厅资产处:《行政事业单位所属企业资产管理中存在的问题及对策》,载于《行政事业资产与财务》2014 年第 6 期。

后　　记

本人1993年7月分配至山东财政学院财政系（现山东财经大学财政税务学院）工作，迄今已过去25个年头。其间大部分时间是从事财政学的教学、科研工作。初次涉足行政事业资产管理研究的时间大概是在2010年。当时有幸参加时任山东财政学院副院长的刘兴云教授牵头与山东省财政厅联合成立的“行政事业资产管理创新研究”课题组，并在刘校长和山东省财政厅行政事业资产处张鹏处长的带领下，赴青岛、烟台、东营、潍坊、聊城等地进行了实地调研，使我有机会能对行政事业资产管理工作有个初步了解，通过搜集整理有关资料，本人撰写了课题分报告《行政事业资产管理体制、机制创新研究》，该报告作为课题总报告《行政事业资产管理理论创新研究》（庞敦之、刘兴云编著）的一部分，由经济科学出版社于2011年出版。从此，本人在从事财政学教学科研工作的同时，也对行政事业资产管理问题有所关注。因此，如果说近年来我在行政事业资产管理研究方面取得了一点成果，首先得感谢刘校长和张鹏处长提供的机会以及所给予的关心、指导、支持和帮助。

自2011年起本人所撰写的行政事业资产管理方面的文章基本都发表在《行政事业资产与财务》杂志，都由刘海琳老师约稿并担任责任编辑，特向刘老师给予的鼎力支持及为文章编辑、修改所付出的辛勤劳动表示敬意和感谢。

2016年10月，本人非常荣幸受财政部资产管理司邀请赴厦门国家会计学院为全国行政事业资产管理研讨班做题为《经济新常态背景下行政事业资产管理》的报告，有机会与各省市、自治区财政厅资产处的同志们交流，既得到了肯定和鼓励，也认识到自己的研究存在的局限和不足，并在资料信息搜集方面得到了多位同志的耐心帮助，特表谢意。

2017年本人承担了财政部与共建高校联合研究课题《新形势下强

化行政事业资产管理总体思路研究》（课题编号201726），本书即为课题的最终研究成果。在课题研究过程中得到了财政部资产管理司各位领导的鼓励、支持，特别是项贤春处长和王金辉处长在课题写作框架设计、资料搜集、课题最终答辩及书稿修改过程中给予了耐心细致的指导和帮助；课题答辩委员会的各位专家——国家行政学院许正中教授，中国财政科学研究院杨良初研究员、谭静研究员，水利部财务司资产管理处陈玉秋处长以及马哲实同志对课题提出了建设性修改建议，这对于本书的写作、修改、完善帮助很大，在此一并致谢。

山东财经大学与山东省财政厅比邻，有长期的科研合作关系。本人从事行政事业资产管理研究先后得到了资产处张鹏（已调任综合处处长）、刘治春、杨超、明德军、顾玲等各位领导的大力支持，张磊科长为本书写作提供了详细材料；财政厅科研所王宇轩所长、原资产处李晨副处长、泰安市肥城财政局张凤辉同志作为本人学长一直对本人的研究给予鼓励和帮助；潍坊市财政局资产管理科孙国霞科长提供了具体资料。在此本人深表谢意。

山东财经大学的各位领导、科研处的分管领导对学术专著出版极为重视并给予大力支持；本人所在的财政税务学院的各位领导和同事们，长期以来对本人的教学、科研工作给予了极大的支持和帮助；我带的几位研究生特别是郑志东同学在资料搜集方面做了细致工作。没有他们的支持和帮助，本书的出版是不可能的，在此表示衷心感谢。

李　森

2018年9月28日晚

于华润仰山红叶林